Russ Harris

Wer vor dem Schmerz flieht, wird von ihm eingeholt

Russ Harris

Wer vor dem Schmerz flieht, wird von ihm eingeholt

Unterstützung in schwierigen Zeiten
ACT in der Praxis

Aus dem Englischen von Bernhard Kleinschmidt

KÖSEL

Für mein einziges Kind. Als ich die erste Ausgabe dieses Buchs schrieb, warst du erst fünf Jahre alt, und jetzt, da ich an der zweiten arbeite, bist du ein junger Mann von vierzehn Jahren. In all der Zeit, die ich dich kenne, warst du mein bei Weitem größter Lehrer. Danke, dass du mir so viel darüber beigebracht hast, wie man leben und lieben kann, dass du mir geholfen hast, zu wachsen und mich zu entwickeln, und dass du so viel Freude und Liebe in mein Leben gebracht hat. Ich liebe dich mehr, als Worte sagen können.

Inhalt

Teil 1
Ein neuer Anfang

1 Wenn das Leben wehtut

Nichts bereitet uns auf die Momente vor, in denen uns die Realität eine derartige Ohrfeige verpasst, dass wir zu Boden stürzen und unser Leben aus den Fugen gerät. So ein Realitätsschock kann viele unterschiedliche Formen annehmen: Es kann der Tod eines geliebten Menschen sein, eine schwere Erkrankung oder Verletzung, ein furchtbarer Unfall, Scheidung, Betrogenwerden, eine Gewalttat, Untreue, ein Verbrechen, Arbeitslosigkeit, Insolvenz, Krieg, ein Brand, eine Flutkatastrophe, ein Erdbeben, eine Pandemie … Die Liste ist endlos. Wir mögen solche Realitätsschocks nicht und würden gern darauf verzichten – aber wenn wir lange genug leben, begegnen sie uns allen. Dabei ist eines klar: Je größer der Schock, desto stärker sind unsere Schmerzen. Je nachdem, womit wir es zu tun haben, empfinden wir Betroffenheit, Traurigkeit, Wut, Angst, Nervosität, Beklemmung, Schuldgefühle, Scham, vielleicht sogar Hass, Verzweiflung oder Ekel. Manchmal ist der Schmerz so intensiv und unerträglich, dass unser Nervensystem die Führung übernimmt und unsere Gefühle gewissermaßen ausschaltet, sodass wir uns betäubt, leer oder innerlich tot fühlen.

Wenn wir Glück haben und der Schock nicht zu stark ist, erholen wir uns manchmal ziemlich schnell davon. Wir können uns aufrappeln, den Staub abklopfen, eine Lösung für das Problem finden und unser Leben fortsetzen. Aber was ist, wenn es keine einfache Lösung gibt – wenn ein geliebter Mensch stirbt, wenn Partnerin oder Partner uns verlassen, wenn wir unseren Job verlieren? Wenn wir eine schlimme Verletzung erleiden, schwer krank oder Opfer eines

Gewaltverbrechens werden, das unser Leben völlig durcheinanderbringt? Wenn nahe Angehörige krank sind oder auf andere Art leiden? Wenn die Welt durch eine Pandemie im Chaos versinkt?

Ein Realitätsschock ist immer mit einem Verlust verbunden. Zum Beispiel verlieren wir eine wichtige Beziehung, durch Tod, Scheidung, Trennung oder Konflikt. Wir können unsere Gesundheit, unsere Arbeit und unsere Unabhängigkeit verlieren. Verlieren können wir auch ein Gefühl von Sicherheit oder Vertrauen. Wir können unsere Freiheit, die Unterstützung durch andere und unser Zugehörigkeitsgefühl verlieren – und vieles andere, was von großer Bedeutung für uns ist.

Durch einen Realitätsschock kommt es normalerweise zu einer Krise, einer Zeit großer Schwierigkeit und Ungewissheit, in der wir mit etwas Schrecklichem umgehen, über das wir nur wenig Kontrolle haben. Besonders wahrscheinlich ist das bei jenen niederschmetternden und zerstörerischen Realitätsschocks, die von der Psychologie als Trauma bezeichnet werden. Zur selben Zeit – oder sehr bald danach – überkommt uns Trauer. Entgegen der landläufigen Meinung handelt es sich bei Trauer *nicht* um Traurigkeit; sie ist überhaupt keine Emotion. Trauer ist ein psychischer Prozess, mit dem wir auf einen bedeutsamen Verlust reagieren. Im Verlauf eines Trauerprozesses können wir ein breites Spektrum an Emotionen empfinden, von Traurigkeit und Beklemmung bis hin zu Wut und Schuldgefühlen. Auftreten können auch körperliche Reaktionen wie Schlafstörungen, Erschöpfung, Lethargie, Apathie und ein veränderter Appetit.

Die fünf Phasen der Trauer

Von Elisabeth Kübler-Ross stammt die Einteilung in fünf Phasen der Trauer: Nicht-wahrhaben-Wollen, Zorn, Verhandeln, Depression und Annahme. Kübler-Ross hat sie besonders auf den Vorgang des Sterbens bezogen, doch diese Phasen lassen sich auf alle Arten von Verlust, Krisen und Traumata anwenden. Es handelt sich allerdings nicht um einzelne, klar voneinander unterscheidbare Stufen, und viele Menschen erleben sie nicht alle. Außerdem treten sie nicht in einer bestimmten Reihenfolge auf, sondern häufig gleichzeitig. Sie entstehen, vergehen und vermischen sich miteinander; oft scheinen sie zu enden, um dann wieder von Neuem zu beginnen. Egal, welchen Verlust man erleidet, man durchlebt zumindest einige dieser Phasen, weshalb ich sie kurz erläutern will.

Das »Nicht-wahrhaben-Wollen« bezieht sich auf eine bewusste oder unbewusste Weigerung oder Unfähigkeit, die Realität der Lage anzuerkennen. Konkret kann sich das in einer mangelnden Bereitschaft äußern, darüber zu sprechen oder nachzudenken; in dem Versuch, so zu tun, als würde das Geschehen nicht stattfinden; als Betäubung oder Lähmung oder als umfassendes Gefühl der Unwirklichkeit, indem man benommen umhergeht und den Eindruck hat, alles sei nur ein schlimmer Traum. In der Phase des »Zorns« kann man wütend auf sich selbst, auf andere oder auf das Leben selbst werden. Daneben melden sich oft viele verwandte Empfindungen: Ärger, Entrüstung, Empörung und ein starkes Gefühl, man sei unfair und ungerecht behandelt worden.

In der Phase des »Verhandelns« versucht man, gewissermaßen einen Deal zu machen, mit dem die Realität verändert werden soll. Zum Beispiel bittet man Gott um eine Gnadenfrist oder fordert vom Chirurgen, den Erfolg einer Operation zu garantieren. Häufig treten Wunschdenken und Fantasien über alternative Realitäten auf: »Wenn nur *das* geschehen wäre …« oder »Wenn das nur *nicht* geschehen wäre …«.

Die Phase »Depression« trägt leider die falsche Bezeichnung, da es sich nicht um die bekannte affektive Störung gleichen Namens handelt. Vielmehr bezieht sich dieser Ausdruck hier auf Gefühle von Traurigkeit, Kummer, Bedauern, Angst, Nervosität und Ungewissheit, die natürliche menschliche Reaktionen auf Verlusterfahrungen sind.

In der Phase des »Annehmens« schließt man dann Frieden mit der neuen Realität, statt dagegen anzukämpfen oder sie zu verleugnen. Das befreit uns, wodurch wir unsere Energie dafür einsetzen können, unser Leben allmählich wiederaufzubauen (was Ihnen im Moment durchaus unmöglich vorkommen kann).

Kampf, Flucht, Erstarren

Im ganzen Chaos eines Realitätsschocks erleben wir mehrere unangenehme körperliche Reaktionen. Die wohlbekannte Kampf-oder-Flucht-Reaktion tritt dabei immer auf, in manchen Fällen auch die weniger bekannte Reaktion des Erstarrens.

Um zu verstehen, was für Reaktionen das sind, weshalb sie auftreten und was sie mit uns machen, wollen wir uns auf eine kleine Zeitreise begeben. Stellen wir uns vor, dass sich einer unserer frühen Vorfahren allein auf Kaninchenjagd befindet, als er plötzlich einer riesigen Bärenmutter gegenübersteht. Für einen Sekundenbruchteil erstarrt er. Darauf bedacht, ihre zwei Jungen zu beschützen, empfindet die Bärenmutter den Menschen als Bedrohung – und greift an.

Wenn unser Vorfahr diese Begegnung überleben will, hat er lediglich zwei Optionen: die Flucht ergreifen oder stehen bleiben und kämpfen. Daher übernimmt sein autonomes Nervensystem, das schneller als das bewusste Denken funktioniert, die Führung. Nun bedeutet Autonomie bekanntlich, eigene Entscheidungen zu treffen. Daher hat das autonome Nervensystem seinen Namen, denn es trifft seine eigenen Entscheidungen darüber, was gut für uns ist, und zwar ohne jeden Input des Bewusstseins. Dieses beschließt also nicht: »O je, ich sollte jetzt in den Kampf-oder-Flucht-Modus umschalten!« Diese Entscheidung trifft unser autonomes Nervensystem, bevor wir Zeit haben, auch nur einen einzigen Gedanken wahrzunehmen. Es bereitet den Körper augenblicklich auf Kampf oder Flucht vor.

Zurück zu unserem Vorfahren. Der Kampf-oder-Flucht-Modus tritt in Funktion. Die großen Muskeln in Armen, Beinen, Brust und

Hals spannen sich an und machen sich zur Aktion bereit. Der Körper wird mit Adrenalin geflutet, der Herzschlag beschleunigt sich und pumpt Blut in die Muskulatur. Unser Vorfahr verfällt in den Kampf-Modus und schleudert mit aller Kraft seinen Speer.

Leider ist es kein guter Wurf. Der Speer streift die Bärin nur und verursacht kaum eine Wunde. Jetzt ist das Tier endgültig wütend, und unser Vorfahr hat keine weiteren Waffen. Daher rennt er so schnell davon, wie er kann. Jetzt geht es nur noch um Flucht.

Doch die Bärenmutter ist schneller als der Mensch. Sie holt ihn ein und schlägt ihn mit der Pranke zu Boden. Abwehren kann der Mensch die Bärin nicht, und wegrennen kann er auch nicht mehr. Daher übernimmt wieder das autonome Nervensystem die Kontrolle, schneller als jeder bewusster Gedanke. Da es erkennt, dass Kampf oder Flucht keinen Sinn mehr haben, befiehlt es dem Körper zu erstarren. Weshalb? Weil Bären es nicht mögen, wenn ihre Beute sich wehrt. Je mehr der Mensch schreit und zappelt, desto wütender würde die Bärin ihn angreifen. Die beste Überlebenschance hat er daher dann, wenn er so still und reglos daliegt wie möglich.

Hier kommt daher die Erstarrungsreaktion zum Zug. Der dorsale Teil des Vagus (der Vagusnerv ist nach dem Rückenmark der zweitgrößte Nerv im Körper) macht den Menschen bewegungsunfähig. Er lähmt die Muskeln, sodass tatsächlich keine Bewegung mehr möglich ist. Zugleich schaltet er die Gefühle des Menschen gewissermaßen ab, aus einem einfachen Grund: Je weniger Schmerz der Mensch empfindet, desto weniger schreit und zappelt er. Deshalb liegt er einfach da, buchstäblich »wie betäubt«, »vor Angst gelähmt«, »starr vor Furcht«. Wenn er Glück hat, verliert die Bärin dadurch das Interesse und trollt sich davon, oder er überlebt so lange, bis jemand kommt und ihn rettet.

Unser Nervensystem und unser Körper sind darauf ausgerichtet, auf diese Weise – Kampf, Flucht oder Erstarren – auf jede Art Bedrohung zu reagieren. Übrigens gilt das auch für das Nervensystem aller anderen Säugetiere, aber auch für Vögel, Reptilien und die meisten Fische. Da Realitätsschocks bedrohlich sind, reagieren wir darauf alle mit Kampf oder Flucht. Am häufigsten äußert sich das als Angst und Beklemmung (Flucht), aber manchmal herrscht auch Wut vor (Kampf). Und wenn unser Nervensystem in den schlimmsten Fällen wahrnimmt, dass Kampf und Flucht vergeblich sind, erstarren wir. Falls Ihnen das zustößt, spüren Sie womöglich buchstäblich, wie Ihr Körper starr wird; Sie können sich weder bewegen noch etwas sagen. Eventuell haben Sie sogar einen Blackout oder eine außerkörperliche Erfahrung.

In den Tagen und Wochen nach einem Realitätsschock treten die drei Reaktionen wahrscheinlich immer wieder auf. Ausgelöst werden sie durch alles, was uns daran erinnert, was wir durchgemacht haben. Dazu gehören Dinge in unserem Inneren – wie Erinnerungen, Gedanken, Gefühle und Körperempfindungen – und solche außerhalb von uns, zum Beispiel bestimmte Personen, Orte, Speisen, Musikstücke, Fotos und andere Gegenstände, Bücher, Zeitungsberichte und so weiter. »Kampf« zeigt sich als Wut, Frustration und Reizbarkeit, »Flucht« in Form von Angst, Beklemmung und Besorgtheit. »Erstarren« wiederum äußert sich als Betäubung, Apathie, Müdigkeit, geistige Abwesenheit oder Teilnahmslosigkeit – und mündet oft in einem Gefühl von Vergeblichkeit, Hoffnungslosigkeit und Verzweiflung.

Da wir jetzt die üblichen Reaktionen auf einen Realitätsschock kennen, stellt sich die große Frage …

Was können wir da tun?

Es ist schlicht so, dass die meisten von uns nicht gut mit Realitätsschocks zurechtkommen. Wir verfangen uns leicht in den ganzen schmerzhaften Gedanken, Gefühlen, Erinnerungen und Körperreaktionen, die uns beuteln und zu kontraproduktiven Verhaltensweisen bringen. Vielleicht greifen wir zu stark nach Alkohol und anderen Suchtmitteln, kapseln uns von Freunden und Angehörigen ab, verzichten auf Aktivitäten, die uns früher Freude gemacht haben, streiten mit Menschen, die wir lieben, verstecken uns vor der Welt oder verbringen viel zu viel Zeit im Bett und auf dem Sofa.

Solche Verhaltensweisen sind alle völlig normal – und extrem häufig anzutreffen. Problematisch an ihnen ist, dass sie unsere Lage normalerweise verschlimmern statt verbessern. Erfreulich ist hingegen, dass wir diesen Zustand ändern können; das heißt, wir können uns neue und wirkungsvollere Methoden aneignen, mit Trauer, Verlust und Krisen umzugehen. Dieses Buch basiert auf einem Ansatz, der als Acceptance and Commitment Therapy, kurz ACT, bezeichnet wird (ausgesprochen wie das englische Verb *act*). Diese wissenschaftlich fundierte Methode wurde in den 1980er-Jahren von dem amerikanischen Psychologen Steven C. Hayes entwickelt. Inzwischen (2020) belegen mehr als dreitausend in führenden wissenschaftlichen Zeitschriften veröffentlichte Studien, dass ACT bei vielen Problemen wirksam ist, von Trauer, Depression und Ängsten bis hin zu Sucht, chronischen Erkrankungen und Trauma. Es handelt sich um eine praktische Methode, die Menschen helfen kann, ihren Schmerz und ihr Leiden zu überwinden und trotz widriger Umstände ein erfülltes, sinnvolles Leben zu führen. In den folgenden Kapiteln werde ich sie Ihnen allmählich, Schritt für Schritt, vorstellen.

Bevor wir weitergehen, muss ich auf zwei wichtige Punkte hinweisen. Erstens: Es gibt keine bestimmte Reaktion auf einen Realitätsschock, die »richtig« oder »angemessen« wäre. Wir reagieren alle unterschiedlich. Werfen Sie also alle vorgefassten Vorstellungen über Bord, was Sie empfinden oder nicht empfinden sollten und wie lange so ein Zustand dauern oder nicht dauern sollte. Zum Beispiel weinen manche Leute tage- und wochenlang unaufhörlich, während andere nie auch nur eine einzige Träne vergießen. Beide Reaktionen sind völlig normal.

Zweitens: Keine bestimmte Methode ist die »beste« oder »richtige«, wenn wir mit Trauer, Verlust und Krisen umzugehen haben. Wir verarbeiten solche Situationen alle unterschiedlich, und was bei der einen Person funktioniert, kann bei einer anderen wirkungslos sein. Daher enthält dieses Buch eine Menge Tipps, Werkzeuge, Strategien und Vorschläge, die sich bei vielen Menschen als hilfreich erwiesen haben, aber nichts wirkt in jedem Fall. Experimentieren Sie mit allem in diesem Buch, verändern und passen Sie es so an, dass es zu Ihrer individuellen Situation und den damit verbundenen Herausforderungen passt. Das bedeutet zugleich, dass Sie auf alles verzichten sollten, was *nicht* funktioniert!

Wenn man mein Alter (53) erreicht hat, hat man im Allgemeinen eine anständige Zahl an Realitätsschocks hinter sich gebracht. Bei mir hat das schon in der Kindheit angefangen, mit jahrelangem, wiederholtem Missbrauch durch zwei nahe Verwandte. Im späteren Leben kam der Tod beider Eltern hinzu, der Tod von weiteren Angehörigen und Freunden, eine schmerzhafte Scheidung, eine schwere, zu chronischen Schmerzen führende Verletzung und eine extrem anstrengende Periode von vier Jahren, in denen mein kleiner Sohn wegen eines sehr ernsten Problems intensiv behandelt werden musste. Zu meiner großen Erleichterung hat er sich inzwischen vollständig davon erholt. Dabei hatten wir großes Glück, und mir ist bewusst, dass viele Leute, die dieses Buch lesen, das nicht hatten. Bei diesen schwierigen Ereignissen in meinem Leben hat ACT mir sehr geholfen; ich wiederum habe damit vielen anderen geholfen.

Am meisten beeindruckt hat mich am ACT-Modell jedoch seine umfassende Anwendbarkeit. So habe ich 2015 im Auftrag der Weltgesundheitsorganisation (WHO) ein ACT-Programm für den Einsatz in Flüchtlingslagern entworfen. Inzwischen hat die WHO es in mehreren Ländern – darunter die Türkei, Uganda und Syrien – dazu eingesetzt, Flüchtlingen beim Umgang mit vielen gewaltigen Realitätsschocks zu helfen. Diese Menschen haben Krieg, Verfolgung und Gewalt erlebt, den Tod von nahen Angehörigen und den Verlust ihres Heims, ihrer Arbeit und ihres Landes. Außerdem standen sie vor der Aufgabe, in den prekären Umständen eines Flüchtlingslagers zu überleben. Ich muss gestehen, dass ich mein Programm anfangs mit Skepsis betrachtete, weil ich mich fragte, wie es Menschen in einer derart schlimmen Situation wohl helfen könnte. Daher war ich zugleich erleichtert und froh, als die WHO mehrere Jahre später endlich ihre Forschungsergebnisse veröffentlichte. Wie sich herausstellte, gefiel den Flüchtlingen das Programm nicht nur; sie fanden es sehr hilfreich dabei, mit ihren harschen Lebensumständen umzugehen.

Das Buch, das Sie in den Händen halten, ähnelt dem WHO-Programm stark. Ich habe es in drei Teile gegliedert. Teil 1 trägt den Titel »Ein neuer Anfang«. Hier geht es darum, sich nach einem Rückschlag wieder zu sammeln und die Fassung wiederzuerlangen. Im Zentrum steht dabei, wie man sich um sich selbst kümmern und mit den vielen schmerzhaften Gedanken und Gefühlen umgehen kann. Teil 2 heißt »Das Leben wiederaufbauen«. Hier beschäftigen wir uns damit, wie man sein Leben von Neuem aufbaut, einen kleinen Schritt nach dem anderen tut – egal, wie umfassend und schwer der entstandene Schaden sein mag. Teil 3 schließlich trägt den Titel »Neue Lebenskraft gewinnen«. Hier geht es darum, wieder Kraft und Vitalität zu schöpfen und schätzen zu lernen, was das Leben trotz allem zu bieten hat. Auch wenn Ihnen das im Moment unmöglich vorkommen mag.

Als Ergänzung für dieses Buch habe ich ein kostenloses E-Book mit dem Titel *The Reality Slap: Extra Bits* zusammengestellt. Es enthält zusätzliches (englischsprachiges) Material, hauptsächlich Audioaufnahmen der in diesem Buch enthaltenen Übungen. Erhältlich ist es über die Rubrik »Free Resources« auf meiner Website www.thehappinesstrap.com.

An diesem Punkt legt Ihr Kopf womöglich Protest ein und behauptet, Ihre persönliche Situation sei anders als die aller anderen, weshalb dieses Buch Ihnen nicht helfen könne und Ihr Leben leer oder unerträglich bleiben werde. Wenn dem so ist, machen Sie sich keine Sorgen – das sind völlig normale Gedanken, die viele Leute haben, wenn diese Methode neu für sie ist. Außerdem ist es so, dass Ihnen dieses Buch mit hoher Wahrscheinlichkeit helfen wird, ich Ihnen das jedoch nicht garantieren kann. Garantieren kann ich hingegen Folgendes: Wenn Sie jetzt aufhören zu lesen, weil Sie Zweifel im Kopf haben, werden Sie von diesem Buch eindeutig überhaupt nicht profitieren.

Falls Ihr Kopf also Zweifel hat, wie wäre es, wenn wir ihn einfach reden lassen? Soll er Ihnen doch erzählen, was er will, aber Sie lassen sich davon nicht vom Lesen abhalten. Lassen Sie ihn vor sich hin plappern wie ein im Hintergrund spielendes Radio, während wir gemeinsam erforschen, wie man überleben und sich entfalten kann, wenn das Leben heftig zugeschlagen hat.

2

Eins nach dem anderen

Natalie war kreidebleich. An ihren Wangen strömten Tränen herab und tropften auf ihre Bluse; ihr ganzer Körper zitterte beim Weinen. Vor zehn Tagen war ihr Sohn, ein Teenager, von einem Auto überfahren worden und noch an Ort und Stelle gestorben. Der Verantwortliche hatte Fahrerflucht begangen und war von der Polizei noch nicht gefasst worden. »Mein Herz ist in tausend Teile zerbrochen«, sagte Natalie, als es ihr gelang, inmitten ihres Schluchzens ein paar klare Worte herauszubringen. »Was soll ich nur tun?«, sagte sie immer wieder. »Was soll ich tun? Ich weiß nicht, was ich tun soll.«

Konzentration auf das, was wir unter Kontrolle haben

Wenn ein Verlust oder ein Trauma ein klaffendes Loch in unsere Welt reißt, empfinden wir meist ein beängstigendes Gefühl der Machtlosigkeit, während wir versuchen, mit schrecklichen Ereignissen umzugehen, über die wir wenig oder gar keine Kontrolle haben. In diesem Kapitel lernen Sie daher einige praktische Tipps kennen, wie man direkt nach einem Realitätsschock reagieren kann.

Der erste Schritt besteht darin anzuerkennen, dass Angst und Beklemmung unvermeidlich sind. Beides sind normale, natürliche Reaktionen auf eine Situation, die unser Leben durcheinanderbringt und mit Bedrohung und Unsicherheit verbunden ist. Wir machen uns rasch große Sorgen wegen allerhand Dingen, die wir nicht beherrschen können: Was wird in der nahen Zukunft geschehen, was wird es mit uns und unseren Angehörigen machen, was wird später geschehen? Ebenso leicht kann man sich in der Vergangenheit verlieren. Während man auf die schmerzhaften Ereignisse zurückblickt, überlegt man, was man hätte anders machen können und was das bewirkt hätte. Oder man versucht herauszubekommen, wer oder was an allem schuld war. Je mehr wir uns aber auf das konzentrieren, was wir nicht unter Kontrolle haben, desto hoffnungsloser, verunsicherter und wütender fühlen wir uns. Das Nützlichste, was man als Reaktion auf jede Art Verlust, Krise oder Trauma tun kann, ist daher, *sich darauf zu konzentrieren, was man unter Kontrolle hat.*

Was in der Zukunft geschehen wird, können wir ebenso wenig kontrollieren wie das, was in der Vergangenheit passiert ist. Wir haben keine Kontrolle über das, was andere Menschen tun. Und unsere Gedanken und Gefühle können wir erst recht nicht kontrollieren; es ist absolut unmöglich, alle schmerzhaften Emotionen und Erinnerungen zu eliminieren und sie wie durch Zauberhand durch Glück und Freude zu ersetzen. Tatsächlich kontrollieren können wir aber, was wir hier und jetzt mit unseren Armen und Beinen, unseren Händen und Füßen *tun*; wir haben Kontrolle über unser körperliches Handeln. Darauf müssen wir daher unsere Energie und Aufmerksamkeit richten. Das also ist der erste Schritt, einen Realitätsschock zu überleben: die Kontrolle über unser Handeln zu übernehmen. Sehen wir uns einige Möglichkeiten dafür an.

Niemand ist eine Insel

Als Shantis Mann sie verließ und mit ihrer Jugendfreundin, mit der er seit zwei Jahren eine Affäre hatte, davonlief, war sie in ihren eigenen Worten wie »zerschmettert«. Zu ihrem emotionalen Unwetter gehörten wilde Fluten von Zorn, herniederprasselnde Traurigkeit und orkanartige Stürme aus Angst, Scham und Verlegenheit. Shanti reagierte auf ihren Verlust, indem sie sich von der Außenwelt abkapselte. Sie brach den Kontakt zu Freunden und Angehörigen ab und verbarrikadierte sich in ihrem Haus. Etwas ganz Ähnliches taten Michelle nach einem gewaltsamen sexuellen Übergriff und Dave, nachdem er seine Arbeit verloren hatte. Für ihre Abschottung hatten Shanti, Michelle und Dave ganz ähnliche Gründe – sie wollten keine anderen Menschen um sich haben, weil sie über das, was passiert war, nicht sprechen wollten. Sie hatten Angst, das würde zu peinlich und unangenehm für sie sein; es würde zu viele schmerzhafte Gefühle und Erinnerungen zum Vorschein bringen.

Bei Helen und Philip lag eine etwas andere Motivation für ihren Rückzug vor. Helens Mann war plötzlich und unerwartet an einem schweren Herzinfarkt gestorben, während Philips Lebenspartner nach mehreren Monaten einem Pankreaskarzinom erlegen war. Nach ihrem Verlust zogen sich Helen und Philip in erster Linie deshalb von Freunden und Verwandten zurück, weil sie erschöpft waren. Sie hatten schlicht nicht genügend Energie für irgendwelche sozialen Interaktionen.

Manchmal ziehen wir uns nur von bestimmten Gruppen von Menschen zurück, vor allem dann, wenn die etwas besitzen, was wir verloren haben. Wenn wir den gewaltigen Unterschied zwischen ihrem und unseren Leben sehen, kann das zu schmerzhaft sein, um es ertragen zu können. Zum Beispiel hat Yoko den Kontakt zu allen Freunden mit Kindern abgebrochen, nachdem ihre kleine Tochter an Meningitis gestorben war; Alana hat sich nach einer Fehlgeburt ebenso verhalten. Beiden tat es einfach zu weh, einer Familie mit kleinen Kindern zu begegnen.

Rada wiederum hat ihren Realitätsschock in Form einer Krankheit namens Fibromyalgie erlebt. Sie spürte ein schmerzhaftes Brennen und Pochen in den Oberarmen, den Schultern, in Hals, Rücken und Bauch, außerdem Kopfschmerzen, Morgensteifigkeit, extreme Müdigkeit und Erschöpfung. Das bedeutete eine erhebliche Einschränkung ihrer Fähigkeit, vielen täglichen Aktivitäten nachzugehen, die sie bisher für selbstverständlich gehalten hatte. Daher zog sie sich von ihr nahestehenden Menschen zurück, weil es erschöpfend für sie war, mit anderen zusammen zu sein, und weil es für sie körperlich derart anstrengend war, ihre Wohnung zu verlassen.

Es gibt viele verschiedene Gründe, weshalb wir den Wunsch haben, uns von den Menschen zurückzuziehen, die uns am nächsten stehen. In manchen Fällen wollen wir anderen nicht »zur Last fallen«, wir wollen uns nicht »aufdrängen« oder jemanden »in Verlegenheit bringen«. Vielleicht merken wir auch, dass andere tatsächlich verlegen sind und nicht recht wissen, wie sie sich uns gegenüber verhalten und was sie zu uns sagen sollen – was natürlich für uns ebenso unangenehm ist wie für sie. Oder wir verfallen in eine schicksalsergebene Einstellung wie: »Eigentlich sollte ich doch in der Lage sein, das allein durchzustehen; jemand anderen brauche ich da nicht.«

All diese Reaktionen sind vollkommen normal. Das habe ich zwar bereits mehrere Male geschrieben, aber es ist ausgesprochen wichtig, es zu wiederholen, weil wir so stark dazu neigen, unsere Reaktionen als unnormal, mangelhaft oder schlicht »falsch« zu verurteilen. Problematisch am Rückzug von anderen Menschen ist, dass es unser Leiden normalerweise vergrößert. Nicht umsonst wird der Mensch als soziales Wesen bezeichnet. Damit es uns gut gehen kann, müssen wir schöne Stunden mit anderen verbringen. Sobald uns die Realität einen Schock versetzt, entziehen wir uns jedoch nur allzu oft den Menschen, denen wir am meisten bedeuten. Und wenn wir uns in unser Elend einkapseln, verschlimmert das unseren Schmerz nur.

Daher ist es wichtig, dass wir auf andere zugehen – solange sie fürsorglich, unterstützend und verständnisvoll sind. Mit welchen Menschen aus Ihrem Kreis könnten Sie jetzt wohl Kontakt aufnehmen? Und wie könnten Sie das tun? Indem Sie sie direkt ansprechen? Durch einen Telefonanruf? Einen Video-Chat? Eine Textnachricht? Auf andere zuzugehen, ist etwas, das wir kontrollieren können. Dabei ist es völlig in Ordnung, ein Zeitlimit für den Austausch zu setzen oder zu sagen, was Sie gemeinsam tun wollen: »Ich wollte dich mal kurz anrufen, allerdings hab ich jetzt nur fünf Minuten Zeit«, »Klar, du kannst gern vorbeikommen, aber momentan schaffe ich wahrscheinlich nur eine halbe Stunde, sonst wird es mir zu viel«, »Nichts für ungut, aber ich will jetzt eigentlich nicht über das, was passiert ist, sprechen«, »Ich will jetzt nichts sagen, bitte halt mich nur in den Armen«, »Sehen wir uns doch einfach bloß einen Film an.«

Völlig in Ordnung ist es auch, Nein zu sagen. Wenn Sie wirklich nicht mit anderen zusammen sein wollen, sollten Sie das akzeptieren und irgendwelche Einladungen ablehnen. Und wenn Sie sich gerade mit jemandem unterhalten und das Gefühl haben, eine Pause zu brauchen, nehmen Sie sich die bitte. Sagen Sie einfach: »Tut mir leid, ich brauche eine Pause, mir wird es jetzt ein bisschen zu viel.« Dann können Sie einen Spaziergang machen oder sich in ein anderes Zimmer zurückziehen.

Leider ist es oft so, dass andere Menschen keine Ahnung haben, wie sie mit uns umgehen sollen; sie versuchen zu helfen, ohne das auf die richtige Weise zu tun. Zum Beispiel kommen sie mit Binsenweisheiten an (»Alles, was passiert, hat irgendeinen Grund«), sie erklären uns, wir müssten jetzt »stark« sein, oder sie wollen uns dazu bringen, »positiv« oder »rational« zu denken. Manchmal vermeiden sie es auch bewusst, uns zu fragen, was passiert ist und wie wir uns fühlen, und versuchen, uns abzulenken, indem sie das Thema wechseln. Sie halten uns vor Augen, dass es uns in der Zukunft wieder viel besser gehen wird, sie geben uns Ratschläge, wie wir mit unseren Problemen fertigwerden sollen, oder sie fangen an zu predigen: »Gott setzt uns nur Dinge vor, mit denen wir umgehen können.« Das alles ist nicht der Fehler dieser Leute; normalerweise versuchen sie nur, uns nach besten Kräften zu helfen und uns zu unterstützen. Leider lernen wir in der Art von Gesellschaft, in der wir leben, nicht, wie man so etwas sinnvoll tun kann.

Experimentieren

Eine kurze Suche auf Google fördert ein gewaltiges Sortiment an Ratschlägen zutage, wie man mit einem Realitätsschock umgehen kann. Manche sind ausgezeichnet, manche sind absoluter Schrott, aber absolut nichts, was man findet, gilt für uns alle. Daher müssen wir unbedingt experimentieren, indem wir Verschiedenes ausprobieren, um herauszubekommen, was für uns passt.

Nach diesem Hinweis möchte ich Ihnen zwei praktische Tipps vermitteln. Erstens finden es viele Leute hilfreich, an die frische Luft zu gehen. Ein Spaziergang in der Natur wirkt oft sehr tröstlich, weil dabei ein Gefühl der Verbundenheit mit etwas Größerem entsteht. Dazu kommt die Erleichterung, den Herausforderungen des Lebens in den eigenen vier Wänden zu entkommen. Draußen in der Natur ist es leicht, man selbst zu sein; für das Gras, die Bäume und den Himmel muss man kein tapferes Gesicht aufsetzen. Man muss überhaupt nichts tun. Man kann vor sich hingehen, atmen, die Welt ringsum wahrnehmen und sich dabei erlauben, das zu fühlen, was man fühlt.

Zweitens sollten Sie sich davor hüten, wichtige Entscheidungen zu treffen. Selbst unter den besten Umständen sind solche Entscheidungen schwierig, und nach einem Realitätsschock ist das erst recht so, weil wir dann nicht vollständig über unsere geistigen Fähigkeiten verfügen. Wir sind oft erschöpft oder leiden unter Schlafmangel; unser Kopf versucht, mit so vielen verschiedenen Dingen fertigzuwerden, dass es uns schwerfällt, klare Gedanken zu fassen. Wenn Sie also wichtige Entscheidungen treffen müssen, fragen Sie sich bitte: Wäre es nicht besser, diese Entscheidungen eine Weile aufzuschieben oder sie an eine Person zu delegieren, der Sie vertrauen? Falls beides für Sie nicht infrage kommt, sollten Sie zumindest die Übung »Den Anker werfen« in Kapitel 5 nutzen, um sich zu zentrieren, bevor Sie die Entscheidung treffen.

Viele weitverbreitete Ideen darüber, wie man mit Trauer, Verlust und Trauma zurechtkommen kann, sprechen zwar den gesunden Menschenverstand an, haben aber keine wissenschaftliche Gültigkeit. Dazu gehört die Vorstellung, man müsse »seine Gefühle ausdrücken«. Tatsächlich ist es so, dass man das *nicht* tun muss. Natürlich empfinden die *meisten* Leute es als hilfreich, ihre Gefühle auszudrücken, und falls Sie ebenfalls meinen oder wissen, dass Ihnen das helfen könnte, gibt es viele Möglichkeiten, es zu tun. Am einfachsten ist es, mit Freunden, Angehörigen, in einer Selbsthilfegruppe oder einer Therapiestunde aufrichtig und offen darüber zu sprechen, was man fühlt. Eine sehr beliebte Alternative ist es, das in einem Tagebuch zu notieren. Und wenn Sie kreativ veranlagt sind, drücken Sie Ihre Gefühle vielleicht lieber aus, indem Sie ein Gedicht oder eine Geschichte schreiben, Musik machen, ein Bild malen oder zeichnen, eine Skulptur modellieren oder tanzen.

Es ist jedoch wichtig, sich klarzumachen, dass nicht alle Menschen so etwas hilfreich finden, und auf jeden Fall ist es *nicht* unverzichtbar! Das heißt, Sie können einen Realitätsschock überleben und damit fertigwerden, ohne je über Ihre Gefühle zu sprechen oder zu schreiben. Sollten Sie daher nicht sicher sein, ob es zu Ihnen passt, Ihre Gefühle auszudrücken, dürfte es am besten sein, damit zu experimentieren und zu beobachten, was passiert. Wenn Sie es nützlich finden, machen Sie damit weiter, wenn nicht, hören Sie auf.

Ein Balanceakt

Beim Begriff »Selbstfürsorge« sträuben sich Ihnen vielleicht die Nackenhaare. Trotzdem müssen wir uns damit beschäftigen. Natürlich kann jetzt im Moment schon die Vorstellung, etwas für sich selbst zu tun, eine Überforderung für Sie sein. Wenn dem so ist, dann ist das völlig in Ordnung. In den nächsten Kapiteln werden Sie lernen, mit diesem Gefühl der Überforderung umzugehen und sich behutsam zu motivieren, das zu tun, worauf es ankommt.

Selbstfürsorge ist ein Balanceakt. Einerseits wollen wir uns eine Pause gönnen, uns von Druck befreien, einige unserer Verantwortlichkeiten ablegen und uns Zeit nehmen, auszuruhen und uns zu erholen. Andererseits wollen wir weiter das tun, was gesund für uns ist. Daher werden viele nach einem Realitätsschock wahrscheinlich davon profitieren, sich mehr Ruhe und eine »Auszeit« zu gönnen. Sinnvoll ist das, weil erschütternde Lebensereignisse viel Energie in Anspruch nehmen; emotionale Stürme sind erschöpfend, und außerdem schlafen wir in solchen Zeiten oft schlecht. Wenn wir jedoch über Wochen hinweg einen großen Teil des Tages im Bett bleiben oder auf dem Sofa liegen, wird es uns langfristig schlechter gehen statt besser.

Ähnlich verhält es sich damit, dass sich viele Menschen mit Essen trösten – mit Schokolade, Eiscreme, Pizza – oder mehr Alkohol als sonst trinken. In Maßen stellt das wahrscheinlich kein Problem dar, aber wenn wir es exzessiv tun, fügt es den bereits vorhandenen Problemen weitere hinzu.

Für Sport und Bewegung gilt dasselbe. Es ist normal, dass wir in Stresssituationen durch das, was wir durchmachen, von unserer Routine abweichen. Aber wenn wir uns überhaupt nicht mehr bewegen, leidet unsere Gesundheit; es ist unheimlich wichtig, den Körper in Schwung zu halten. In besonderem Maße gilt das, wenn man an einer chronischen Erkrankung oder Verletzung leidet wie Rada. Wegen der Auswirkungen ihrer Fibromyalgie – Schmerzen, Steifheit und Erschöpfung – war sie einfach nicht mehr in der Lage zu den körperlichen Aktivitäten, mit denen sie sich vorher fit gehalten hatte. Vor allem waren das lateinamerikanischer Tanz und Aerobic gewesen. Ohne jede sportliche Betätigung verschlimmert sich Fibromyalgie allerdings wie beinahe jede chronische Erkrankung, die es gibt, ob es sich nun um Diabetes oder Herzkrankheiten handelt, um Asthma oder Bluthochdruck. Das bedeutet, dass Rada innerhalb der Einschränkungen durch ihre Krankheit neue Möglichkeiten finden musste, sich in Bewegung zu halten. Am Anfang waren das von ihrer

Physiotherapeutin empfohlene einfache Dehn- und Kräftigungsübungen und ganz kurze Spaziergänge mithilfe eines Gehstocks.

Es lohnt sich, ein bisschen Zeit für einen Plan zur Selbstfürsorge vorzusehen. Überlegen Sie, wie Sie sich um Ihren Körper kümmern können, durch Sport und Bewegung, gesunde Ernährung, einen – falls nötig – mäßigeren Alkohol- und Drogenkonsum, genügend Ruhe und Entspannung sowie ein vernünftiges Schlafverhalten. Bleiben Sie zugleich aber realistisch. Wenn Ihnen das alles zu schwerfällt, wenn es zu viel ist, zu früh, zu überfordernd, dann ist es in Ordnung, es vorläufig bleiben zu lassen. Wenn Sie bei Kapitel 18 zum Thema »Schlechte Gewohnheiten ablegen« angekommen sind, werden Sie alle nötigen Methoden zur Verfügung haben, sich erfolgreich selbst zu motivieren.

Nicht zu vergessen sind auch Hobbys, kreative Tätigkeiten und andere Interessen, die in stürmischen Zeiten oft hintangestellt werden. Manchmal ist es klug, das tatsächlich eine Weile zu tun, während man sich darauf konzentriert, mit den vorhandenen Problemen umzugehen. Für viele Menschen ist es jedoch gut, so rasch wie möglich wieder damit anzufangen. Zuerst werden Sie diese Dinge vielleicht nicht so genießen wie früher, weil Sie zu traurig, müde oder ausgelaugt sind, um sich ganz darin zu versenken. Aber wenn Sie durchhalten, werden Sie womöglich darüber staunen, wie sehr Sie so etwas inmitten Ihres Leidens trösten, ermutigen und stärken kann.

Natürlich müssen Sie Ihre Selbstfürsorge so gestalten, dass sie zu Ihren persönlichen Umständen passt. Wenn Sie sich von einer umfangreichen Operation, einer Chemotherapie oder einer schweren Krankheit erholen, werden Sie sicher nicht ins Fitnessstudio gehen können, aber es dürfte leichte Übungen geben, die im Bett möglich sind. Sobald Sie aufstehen dürfen, können Sie mit einfachen, ärztlicherseits empfohlenen Übungen allmählich Kraft aufbauen. Falls zu Ihrem Realitätsschock keine Verletzung oder Krankheit gehört, haben Sie offensichtlich wesentlich mehr Möglichkeiten, aber womöglich nicht die Energie, Ihr gewohntes Programm durchzuziehen. Erlauben Sie es sich dann, etwas Leichteres zu machen, zum Beispiel einen Spaziergang.

Als Natalie ständig überlegte, was sie tun sollte, hat sie sich eine ausgesprochen nützliche Frage gestellt. Die Vergangenheit ändern und ihren Sohn wieder ins Leben zurückrufen, um ihr gebrochenes Herz zu heilen, konnte sie natürlich nicht. Sie war jedoch in der Lage, immer wieder ein kleines bisschen fürsorglich mit sich umzugehen, und das war ein wichtiger Schritt, allmählich einigermaßen die Kontrolle über ihr Leben wiederzugewinnen.

Denken Sie immer daran, dass Selbstfürsorge nicht mit einer großen Anstrengung verbunden sein muss. Jedes Mal, wenn Sie sich die Zähne putzen, sich unter die Dusche stellen und etwas Gesundes essen, sorgen Sie für sich selbst. Das tun Sie auch, wenn Sie Kontakt zu Freunden haben, Musik hören, die Ihnen Freude macht, oder dieses Buch lesen. Und jedes kleine Stück Selbstfürsorge zählt, selbst wenn Ihr Kopf das Gegenteil behaupten sollte.

3

Freundliche Worte

Wenn die Realität Ihnen einen schweren Schlag versetzt, der Sie taumeln lässt, was brauchen Sie dann von den Menschen, die Sie lieben? Normalerweise brauchen wir alle mehr oder weniger dasselbe. Wir wollen wissen, dass jemand für uns da ist, jemand, dem unser Wohlergehen wirklich am Herzen liegt, der sich die Mühe macht, uns zu verstehen, der unseren Schmerz erkennt und sich bewusst ist, wie sehr wir leiden. Jemand, der sich Zeit nimmt, bei uns zu sein, und der uns erlaubt, unsere wahren Gefühle mitzuteilen, ohne von uns zu erwarten, dass wir die Zähne zusammenbeißen, uns nichts anmerken lassen und so tun, als wäre alles in schönster Ordnung. Jemand, der uns unterstützt, uns freundlich behandelt und seine Hilfe anbietet. Jemand, der durch sein Handeln demonstriert, dass wir nicht allein sind. Daher stellt sich die brennende Frage: Wenn wir von anderen so behandelt werden wollen – mit Fürsorglichkeit, Verständnis und Freundlichkeit –, warum gehen dann die meisten von uns so schlecht mit sich selbst um?

Mit einer harschen Realität konfrontiert, brauchen wir so viel Freundlichkeit wie möglich. Meistens finden wir aber nicht so leicht Zugang dazu. Warum nicht? Weil unser Kopf von Haus aus dazu neigt, uns zu verurteilen, uns zu kritisieren, uns fertigzumachen. Er holt den Rohrstock hervor und verpasst uns eine anständige Abreibung, er versetzt uns einen Fußtritt, wenn wir ohnehin am Boden liegen. Zum Beispiel sagt unser Kopf uns, wir seien nicht stark genug, wir sollten besser mit allem umgehen können, andere seien viel schlimmer dran als wir, weshalb wir uns nicht beklagen sollten. Er sagt uns, wir sollten die Sache in den Griff bekommen, uns zusammenreißen und nicht so schwach oder jämmerlich sein. In manchen Fällen behauptet unser Kopf sogar, wir seien selbst an allem schuld.

Wenn jemand, den wir lieben, stirbt, wirft unser Kopf uns womöglich vor, diesen Menschen nicht genug geliebt zu haben, nicht genug für ihn dagewesen zu sein oder ihm nicht genug gesagt zu haben, wie sehr wir ihn lieben. Manchmal kommt sogar der Vorwurf, wir hätten den Tod dieses Menschen nicht verhindert, vor allem, wenn es um Suizid geht. Einer meiner Klienten hat sich vorgeworfen, dass er einen Flugzeugabsturz überlebt hatte. Sein Kopf hielt ihm vor, es sei nicht fair, dass er noch am Leben war, wo doch zwölf andere Passagiere gestorben waren – und dass er »es nicht verdiente zu leben«. So etwas wird als Überlebensschuld-Syndrom bezeichnet. Eine Klientin wiederum gab sich die Schuld an der Schizophrenie ihres Sohnes: »Ich bin verantwortlich, schließlich hat er die schlechten Gene von mir.«

Selbst wenn unser Kopf keinen persönlichen Angriff startet, ist er oft harsch, kalt und lieblos; statt uns zu helfen, deprimiert er uns. Zum Beispiel behauptet er, wir könnten das alles nicht verkraften, oder das Leben sei nicht lebenswert. Er sagt uns, wir sollten aufhören zu jammern und zu klagen, oder er ruft furchtbare Ängste vor der Zukunft hervor. Wie ich immer wieder betone, ist das alles völlig normal, aber besonders hilfreich ist es nicht. Was also ist die Alternative?

Hippie-Kram!

Antonio, ein massiger, muskulöser australischer Polizist mit italienischen Wurzeln, zog eine Grimasse und verschränkte die Arme vor der Brust. »Kommen Sie mir bloß nicht mit diesem Hippie-Kram!«, knurrte er. Seine Frau Cathy hatte ihn dazu gedrängt, mich aufzusuchen, und er versuchte erst gar nicht, seinen Frust darüber zu verbergen. Mehrere Wochen vorher war Sophia, das kleine Töchterchen des Paares, am plötzlichen Kindstod gestorben. Beide Eltern waren zutiefst erschüttert, gingen mit ihrem Kummer jedoch ganz unterschiedlich um.

Cathy tat viel von dem, was wir im letzten Kapitel besprochen haben. Sie nahm Kontakt zu Freunden und Familienmitgliedern auf, drückte ihre Gefühle aus, erlaubte sich zu weinen (manchmal stundenlang) und kümmerte sich im Allgemeinen gut um sich selbst. Im Gegensatz dazu kapselte Antonio sich von praktisch allen Menschen ab und verbrachte jeden Abend vor dem Fernseher. Er sagte wenig, trank jedoch umso mehr. Und immer wenn Cathy versuchte, mit ihm über Sophias Tod und über den gemeinsamen Kummer zu sprechen, wurde er wütend und brachte sie zum Schweigen.

Trotz seiner Abneigung dagegen, mich aufzusuchen, liebte Antonio seine Frau sehr und wollte die Lage der beiden verbessern. Bald war er in der Lage zu erkennen, dass sein Verhalten in erster Linie ein Versuch war, dem Schmerz zu entkommen. Er liebte seinen Beruf und konnte sich den Tag über so darin versenken, dass er den Tod seiner Tochter weitgehend vergaß. Zu Hause war die Lage anders. Dort erinnerte ihn alles an die kleine Sophia, vor allem seine Frau. Und mit der Erinnerung war ein Schmerz verbunden, wie er ihn noch nie erlebt hatte. Sein Alkoholkonsum, seine Gesprächsverweigerung, seine Stunden vor dem Fernseher waren Verhaltensweisen, die ihm eine gewisse Erleichterung von diesem schrecklichen Schmerz verschafften, aber um den Preis, dass die Beziehung zu seiner Frau erheblich beeinträchtigt wurde.

»Ich bin ein verdammtes Arschloch«, sagte er. »Eigentlich sollte ich für Cathy da sein, doch das bin ich nicht. Es ist bloß so, dass ich … Scheiße, ich will nicht mal darüber nachdenken. Es ist zu, es ist einfach zu … ach, ich bin dermaßen schwach. Richtig jämmerlich.«

»Sich selbst fertigmachen können Sie aber ganz gut«, sagte ich.

»Ja, aber ich hab's doch verdient, oder etwa nicht?«

»Und wenn Sie sich ständig fertigmachen, hilft Ihnen das, mit der Situation umzugehen?«

»Na, was meinen Sie?«, fragte er sarkastisch. »Natürlich nicht, verdammt noch mal.«

»Tja«, sagte ich, »da das also nicht wirklich hilfreich ist, wären Sie bereit, etwas anderes auszuprobieren?«

Antonio sah mich argwöhnisch an. »Was zum Beispiel?«

»Zum Beispiel, dass Sie freundlich mit sich selbst umgehen.«

»Kommen Sie mir bloß nicht mit diesem Hippie-Kram!«, knurrte er.

Seine Reaktion war nicht ungewöhnlich. Viele Leute wehren sich anfangs gegen die Idee, freundlich zu sich selbst zu sein.

»Was soll denn daran hippiemäßig sein?«, fragte ich.

»Mir ist schon klar, worauf Sie rauswollen«, sagte er. »Cathy liegt mir schon tagelang damit in den Ohren, mit diesem … Wie heißt das noch mal? … Diesem Selbstmitgefühl. Wollen Sie ernsthaft versuchen, mir diesen Scheiß unterzujubeln?«

Ich holte tief Luft. »Wenn ich Ihnen eine Frage stelle, geben Sie mir dann eine ehrliche Antwort?«

Er zuckte die Achseln. »Klar.«

»Okay. Nehmen wir mal an, Sie gehen gemeinsam mit einem Freund auf eine Reise. Die ist richtig schwierig. Sie ist gefährlich und anstrengend, und allerhand schreckliche Dinge passieren. Manchmal wissen Sie nicht, wo Ihnen der Kopf steht, und Sie müssen sich abstrampeln, um nicht aufzugeben.«

Antonio rutschte unbehaglich auf seinem Sessel herum.

»Während Sie Ihre Reise fortsetzen, was für einen Freund würden Sie dann bei sich haben wollen? Einen, der sagt: ›Ach, halt doch die Klappe! Hör auf zu jammern! Ich kann das nicht mehr hören. Sei doch kein Waschlappen! Reiß dich zusammen, und finde dich damit ab, du Weichei!‹ Oder einen Freund, der sagt: ›Es ist wirklich beschissen. Aber das stehen wir gemeinsam durch. Ich halte dir den Rücken frei, und ich bin bei jedem Schritt bei dir.‹«

Antonio räusperte sich. »Na ja, offensichtlich den zweiten«, sagte er.

»Was für ein Freund sind Sie dann gerade für sich selbst?«, fragte ich. »Verhalten Sie sich eher wie der erste oder wie der zweite?«

Was ist Selbstmitgefühl?

Es sind eine ganze Menge Definitionen für Selbstmitgefühl im Umlauf, aber alle kann man so zusammenfassen: »Akzeptiere deinen Schmerz und reagiere darauf mit Freundlichkeit.« Das klingt nicht besonders aufregend, ist aber voller Weisheit. Selbstmitgefühl bedeutet, dass wir uns aufrichtig entgegentreten. Wir akzeptieren die Tatsache, dass wir Schmerz empfinden und leiden, und dann tun wir aktiv etwas, das freundlich, fürsorglich und unterstützend dazu beiträgt, unser Leiden zu lindern.

Das Ganze läuft auf Folgendes hinaus: Wenn wir lernen können, uns selbst freundlich zu behandeln, sind wir wesentlich besser in der Lage, mit unserem Schmerz und den Problemen umzugehen, die das Leben uns aufgeladen hat. Dennoch reagieren viele Leute anfangs skeptisch auf die Vorstellung von Selbstmitgefühl. Sie denken dabei an Begriffe wie »romantisch« und »weltfremd«, an New Age, Hippies und Gefühlsduselei. Manche halten es für Psychogeschwätz ohne jeden wissenschaftlichen Wert. Andere meinen, es sei eine religiöse Praxis. Männer denken manchmal, es sei eine »verweichlichte« oder »unmännliche« Haltung. Und abgesehen davon meinen nicht wenige, wer sich mit so etwas beschäftige, sei »schwach« und »weichlich« oder würde sich »nicht wirklich« mit den eigenen Problemen auseinandersetzen.

Nichts von alledem stellt eine berechtigte Kritik dar. Zwar gibt es tatsächlich religiöse Praktiken, die mit Selbstmitgefühl zu tun haben, und früher war das Thema nicht zuletzt in Hippie- und New-Age-Kreisen populär. Doch die Zeiten ändern sich, und inzwischen ist Selbstmitgefühl in der westlichen Wissenschaft angekommen. Viele anerkannte Wissenschaftler haben seinen Nutzen erforscht, ohne dass damit irgendwelche religiösen Elemente verbunden gewesen wären. Dabei haben sie festgestellt, dass es bei einem breiten Spektrum von Problemen nützlich sein kann, zum Beispiel bei Ängsten und Depression, bei Trauer und traumatischen Erfahrungen.

Es ist nichts schwach oder unmännlich daran, freundlich zu jemandem zu sein, der leidet. Muss das also nicht auch dann gelten, wenn wir freundlich uns selbst gegenüber sind? Laut den Forschungsergebnissen hilft uns Selbstmitgefühl tatsächlich sehr dabei, mit unseren Problemen umzugehen. Wir können uns dadurch sammeln und Kraft schöpfen, damit wir über genügend Motivation und Energie verfügen, wirkungsvoll zu handeln.

Manchmal wird Selbstmitgefühl mit Selbstmitleid verwechselt. »Was soll es bringen, wenn man sich selbst leidtut?«, heißt es dann. Das geht jedoch völlig an der Sache vorbei. Selbstmitleid ist genau das Gegenteil von Selbstmitgefühl. Es bedeutet, dass wir uns übertrieben mit unseren Problemen beschäftigen, uns sozusagen darin wälzen, ohne praktische Maßnahmen zu ergreifen, uns zu helfen. Das hat überhaupt nichts mit den Strategien zu tun, die Sie in diesem Buch kennenlernen werden. Dabei akzeptieren Sie kurz Ihren Schmerz (ohne Selbstmitleid und ohne sich darin zu wälzen) und tun dann etwas Praktisches, um diesen Schmerz zu lindern.

Ich hatte nicht wenige Klientinnen und Klienten, die Widerstände gegen Selbstmitgefühl hatten, weil sie meinten, keine Zeit dafür zu haben und sich um ihre Familie kümmern zu müssen. In solchen Fällen frage ich: »Sie sind doch schon mal mit dem Flugzeug geflogen? Erinnern Sie sich an den Hinweis vor dem Start, man solle immer erst selbst eine Sauerstoffmaske aufsetzen, bevor man anderen helfe? Dafür gibt es einen guten Grund, denn wenn man die Maske nicht innerhalb von dreißig Sekunden aufsetzt, wird man bewusstlos und nützt niemandem mehr. Stellen Sie sich Selbstmitgefühl also so vor, als würden Sie sich eine Sauerstoffmaske aufsetzen. Es wird Ihnen helfen, wesentlich besser mit Ihrer Lage umzugehen, wodurch Sie wiederum fähig sind, sich um andere zu kümmern.« Manche Leute meinen, Selbstmitgefühl würde bedeuten, »aufzugeben« oder sich den Problemen nicht zu »stellen«, aber auch das ist ein gewaltiges Missverständnis. In Wirklichkeit hilft uns Selbstmitgefühl dabei, weiterzumachen statt aufzugeben, und es schenkt uns die Kraft, unsere Probleme tatsächlich anzugehen.

Andere Leute wehren sich gegen Selbstmitgefühl, weil sie es für egoistisch oder unsozial halten. Aber wenn Ihre beste Freundin eine wirklich harte Zeit durchmachen würde, wären Sie dann nicht bereit, sie zu unterstützen und ihr zu helfen, alles zu überstehen? Und wenn sie Ihre Hilfe und Freundlichkeit annähme, würden Sie sie dann als unsozial oder egoistisch verurteilen? Natürlich würden Sie das nicht. Warum also mit zweierlei Maß messen? Wenn Ihre Freundin in einer schlimmen Zeit Freundlichkeit und Fürsorglichkeit verdient, dann gilt das auch für Sie selbst.

Nehmen Sie jetzt wahr, was Ihr Kopf dazu sagt? Ist er einverstanden? Oder protestiert er: »Nein, das verdiene ich nicht!« Wenn Letzteres der Fall sein sollte, kann ich Sie beruhigen: Wir alle kennen viele verschiedene Versionen der Geschichte mit dem Titel »Nicht gut genug«, und diese spezielle Version – »Ich bin wertlos und verdiene keine Freundlichkeit« – tritt besonders häufig auf. Später in diesem Buch werden Sie lernen, wie man mit Geschichten wie dieser umgehen kann, aber vorläufig akzeptieren Sie bitte einfach, dass sie vorhanden ist. Sagen Sie sich so etwas wie: »Okay, mein Kopf macht mich fertig, kritisiert mich und erklärt mir, so etwas würde ich nicht verdienen.« Und lassen Sie Ihren Kopf anschließend sagen, was er will. Diskutieren und streiten Sie nicht mit ihm, weil Sie dabei fast sicher den Kürzeren ziehen würden. Lassen Sie Ihren Kopf einfach »sein Ding tun«, während Sie sich an die folgenden Übungen machen.

Den eigenen Schmerz akzeptieren

»Gut, ich hab verstanden, worum es geht«, sagte Antonio. »Aber ich glaube nicht, dass ich zu so was in der Lage bin. Als Polizist lernt man eben, alles runterzuschlucken und sich mit den Dingen abzufinden.«

Ich nickte. »Ja, Ihr gewohntes Verhalten entspricht dem, was der erste von den beiden Freunden sagt: ›Schluck's runter, vergiss es, hör auf zu jammern, es kümmert ja doch niemand!‹«

Antonio nickte. »Stimmt mehr oder weniger.«

»Aber wenn die Tochter Ihres besten Kumpels gerade gestorben wäre, würden Sie so was doch nicht zu ihm sagen, oder?«

»Nein, natürlich nicht!«

»Was würden Sie dann sagen?«

»Ach, du Schande! Da hab ich nicht die leiseste Ahnung!«

»Tja, dann denken Sie doch mal einen Moment darüber nach. Wenn jemand sehr leidet, will er normalerweise zweierlei hören. Erstens: ›Ich sehe, dass du leidest‹, und zweitens: ›Ich bin für dich da.‹ Wie würden Sie das mit eigenen Worten ausdrücken?«

Antonio dachte eine Weile nach, dann sagte er ganz leise: »Ich glaube, ich würde sagen: ›Das ist wirklich verdammt beschissen, Kumpel. Das ist das Schlimmste überhaupt. So was sollte niemand mitmachen müssen. Vor allem du nicht. Ich bin für dich da … egal, was du brauchst …‹« An diesem Punkt brach seine Stimme. Die Maske des harten Polizisten verschwand, und Tränen traten ihm in die Augen.

Wie viele von uns wusste Antonio zwar, wie man anderen Mitgefühl entgegenbrachte, hatte jedoch Probleme, es auf sich selbst anzuwenden. Falls es Ihnen anders geht – falls es Ihnen also leichtfällt, sich freundlich und unterstützend zu behandeln –, haben Sie großes Glück. Da ich aber annehme, dass Selbstmitgefühl für die meisten Leserinnen und Leser eine ebenso große Herausforderung darstellt wie anfangs für mich, werde ich es in kleinen Schritten einführen. Der allererste Schritt besteht darin, einfach den eigenen Schmerz als Tatsache zu akzeptieren. Es ist schließlich so, dass ein Realitätsschock wehtut. Er tut unglaublich weh. Deshalb wünschen wir uns so sehr, dass der Schmerz aufhört, aber das tut er nur allzu oft nicht.

Ein freundliches Selbstgespräch hat zwei zentrale Elemente, die beide in Antonios letzten Sätzen erkennbar sind:

1. Den eigenen Schmerz wahrnehmen und akzeptieren.
2. Mit Freundlichkeit reagieren.

Der erste Schritt

Unseren Schmerz anzunehmen, das bedeutet einfach, uns aufrichtig einzugestehen, wie weh es tut, ohne uns darin zu verbeißen, uns darin zu wälzen oder in Selbstmitleid zu verfallen. Wir geben uns also keinem langen inneren Monolog von dieser Sorte hin: »Wie schrecklich das doch ist! Ich kann's nicht mehr ertragen. So schlecht ist es mir noch nie gegangen. Wann hört es endlich auf?« So etwas führt nur zu Elend und Verzweiflung. Stattdessen wollen wir unseren Schmerz auf freundliche, aufrichtige Weise akzeptieren, so wie wir es auch bei anderen Menschen tun, die leiden.

Eine Möglichkeit, das zu tun, ist ein kurzer Satz, den wir uns einerseits leicht merken können und der uns andererseits dabei unterstützt, etwas Abstand von unserem Leiden zu gewinnen, statt darin zu versinken. Besonders nützlich sind Formulierungen wie »Da ist ...«, »Ich nehme ... wahr« und »Ich habe ...«: »Da ist Traurigkeit«, »Ich nehme Wut wahr«, »Ich habe ein Gefühl der Verzweiflung.« Das ist eine merkwürdige Ausdrucksweise, und zwar mit Absicht. In unserer Alltagssprache sagen wir nämlich »Ich bin traurig«, »Ich bin einsam« und »Ich bin wütend«, was den Anschein hat, als wären wir die Emotion. Wenn wir jedoch sagen »Ich nehme Traurigkeit wahr«, »Da ist Einsamkeit« und »Ich habe ein Gefühl der Wut«, dann hilft uns das, einen Schritt zurückzutreten und zu erkennen, dass diese schwierigen Gefühle nicht das sind, *was wir sind*; es sind Erfahrungen, die durch uns hindurchströmen.

Durch diese ungewöhnliche Ausdrucksweise – »Ich nehme Angst wahr« oder »Da ist Beklemmung« – gelingt es uns normalerweise, ein wenig Abstand von unserem Schmerz zu gewinnen und uns etwas davon zu lösen. Dadurch werden wir nicht so leicht davon überwältigt. Wenn Sie das Gefühl, das Sie wahrnehmen, nicht genau benennen können, oder wenn so viele Gefühle vorhanden sind, dass sie ununterscheidbar werden, können Sie Begriffe wie »Leiden«, »Trauer«, »Verletzung«, »Verlust«, »Schmerz« oder »Kummer« verwenden: »Da ist

Leiden«, »Ich nehme Kummer wahr«. Wenn Sie hingegen mit Erstarren reagieren und von Ihren Gefühlen abgeschnitten sind, können Sie sagen: »Ich nehme Betäubung wahr« oder »Da ist ein Gefühl von Leere«.

Nützlich kann ferner sein, Ausdrücke wie »hier und jetzt« oder »in diesem Augenblick« zu verwenden. Wenn wir sagen »Hier und jetzt nehme ich einen Verlust wahr«, »In diesem Augenblick ist Kummer da« oder »Jetzt im Moment nehme ich Wut wahr«, dann erinnert uns das an die vorübergehende Natur von schmerzhaften Gedanken und Gefühlen – daran, dass sie sich beständig verändern, genau wie das Wetter. Selbst an den schlimmsten Tagen unseres Lebens verändern sich unsere Emotionen; manchmal geht es uns besser und manchmal schlechter. Wenn in Ihnen also »hier und jetzt« Traurigkeit vorhanden ist, werden Sie später etwas anderes wahrnehmen. Andere Formulierungen, die Sie verwenden können, sind: »Das ist ein Moment von …« oder »Das ist eine Erfahrung von …«, zum Beispiel: »Das ist ein Moment von großer Traurigkeit« oder »Das ist eine Erfahrung von Zorn«.

Im Grunde geht es darum, spielerisch herauszufinden, welche Formulierung für einen selbst passt. Kristin Neff, die führende Forscherin zum Thema Selbstmitgefühl, sagt gern: »Das ist ein Moment des Leidens.« Andere ziehen eine alltägliche Ausdrucksweise vor. Rada zum Beispiel, die an Fibromyalgie leidet, sagt lieber: »Das tut wirklich weh.« Und Natalie, deren Sohn bei einem Autounfall ums Leben kam, drückt es so aus: »Ich nehme Kummer wahr.« Antonio wiederum bevorzugt den einfachen Ausdruck »Da ist …«: »Da ist Traurigkeit«, »Da ist Wut« und so weiter. Nachdem einer meiner Klienten die erste Ausgabe dieses Buchs gelesen hatte, hat er sich für diesen Satz entschieden: »Das ist ein Realitätsschock – und der tut weh!«

Ich möchte Sie bitten, das jetzt gleich einmal auszuprobieren.

Nehmen Sie sich einen Moment Zeit, alle schwierigen Gefühl wahrzunehmen, die jetzt vorhanden sind, und sie zu benennen: Wut, Traurigkeit, Beklemmung, Einsamkeit und so weiter.

Dann bestätigen Sie diese Gefühle mit einer ruhigen, freundlichen, friedlichen inneren Stimme: »Ich nehme … wahr« oder »Da ist …«

Machen Sie nun einen Moment Pause und tun Sie einen langsamen, sanften Atemzug, ein und aus.

Und jetzt versuchen Sie es noch einmal.

Sagen Sie ganz langsam und mit einer ruhigen, freundlichen, friedlichen inneren Stimme: »Ich nehme … wahr« oder »Da ist …«

Der zweite Schritt und die Verknüpfung beider Schritte

Nachdem wir unseren Schmerz wahrgenommen und bestätigt haben, erinnern wir uns daran, mit Freundlichkeit darauf zu reagieren. Zum Beispiel können wir still Sätze wie diese zu uns sagen: »Sei freundlich zu dir«, »Geh nachsichtig mit dir um«, »Sei sanft zu dir« oder »Ganz sachte«. Manche Leute nehmen lieber nur ein einziges Wort wie »sanft« oder »freundlich«. Kristin Neff, die erwähnte Spezialistin für Selbstmitgefühl, sagt: »Möge ich freundlich zu mir sein.« Rada wiederum sagt lieber einfach: »Sei freundlich«; Natalie hat gewählt: »Möge ich freundlich mit mir umgehen.« Antonio hat sich nach einem inneren Kampf für »Sei nachsichtig mit dir« entschieden.

Anschließend geht es darum, diese beiden Schritte – den eigenen Schmerz annehmen und mit Freundlichkeit darauf reagieren – zu einem Merksatz zu verbinden, den man immer wieder verwenden kann:

»Das tut wirklich weh. Sei freundlich zu dir.«

»Ich nehme Kummer wahr. Möge ich mich mit Freundlichkeit behandeln.«

»Da ist Traurigkeit. Geh nachsichtig mit dir um.«

»Das ist ein Moment des Leidens. Möge ich freundlich zu mir sein.«

Sobald Sie das getan haben, können Sie sich vornehmen, diese Worte immer dann zu wiederholen, wenn Sie von Ihrem Schmerz ergriffen werden. Das tun Sie mit einer ruhigen, freundlichen, friedlichen inneren Stimme, das heißt in einem Tonfall, der nicht harsch, lieblos, fordernd oder herrisch ist. Dabei geht es nicht darum, den Schmerz verschwinden zu lassen, sondern sich ein Gefühl von Trost und Unterstützung zu vermitteln, als wäre ein fürsorglicher Freund oder eine Freundin an Ihrer Seite.

Behalten Sie bitte im Kopf, dass es sich hierbei nicht um die Praxis des »positiven Denkens« handelt. Das heißt, Sie versuchen nicht, »negative« Gedanken loszuwerden und durch »positive« zu ersetzen. Wenn Sie Selbstmitgefühl zu diesem Zweck verwenden wollen, werden Sie bald enttäuscht werden. Harsche, kontraproduktive und allzu selbstkritische Gedanken werden weiterhin auftauchen; über die Gründe sprechen wir später. Hier geht es darum, dass Sie Ihren Gedanken und Gefühlen erlauben, so zu sein, wie sie es momentan sind, zugleich jedoch eine Art Selbstgespräch führen. Anders gesagt: Versuchen Sie nicht, unerwünschte Gedanken loszuwerden. Vielmehr bestätigen Sie, dass solche Gedanken vorhanden sind, Sie erlauben ihnen dazubleiben, und Sie fügen einige neue hinzu, die den anderen sozusagen Gesellschaft leisten. Falls Ihnen das merkwürdig vorkommen sollte, kann ich Ihnen versichern, dass es Ihnen wesentlich mehr einleuchten wird, nachdem Sie die nächsten zwei Kapitel gelesen haben.

In einigen Momenten werde ich Sie bitten, Folgendes auszuprobieren: Erfinden Sie Ihren eigenen Merksatz oder wählen Sie einen von den vier oben aufgeführten aus, und sagen Sie ihn mit echter Freundlichkeit zu sich, mit einer ruhigen, zugewandten, sanften inneren Stimme. Wenn Sie eine harsche, herrische oder lieblose Stimme verwenden, hat es nicht die erwünschte Wirkung.

Zuerst möchte ich allerdings eine Vorhersage machen. Etwa 95 Prozent aller Leserinnen und Leser werden die folgende Übung machen und sofort einen gewissen Nutzen davon haben. Hingegen werden 5 Prozent eine negative Reaktion haben. Entweder wird überhaupt nichts passieren, weshalb sie enttäuscht sein werden, oder die Übung löst schwierige Gedanken und Gefühle aus (höchstwahrscheinlich Beklemmung, Selbstkritik oder irgendeine Version von »Das verdiene ich nicht«). Falls Sie zu den 5 Prozent gehören sollten, keine Sorge.

Das ist kein Problem, weil Sie in den nächsten Kapiteln eine ganze Reihe an verschiedenen Fertigkeiten erlernen werden, durch die das Ganze wesentlich leichter wird. Nun aber genug mit der Vorbereitung … fangen wir an.

Einige freundliche Worte

Nehmen Sie bitte eine bequeme Körperhaltung ein, in der sie zentriert und wach sind. Wenn Sie auf einem Stuhl sitzen, können Sie sich leicht vorbeugen, den Rücken strecken, die Schultern sinken lassen und die Füße sanft in den Boden drücken.

Denken Sie jetzt an etwas, womit Sie gerade kämpfen. Nehmen Sie sich einige Momente Zeit zu überlegen, was passiert ist und welche Auswirkungen es auf Sie hat. Nehmen Sie dabei wahr, welche schwierigen Gedanken und Gefühle auftauchen.

Würdigen Sie Ihren Schmerz nun aufrichtig und reagieren Sie darauf mit Freundlichkeit. Das tun Sie, indem Sie sich mit einer zugewandten und ruhigen inneren Stimme langsam und sanft ein paar Worte sagen. Wenn Ihnen nichts einfällt, versuchen Sie es doch damit: »Das tut wirklich weh. Sei freundlich zu dir.«

Halten Sie jetzt einen Moment inne, und nehmen Sie wahr, was geschieht.

Wenn Sie wollen, können Sie einen bewussten Atemzug tun und die Luft dabei ganz langsam und sanft ein- und ausströmen lassen.

Wiederholen Sie den Satz mit Freundlichkeit noch einmal.

Halten Sie einen Moment inne und nehmen Sie wahr, was geschieht.

Wenn Sie wollen, atmen Sie wieder langsam und sanft ein und aus.

Wiederholen Sie ein letztes Mal die freundlichen Worte, voller Wärme, Fürsorglichkeit und Trost.

Halten Sie wieder einen Moment inne und nehmen Sie wahr, was geschieht.

Nun, wie ist es gelaufen? Wenn nicht viel passiert ist oder wenn die Übung schwierige Gedanken und Gefühle hervorgerufen hat, ist das kein Problem; ich bin sicher, dass sich das ändern wird, während Sie weiter mit dem Buch arbeiten. Akzeptieren Sie dann vorläufig einfach, dass diese Art Selbstgespräch momentan bei Ihnen noch nicht klappt. Erfreulicherweise gibt es viele andere Möglichkeiten, freundlich mit sich selbst umzugehen. Denken Sie zum Beispiel an die Formen von Selbstfürsorge, um die es im letzten Kapitel ging. Wenn Sie so etwas automatisch tun oder weil Sie sich dazu verpflichtet fühlen, weil Ihr Kopf sagt: »Das musst du tun; du musst dich schließlich um dich selbst kümmern«, dann ist es trotzdem nützlich, wird Ihnen aber wahrscheinlich nicht das Gefühl vermitteln, freundlich zu sich selbst zu sein. Das können Sie allerdings ändern, indem Sie es einfach weiter tun, aber darauf achten, es mit echter Wärme und Fürsorglichkeit zu würzen. Vielleicht klappt das nicht, aber versuchen Sie es bitte trotzdem. In den folgenden Kapiteln werden Sie außerdem verschiedene Methoden erlernen, anders mit Ihrem Schmerz umzugehen und ihm den Stachel zu nehmen. Jedes Mal, wenn Sie mit einer solchen Methode Ihren Schmerz lindern, ist das allein schon ein Akt der Freundlichkeit.

Aber vielleicht hat die Übung Ihnen ja tatsächlich geholfen, sich ein Gefühl der Freundlichkeit gegenüber sich selbst zu erschließen. Auch wenn es nur ein winziges Fünkchen war, ist es ein guter Anfang; Selbstmitgefühl ist eine Fertigkeit, und wie alle Fertigkeiten verbessert sie sich mit der Übung. Wenn es bei Ihnen also einigermaßen geklappt hat, suchen Sie bitte nach Ihrer eigenen Form von Selbstgespräch. Spielen Sie mit Worten, bis Sie einen Satz gefunden haben, der Sie berührt, und wiederholen Sie ihn dann den Tag über – vor allem in den Augenblicken, in denen das Leben besonders wehtut. Nehmen Sie dabei wahr, wie es ist, wenn Sie sich mit echter Freundlichkeit nach innen wenden; genießen Sie das Gefühl, Freundschaft mit sich selbst zu schließen. Wenn die Realität heftig zuschlägt, tut es besonders gut, freundlich zu sich selbst zu sein.

4

Das Kämpfen aufgeben

Shanti konnte mir kaum in die Augen schauen. Ihre Stimme war leise und voll Verzweiflung. »Ich will mich einfach nicht mehr so fühlen!«, sagte sie. Von Shanti habe ich schon in Kapitel 2 erzählt. Ravi, ihr Mann, hatte über zwei Jahre lang eine Affäre mit ihrer besten Freundin gehabt. Als Shanti das herausbekam, verließ Ravi sie und verschwand mit ihrer Freundin in eine andere Stadt, um ein neues Leben anzufangen. Scham, Wut, Betrogensein, Ungerechtigkeit, Einsamkeit, Traurigkeit und Beklemmung, dies alles und weitere Gefühle ließen sie nicht los. Kein Wunder, dass Shanti sich »nicht mehr so fühlen« wollte. Niemand leidet gern; wir wollen alle, dass das vorübergeht. Aber wie viel Kontrolle haben wir eigentlich über unsere Gefühle?

Säuglinge und Kleinkinder werden weitgehend von ihren Emotionen kontrolliert. Angst, Wut, Traurigkeit, Schuldgefühle, Frustration und Beklemmung – diese Emotionen und viele andere sorgen dafür, dass kleine Kinder oft wie ferngesteuerte Roboter wirken. Wenn sie wütend sind, brüllen sie, schlagen um sich oder stampfen mit den Füßen. Taucht Angst in ihnen auf, so verstecken sie sich, weinen oder laufen weg. Wenn sie traurig oder enttäuscht sind, schmollen, weinen oder plärren sie.

Als Erwachsene werden wir wesentlich weniger von unseren Gefühlen kontrolliert, und das ist gut so. Wäre es anders, hätten wir große Probleme. Man stelle sich vor, wir wären Angst, Wut, Traurigkeit und Schuldgefühlen ebenso ausgeliefert wie als Kinder. Wie schwierig das Leben dann wohl für uns wäre!

Natürlich werden wir alle gelegentlich von unseren Emotionen gesteuert. Wir verlieren die Beherrschung, werden von unseren Ängsten mitgerissen oder von Traurigkeit überwältigt, haben niederschmetternde Schuldgefühle oder bekommen einen Wutanfall. Zum Glück geschieht das meist viel seltener als in der Kindheit. Das liegt daran, dass wir uns im Lauf der Jahre allerhand Methoden angeeignet haben, unsere Gefühle zu kontrollieren.

Zum Beispiel haben wir gelernt, uns mit Essen, Musik, Fernsehen, Büchern und Spielen von unangenehmen Emotionen abzulenken. Als wir erwachsen wurden, haben sich die potenziellen Ablenkungen vervielfacht: Fitnesstraining, Arbeit, Studium, Hobbys, Religion, Computerspiele, E-Mails, Glücksspiele, Sex, Pornografie, vielfältige Musikarten, Sport, Drogen, Alkohol, Gartenarbeit, Haustiere, Kochen, Tanzen und so weiter.

Gelernt haben wir außerdem, unangenehmen Gefühlen zu entkommen, indem wir jene Situationen meiden, in denen sie am wahrscheinlichsten auftauchen. Anders gesagt, haben wir gelernt, uns von den Menschen, Orten, Aktivitäten und Aufgaben zurückzuziehen oder fernzuhalten, die wir als schwierig oder fordernd empfinden.

Dazu kommen all jene Denkstrategien, die wir zu bestimmten Zeiten entwickelt haben, um uns Erleichterung von emotionalem Schmerz zu verschaffen. Meist verfügen wir über ein breites Spektrum an solchen Strategien, wie etwa:

- konstruktive Problemlösung
- Listen schreiben
- die Situation aus einer anderen Perspektive betrachten
- anderen die Schuld geben oder sie kritisieren
- negative Gedanken infrage stellen
- positives Denken
- energisch die eigene Position verteidigen
- positive Bestätigung
- aufmunternde Sprüche wie »Das geht schon vorüber« oder »Was uns nicht umbringt, macht uns stärker«

- das Problem bagatellisieren, so tun, als wäre es nicht wichtig, oder Scherze darüber machen
- sich mit anderen vergleichen, denen es schlechter geht.

Und last, not least haben wir alle entdeckt, dass es uns vorübergehend Erleichterung von schmerzhaften Gefühlen verschaffen kann, unseren Körper mit bestimmten Substanzen zu versorgen, seien das nun Schokolade oder Eiscreme, Pizza, Zucker, Tee, Kaffee, Aspirin, Paracetamol, Alkohol, Tabak, Drogen, pflanzliche Heilmittel oder verschreibungspflichtige Medikamente.

Trotz dieser cleveren Methoden, unsere Gefühle zu kontrollieren, leiden wir psychisch jedoch munter weiter. Wenn wir frei von emotionalem Schmerz sind, dann bleibt das nicht lange so. Denken Sie einmal an den glücklichsten Tag Ihres Lebens – wie lange hat das freudige, glückliche Gefühl angedauert, bis ein Anflug von Sorge, Frustration, Enttäuschung oder Ärger aufgetaucht ist? Nicht lange, stimmt's? Und das am glücklichsten Tag Ihres Lebens! Wenn uns bereits dann die Realität einen Schock versetzt, versagen die meisten dieser »Emotionskontrollstrategien« kläglich.

Tatsache ist: Ein erfülltes menschliches Leben zu leben bedeutet, das gesamte Spektrum an menschlichen Emotionen zu erleben und nicht bloß jene, die sich »gut anfühlen«. Unsere Gefühle sind wie das Wetter; sie verändern sich ständig. Manchmal sind sie sehr angenehm, dann wieder ausgesprochen unangenehm. Was würde passieren, wenn wir mit dieser Einstellung durchs Leben gingen: »Eigentlich sollte jeden Tag gutes Wetter sein. Wenn es draußen nass und kalt ist, stimmt was nicht.« Das wäre ein endloser Kampf mit der Realität. Unser Leben wäre erheblich reduziert, wenn wir glauben würden: »Nur wenn das Wetter gut ist, kann ich tun, was mir wirklich wichtig ist, und die Person sein, die ich sein will.«

So über das Wetter zu sprechen, klingt lächerlich. Wir wissen, dass wir das Wetter nicht kontrollieren können, daher versuchen wir es nicht einmal. Stattdessen lassen wir das Wetter machen, was es will, und passen unsere Kleidung entsprechend an. Wenn es jedoch um Emotionen geht, tun die meisten Menschen das Gegenteil; sie versuchen um jeden Preis, ihre Emotionen unter Kontrolle zu bekommen. Das ist einleuchtend, denn schließlich will sich jeder gut fühlen, und niemand will sich schlecht fühlen. Deshalb versuchen wir, unerwünschte Gefühle von uns wegzuschieben, indem wir zu den erwähnten Hilfsmitteln greifen. Natürlich lindert das meiste davon unseren Schmerz manchmal ziemlich gut – aber für wie lange? Wie lange verschwinden die Gefühle, bevor sie wiederkommen? Einige Minuten? Oder sogar ein paar Stunden, wenn wir Glück haben?

Während wir durchs Leben reisen, empfinden wir ebenso intensive wie unangenehme Emotionen, die wir nicht einfach abschalten können. Wie Sie zweifellos bereits selbst entdeckt haben, beeinflussen die Strategien, mit denen wir unsere Emotionen kontrollieren, langfristig gesehen oft unsere Lebensqualität. Am offensichtlichsten ist das bei Dingen wie Drogen, Alkohol, Tabak, Schokolade und Glücksspiel, aber wenn man unvoreingenommen genauer hinschaut, stellt man fest, dass das für jede »Emotionskontrollstrategie« gilt, die wir *exzessiv* oder *starr* anwenden.

Selbst so etwas Gesundes wie Sport wird problematisch, wenn wir damit *exzessiv* oder *starr* versuchen, unsere Gefühle zu kontrollieren. Zum Beispiel treiben manche Menschen, die an Magersucht leiden, täglich intensiv Sport, was ihnen kurzfristig dabei hilft, ihre Ängste, dick zu werden, zu beherrschen. Auf lange Sicht verharrt ihr Körper dadurch jedoch in einem Zustand extrem ungesunder Magerkeit. Das ist offensichtlich etwas ganz anderes, als *flexibel* Sport zu treiben und sich *vernünftig* um die eigene Gesundheit und das eigene Wohlbefinden zu kümmern.

Die Enttäuschungen und Rückschritte, auf die wir bei dem Versuch stoßen, unsere Emotionen zu kontrollieren, spornen uns allerdings oft an, uns noch mehr anzustrengen und nach noch intelligenteren Methoden der Gefühlskontrolle zu suchen. Dabei hoffen wir, eines Tages die ideale Strategie zu entdecken, mit der wir unsere Gefühle perfekt beherrschen können. Früher oder später erkennen wir aber doch, dass das vergebliche Liebesmüh ist. Um das zu verdeutlichen, bitte ich bei meinen Workshops und Vorträgen alle im Raum befindlichen Eltern, die Hand zu heben. Meist tun das etwa drei Viertel der Anwesenden. Dann sage ich: »Kinder zu haben, ist eine ungeheure Bereicherung fürs Leben und verschafft uns mit die wunderbarsten Gefühle, die wir je haben werden – Liebe, Freude und Zärtlichkeit, wie wir es uns nie hätten vorstellen können. Aber sind das die einzigen Gefühle, die Kinder uns schenken?«

Daraufhin schütteln alle den Kopf und sagen: »Neiiin!«

»Welche anderen Gefühle schenken euch eure Kinder denn?«, frage ich.

Die Antworten klingen nicht sehr angenehm: Angst, Ärger, Erschöpfung, Sorgen, Schuldgefühle, Traurigkeit, Schmerz, Frustration, Zurückweisung, Langeweile und Wut, um nur einige zu nennen.

Genau das ist es: Die Dinge, die das Leben reich und sinnvoll machen, lassen ein breites Spektrum an Gefühlen entstehen, die zugleich angenehm *und* schmerzhaft sind. Natürlich gilt das für jede liebevolle Beziehung, nicht nur für die zu unseren Kindern. Kein Wunder, dass Jean-Paul Sartre bemerkt hat: »Die Hölle, das sind die anderen.«

Leider dauert es unter Umständen ziemlich lange, bis diese Erkenntnis sich in uns entwickelt hat. Womöglich brauchen wir hundert Selbsthilfebücher, zwanzig Jahre Therapie, fünf verschiedene verschreibungspflichtige Medikamente, ein Dutzend Motivationskurse, Jahrzehnte stillen Kampfs oder eine lebenslange Ratsuche bei diversen »Experten«, bevor wir vollständig die einfache Wahrheit erkennen: Was schmerzhafte Emotionen angeht, sind wir von unserer Gesellschaft nicht gut vorbereitet worden. In Kindheit und Jugend haben wir nur zwei Reaktionen gelernt: kontrollieren oder kontrolliert werden. Und wenn das unsere einzigen beiden Optionen sind, werden wir immer kämpfen müssen.

Manchmal habe ich Klienten, die auf diese Überlegungen ziemlich negativ reagieren, weil sie der Vorstellung verhaftet sind, sobald sie sich von ihrem Realitätsschock erholt hätten, hätten sie keine schmerzhaften Gedanken und Gefühle mehr. Schön wär's! Wenn wir uns aufrappeln und unsere Wunden heilen lassen, verschwinden die schwierigen Gedanken, Gefühle und Erinnerungen nicht. Vielmehr finden wir eine neue Methode, darauf zu reagieren. Wir lernen, anders damit umzugehen und ihnen die Wirkung zu nehmen, damit sie uns, wenn sie auftauchen, nicht davon abhalten können, aktiv am Leben teilzunehmen. Wir lernen, inmitten unseres Schmerzes einen Zustand von Ruhe zu erreichen und einen Raum in uns zu schaffen, durch den unsere Gefühle ungehindert hindurchströmen können, ohne uns herumzukommandieren oder niederzudrücken. Das meine ich mit der Aufforderung, das Kämpfen aufzugeben.

Jeder Kampf wirkt erschöpfend

Wenn wir nur zwei Optionen haben, auf schwierige Gedanken und Gefühle zu reagieren – sie entweder zu »kontrollieren« oder von ihnen »kontrolliert werden« –, dann ist das Leben erschöpfend, weil wir so viel Zeit und Energie in diesen vergeblichen Kampf mit unserer Innenwelt investieren. Es gibt jedoch eine dritte Möglichkeit, mit schwierigen inneren Erfahrungen umzugehen. Weil sie sich so stark von den beiden anderen unterscheidet, dauert es oft eine Weile, bis man sie verstanden hat. Um Ihnen ein Gefühl dafür zu vermitteln, lade ich Sie daher zu einem einfachen Experiment ein.

Ein Experiment in drei Schritten (I)

Dieses Experiment besteht aus drei Schritten. Sie werden wesentlich mehr davon profitieren, wenn Sie diese Schritte wirklich befolgen. Das ist sehr wichtig, weil es den Weg dafür bahnt, die im nächsten Kapitel vermittelten Fertigkeiten zu erlernen.

Schritt 1: Stellen Sie sich vor, dass sich vor Ihnen alles befindet, was wichtig für Sie ist, sowohl das Angenehme – wie die Menschen, Filme, Musikstücke, Speisen, Bücher und Aktivitäten, die Sie lieben – als auch das Unangenehme, darunter alle Herausforderungen und Probleme, mit denen Sie umgehen müssen. Stellen Sie sich außerdem vor, dass das Buch in Ihren Händen aus allen Gedanken, Gefühlen, Emotionen, Bedürfnissen und Erinnerungen besteht, die Sie am schwierigsten finden. Lassen Sie sich einige Momente Zeit, das alles zu benennen.

Schritt 2: *(Bitte führen Sie diesen Schritt nicht aktiv aus, wenn Sie Probleme mit Hals, Nacken, Schultern oder Oberarmen haben; stellen Sie sich dann nur lebhaft vor, wie es wäre, das zu tun.)* Wenn Sie das Ende dieses Absatzes erreicht haben, halten Sie das Buch mit beiden Händen aufgeklappt so weit wie möglich von sich weg. Strecken Sie die Arme, so gut es geht, und drücken Sie die Ellbogen durch. Halten Sie das Buch so etwa eine Minute lang auf Armlänge von sich weg und nehmen Sie wahr, was für eine Erfahrung das ist.

Haben Sie das als unangenehm oder ermüdend empfunden? Stellen Sie sich vor, wie erschöpfend es wäre, wenn Sie das den ganzen Tag lang tun würden. Und stellen Sie es sich vor, wenn Sie während dieser Übung gleichzeitig Ihre Lieblingsserie ansehen, ein Gespräch führen, etwas Gutes essen oder mit Ihrem Partner, Ihrer Partnerin kuscheln würden. Wie sehr würde Sie das ablenken oder Ihrem Genuss in die Quere kommen? Genauso ist es, wenn wir versuchen, unsere Emotionen zu kontrollieren; wir wenden eine gewaltige Menge Energie auf, sie von uns wegzuschieben. Das ist nicht nur erschöpfend und störend, es zieht uns auch aus dem Hier und Jetzt in einen inneren Kampf. Wenn wir uns derart anstrengen, unsere Emotionen zu kontrollieren, ist es sehr schwierig, präsent zu sein und effizient auf die Herausforderungen des Lebens zu reagieren.

Versuchen wir jetzt etwas anderes.

Schritt 3: Stellen Sie sich wieder vor, dieses Buch würde aus Ihren Gedanken und Gefühlen bestehen. Halten Sie es, sobald Sie das Ende dieses Absatzes erreicht haben, etwa dreißig bis sechzig Sekunden lang so angestrengt wie möglich von sich weg. Hören Sie dann auf, sich anzustrengen, legen Sie sich das Buch behutsam auf den Schoß und lassen Sie es da liegen. Nehmen Sie den Unterschied wahr. Dehnen Sie, während das Buch da liegt, die Arme, atmen Sie tief ein und betrachten Sie mit echter Neugier Ihre Umgebung. Nehmen Sie wahr, was Sie sehen und hören können.

Ist Ihnen aufgefallen, dass es sehr viel leichter, müheloser und weniger ablenkend war, das Buch auf dem Schoß liegen zu lassen, statt darin festzustecken oder es auf Armlänge fernzuhalten? Haben Sie bemerkt, dass Sie vollständig für die Welt ringsum präsent sein konnten, als Sie sich von Ihren schwierigen Emotionen gelöst, nicht mehr damit gekämpft und Raum dafür geschaffen haben?

Das ist eine radikal unterschiedliche Weise, auf schmerzhafte innere Erfahrungen zu reagieren. Das Kämpfen aufzugeben, wie ich es nenne, bedeutet, sich zu öffnen und Raum für unsere Gedanken, Gefühle und Erinnerungen zu schaffen. Wir lassen zu, dass sie in ihrem eigenen Rhythmus kommen, bleiben und wieder gehen. Wir lassen uns weder von ihnen dirigieren und überwältigen noch wenden wir Energie für den Versuch auf, gegen sie anzukämpfen oder vor ihnen davonzulaufen.

Als ich diese Übung mit Shanti gemacht habe, sagte sie: »Gut, aber das da ist bloß ein Buch. Mit echten Gefühlen schaffe ich das nicht.« Damit hatte sie recht. So leicht es ist, ein Buch auf den Schoß zu legen, so schwer ist es, etwas Ähnliches mit echten Gedanken und Gefühlen zu tun. Versuchen wir es jetzt also am Eingemachten.

5

Wenn es stürmisch wird

Mit einem großen Verlust ist großer Schmerz verbunden. Oft treten Traurigkeit und Kummer auf, oft auch Schuldgefühle oder Bedauern. Letzteres ist besonders wahrscheinlich, wenn wir irgendwie zu den Ereignissen beigetragen haben oder zumindest meinen, wir hätten das getan. Außerdem treten normalerweise Wut und Angst auf. Das liegt daran, dass ein großer Verlust eine Bedrohung für uns darstellt. Er kann unsere Lebensweise bedrohen, unsere Sicherheit, unsere körperliche und geistige Gesundheit, unser Wohlbefinden, unsere Angehörigen und vieles andere, was uns wertvoll ist. Wie in Kapitel 1 besprochen, reagieren wir bei einer erheblichen Bedrohung sofort mit Kampf oder Flucht, und wenn uns beides vergeblich vorkommt, erstarren wir. Beim Menschen ruft die Kampf-Reaktion Wut, Ärger, Gereiztheit oder Zorn hervor, die Flucht-Reaktion führt zu Angst, Beklemmung, Unsicherheit oder Panik. Wenn wir erstarren, ist das hingegen mit Betäubung, Lethargie, Apathie und Erschöpfung verknüpft.

Und als ob das nicht genug wäre, gießt unser Kopf auch noch Öl ins Feuer. Er erzeugt allerhand ängstliche, wütende, kritische oder hoffnungslose Gedanken und holt zudem oft noch schmerzhafte Erinnerungen an die Oberfläche. Wir verfangen uns leicht in diesen Gedanken und verfallen in Sorgen über die Zukunft, grübeln über die Vergangenheit nach, machen uns selbst oder anderen Vorwürfe und beschäftigen uns zwanghaft mit Dingen, die außerhalb unserer Kontrolle sind.

Das sind alles völlig normale Reaktionen auf schwierige Situationen, in denen Instabilität und Ungewissheit vorherrschen. Es ist daher zu erwarten, dass sie nach einem Realitätsschock wiederholt auftreten. Wir können sie uns als »emotionale Stürme« vorstellen, bei denen schwierige Gedanken wild durch unseren Kopf wehen, während intensive Gefühle und Emotionen durch den Körper jagen. Wenn uns so ein emotionaler Sturm vor sich hertreibt, können wir nichts Wirkungsvolles tun, um auf die heftigen Herausforderungen einzugehen, die uns das Leben vorgesetzt hat.

Wie gehen wir also mit emotionalen Stürmen um? Wenn ein Sturm die Boote im Hafen bedroht, werfen alle den Anker, sonst werden die Boote beschädigt oder aufs Meer hinausgetrieben. Und wenn ein Boot den Anker wirft, führt das natürlich nicht dazu, dass der Sturm sich legt. Ein Anker kann das Wetter nicht kontrollieren, aber er hält das Boot fest, bis der Sturm vorübergeht. Daher werden wir jetzt etwas ganz Ähnliches tun; wir werden lernen, den Anker zu werfen, wenn emotionale Stürme in uns toben.

Die AKT-Formel: Annehmen, den Körper spüren, teilnehmen

Eine Verankerungsübung kann zehn Sekunden oder zehn Minuten dauern, und man kann sie jederzeit und an jedem Ort tun, egal, was man gerade fühlt. Es gibt praktisch Hunderte unterschiedliche Methoden, den Anker zu werfen, und Sie können gern eigene erfinden, doch im Zentrum steht immer die simple AKT-Formel:

A für Annehmen: Die eigenen Gedanken und Gefühle annehmen
K für Körper: In den Körper hineinspüren
T für Teilnehmen: Bewusst teilnehmen an dem, was man tut

Probieren wir das also jetzt gleich aus. Sie können diese Übung unabhängig davon machen, wie Sie sich momentan fühlen – glücklich oder traurig, beklommen oder wütend, gleichgültig oder betäubt.

Die AKT-Formel in der Praxis

A: Die eigenen Gedanken und Gefühle annehmen

Nehmen Sie ruhig und freundlich alles wahr, was in Ihnen auftaucht: Gedanken, Gefühle, Emotionen, Erinnerungen, Körperempfindungen, Bedürfnisse. Nehmen Sie dabei den Standpunkt eines neugierigen Kindes ein, dem noch nie so etwas begegnet ist. Registrieren Sie mit Offenheit und Interesse, was in Ihrer inneren Welt vor sich geht.

Spüren Sie in Ihren Körper hinein, nehmen Sie die vorhandenen Gefühle und Empfindungen wahr, und stellen Sie fest, welche Art von Gedanken Ihnen durch den Kopf gehen. Um zu beschreiben, was in Ihnen auftaucht, ist es oft nützlich, Ausdrücke wie »Ich nehme ... wahr« oder »Ich habe ...« zu verwenden, wie wir es in Kapitel 3 getan haben. Zum Beispiel können Sie still zu sich sagen: »Ich nehme Beklemmung wahr«, »Ich habe ein Gefühl von Traurigkeit«, »Ich nehme Betäubung wahr«, »Ich habe beängstigende Gedanken«, »Ich nehme wahr, dass ich mich total in die Sache reinsteigere« oder »Ich habe die Vorstellung, dass ich ein schlechter Mensch bin«.

Hier geht es darum, dass Sie Ihre Gedanken und Gefühle annehmen, ohne sie zu verurteilen, zu bekämpfen oder zu versuchen, sie loszuwerden. Sie nehmen einfach wahr, dass sie jetzt, in diesem Augenblick, da sind.

Nehmen Sie weiterhin Ihre Gedanken und Gefühle an, während Sie ...

K: In den Körper hineinspüren

Kehren Sie zu Ihrem Körper zurück und spüren Sie in ihn hinein. Finden Sie Ihre eigene Methode, das zu tun. Sie können einige oder alle folgenden Verfahren ausprobieren oder mit etwas anderem experimentieren, das Ihnen einfällt:

- Drücken Sie langsam die Füße in den Boden.
- Richten Sie langsam den Rücken und die Wirbelsäule auf.
- Drücken Sie langsam die Fingerspitzen zusammen.
- Dehnen Sie langsam die Arme oder den Hals oder heben und senken Sie die Schultern.

Wenn Sie durch eine chronische Erkrankung oder eine Verletzung körperlich eingeschränkt sind, kann die Übung entsprechend angepasst werden. Für Rada mit ihrer Fibromyalgie und der starken Schmerzempfindung im Oberkörper waren die meisten obigen Vorschläge ungeeignet. Sie fühlte sich nur wohl dabei, die Füße in den Boden zu drücken, weshalb wir uns gemeinsam die folgenden Alternativen ausdachten:

- Atmen Sie langsam und sanft ein und aus.
- Verändern Sie langsam und sanft die Sitzposition auf dem Stuhl, sodass Sie bequemer sitzen.
- Bewegen Sie die Augen langsam und sanft von einer Seite zur anderen.
- Heben Sie langsam und sanft die Augenbrauen und lassen Sie sie dann wieder sinken.

Anders gesagt, geht es darum, kreativ zu sein; alles, was dazu beiträgt, eine Verbindung zum Körper herzustellen, ist geeignet. Bei dieser Übung versuchen Sie nicht, vor dem, was in Ihrer Innenwelt geschieht, zu fliehen, es zu vermeiden oder sich davon abzulenken. Ebenso wenig versuchen Sie, schwierige Gedanken und Gefühle loszuwerden, denn ein Anker lässt den Sturm bekanntlich nicht verschwinden. Sie zielen darauf ab, Ihre Gedanken und Gefühle weiterhin wahrzunehmen und deren Vorhandensein zu akzeptieren, während Sie zugleich eine Verbindung zu Ihrem Körper aufnehmen und diesen aktiv bewegen. Weshalb? Um wesentlich mehr Kontrolle über Ihr körperliches Handeln zu haben, also darüber, was Sie mit den Armen, Händen, Beinen und Füßen, mit dem Gesicht und dem Mund tun. Der Versuch, Gedanken und Gefühle zu kontrollieren, scheitert oft oder schafft neue Probleme. Die Kontrolle über das zu übernehmen, was Sie aktiv tun, ist etwas anderes; es ermöglicht Ihnen, effizient zu handeln, während der Sturm weitertobt.

Während Sie also Ihre Gedanken und Gefühle annehmen und eine Verbindung zum Körper herstellen, kommt das dritte Element hinzu.

T: Bewusst teilnehmen an dem, was man tut

Nehmen Sie wahr, wo Sie sich befinden, und richten Sie die Aufmerksamkeit auf die Aktivität, mit der Sie gerade beschäftigt sind. Finden Sie Ihre eigene Methode. Sie können es mit den folgenden Vorschlägen versuchen oder sich selbst etwas ausdenken.

- Blicken Sie sich im Zimmer um und registrieren Sie fünf Dinge, die Sie sehen.
- Nehmen Sie drei oder vier Geräusche wahr, die Sie hören können.
- Nehmen Sie wahr, was Sie riechen oder schmecken, oder spüren Sie in Nase oder Mund hinein.
- Nehmen Sie wahr, was Sie gerade tun.
- Schließen Sie die Übung ab, indem Sie der Aktivität, mit der Sie gerade beschäftigt sind, Ihre ganze Aufmerksamkeit widmen.
- Es ist eine gute Idee, diesen AKT-Zyklus langsam drei bis vier Mal zu durchlaufen und daraus eine zwei bis drei Minuten dauernde Übung zu machen.
- Um Ihnen einen Einstieg zu verschaffen, habe ich einige Audio-Aufnahmen von Verankerungsübungen zusammengestellt, die eine bis elf Minuten lang sind. Heruntergeladen werden können sie über die Links in meinem kostenlosen E-Book *The Reality Slap: Extra Bits*, zu finden unter »Free Resources« auf www.thehappinesstrap.com.

Ein Anker kontrolliert den Sturm nicht

Wenn ich diese Übung einführe, höre ich manchmal die Klage: »Das funktioniert nicht!« Wenn ich dann frage: »Was meinen Sie damit, dass es nicht funktioniert?«, kommt meist eine Antwort wie: »Ich fühle mich überhaupt nicht besser. Die unangenehmen Gefühle gehen dadurch nicht weg.« Worauf ich erkläre, dass das keine Methode ist, die eigenen Gefühle zu kontrollieren, so wie auch ein Anker keinen Sturm kontrolliert.

Den Anker werfen wir,

- um mehr Kontrolle über unser körperliches Handeln zu gewinnen, damit wir effizienter handeln können, wenn schwierige Gedanken und Gefühle auftauchen,
- um die Wirkung und den Einfluss unserer Gedanken und Gefühle zu reduzieren; wenn wir diese bewusst wahrnehmen, verlieren sie die Kontrolle über uns, während sie uns sonst oft herumzappeln lassen wie eine Marionette,
- um den mentalen Kreislauf aus Sorgen, Grübeln und vielem mehr zu unterbrechen, in dem wir gefangen sind,
- um problematische Verhaltensweisen zu unterbrechen, zum Beispiel wenn wir mit Familienmitgliedern streiten oder uns von ihnen zurückziehen oder wenn wir im Übermaß Drogen und Alkohol konsumieren,
- um uns wieder auf die Aktivität konzentrieren zu können, mit der wir gerade beschäftigt sind, wenn unsere Gedanken und Gefühle ständig davon ablenken.

Mit weiteren nützlichen Wirkungen dieser Übung werden wir uns später beschäftigen, aber eines möchte ich von Anfang an klarmachen: *Wir versuchen nicht, uns von schwierigen Gedanken und Gefühlen abzulenken.*

Denken Sie immer daran, dass A für Annehmen steht. Wenn wir die Gedanken, Gefühle, Emotionen, Bedürfnisse und Erinnerungen, die vorhanden sind, annehmen, so ist dies das genaue Gegenteil von

Ablenkung. Sobald wir anfangen, uns von diesen inneren Erlebnissen abzulenken, indem wir vor ihnen flüchten oder sie ignorieren, verfallen wir gleich wieder in den Kampf, um den es im letzten Kapitel ging – darum, zu kontrollieren oder kontrolliert zu werden. Sich abzulenken, ist weder falsch noch schlecht, aber Sie wissen bereits, wie man das tut, und Sie wissen auch, dass es nur kurzfristig Erleichterung verschafft. Hier ist es unser Ziel, etwas radikal anderes zu tun: Wir treten aus dem Kämpfen heraus und lassen zu, dass unsere Gedanken und Gefühle so sind, wie sie eben sind; wir lassen sie in ihrem eigenen Rhythmus kommen und gehen. Denken Sie noch einmal an das Boot, das im Hafen den Anker wirft; es versucht nicht, den Sturm loszuwerden oder sich von ihm abzulenken. Wenn das Boot vor Anker liegt, bleibt es stabil, während der Sturm so kommt und geht, wie er es eben tut.

Wenn Sie also einen intensiven emotionalen Schmerz empfinden – weil zum Beispiel ein Mensch, den Sie lieben, im Sterben liegt, weil Sie von Panik überwältigt werden oder unter niederschmetternder Einsamkeit leiden –, dann ist es äußerst unwahrscheinlich, dass dieser Schmerz verschwindet, indem Sie den Anker werfen. Allerdings dürfen Sie erwarten, dass der Schmerz einen Teil seiner Wirkung verliert, weil Sie ihm die Kraft nehmen, sodass er Sie nicht mehr so sehr beuteln kann. Und wenn Sie die Übung mehrere Minuten lang machen, werden Sie oft ein Gefühl der Ruhe erleben, obwohl Ihr innerer Sturm weitertost.

Wenn Sie sich hingegen nur ein bisschen traurig oder beklommen fühlen, wird der Schmerz oft nachlassen oder gar verschwinden, sobald Sie den Anker werfen. Falls das geschieht, können Sie es natürlich genießen, aber behalten Sie bitte im Kopf, dass das eine Zugabe ist, nicht das Hauptziel. Sobald Sie diese Techniken für den Versuch einsetzen, schmerzhafte Gedanken und Gefühle zu meiden, ihnen zu entfliehen, sie loszuwerden oder sich von ihnen abzulenken, werden Sie sich bald frustriert beschweren, dass das nicht funktioniert.

Als ich die Übung zum ersten Mal mit Shanti gemacht habe, haben wir gute fünf Minuten damit verbracht, den AKT-Zyklus mehrere Male zu durchlaufen. Die Wirkung war tiefgreifend. Statt gebeugt dazusitzen, richtete Shanti sich auf, ihre Stimme wurde kräftiger und lebhafter, ihr Gesichtsausdruck war nicht mehr verzweifelt, sondern friedlich, und sie starrte nicht mehr auf den Boden, sondern sah mir in die Augen. »Sie kennen doch die Momente, wenn die Wolken aufreißen und die Sonne hindurchscheint?«, sagte ich zu ihr. »So ist das jetzt für mich. Noch vor fünf Minuten waren Sie so stark in dichten schwarzen Wolken aus Gedanken und Gefühlen verloren, dass es mir vorkam, als wären Sie aus dem Raum verschwunden. Aber jetzt sind Sie wieder da!« Auf Shantis Gesicht trat ein warmes Lächeln. Ihre Gedanken und Gefühle waren nicht verschwunden, weil ein Anker keinen Sturm vertreibt, doch sie hatten viel von ihrer Wirkung verloren, und jetzt konnte Shanti sich ganz auf die Therapiesitzung einlassen.

Zurück in die Gegenwart

Zu den Zielen der Verankerungsübung gehört es, unsere Fähigkeit zu trainieren, uns ganz auf das zu konzentrieren, was wir gerade tun. Für viele stellt das selbst an den besten Tagen eine Herausforderung dar, aber besonders schwer ist es nach einem Realitätsschock. Ist es Ihnen in letzter Zeit schwergefallen, ganz präsent bei Ihnen nahestehenden Menschen zu sein? Lässt Ihre Aufmerksamkeit immer wieder nach? Schalten oder driften Sie immer wieder ab? Sind Sie nur »halb da« oder »abwesend«? Tun Sie oft Dinge automatisch oder mechanisch? Verlieren Sie oft aus dem Auge, was Sie gerade tun? Erledigen Sie manches wesentlich schlechter als sonst, weil Sie sich nicht auf die Aufgabe konzentrieren? Finden Sie Ereignisse und Aktivitäten weniger unterhaltsam oder befriedigend als früher, weil Sie sich nicht vollständig darauf einlassen können?

Selbst unter normalen Lebensumständen fällt es uns oft schwer, uns zu konzentrieren und präsent zu sein. Wenn uns dann auch noch die Realität beutelt, stellen wir meistens fest, dass unsere Zerstreutheit und Ablenkbarkeit ein ganz neues Niveau erreicht. Wieder spielt unsere Reaktion im Sinne von Kampf, Flucht oder Erstarren eine große Rolle. Fangen wir mit dem Kampf-oder-Flucht-Modus an. Wenn unsere Vorfahren in der Urzeit auf die Jagd gingen, war das eine gefährliche Aktivität. Je weiter sie sich von dem sicheren, vertrauten Gebiet entfernten, das ihre Heimat war, desto größer wurde die Bedrohung. Und wenn man sich spätnachts auf einem Jagdausflug befindet, blickt man nicht über eine lange Zeitspanne hinweg friedlich ins Lagerfeuer; man steht regelmäßig auf, um sich nach Wölfen, Bären und den Vertretern rivalisierender Stämme umzuschauen. Dafür ist der Kampf-oder-Flucht-Modus da; er sorgt dafür, dass wir regelmäßig die Aufmerksamkeit verlagern, weshalb es uns in diesem Zustand noch heute schwerfällt, uns zu konzentrieren. Und wenn es ums Erstarren geht? Tja, dann will unser Nervensystem, dass wir reglos daliegen und uns ruhig verhalten, bis die Bedrohung verschwunden ist. Deshalb unterstützt es uns dabei, abzuschalten, wegzudriften und die Aufmerksamkeit vom Geschehen abzuwenden. In der schlimmsten Phase eines Realitätsschocks hilft uns das, dem Horror bis zu einem gewissen Grade zu entkommen, aber in den folgenden Wochen oder Monaten wird immer wieder dieselbe Reaktion aktiviert, weshalb wir Probleme haben, uns auf das einzulassen, was wir tun. Daher hoffe ich, dass Sie die Grundprinzipien des Verankerns auf den Alltag anwenden, egal, wo Sie gerade sind und was Sie tun. Versuchen Sie, sich dabei zu erwischen, wie Sie abschalten oder wegdriften, akzeptieren Sie das auf freundliche Weise, und konzentrieren Sie sich dann wieder auf die jeweilige Aktivität.

Aus der Gegenwart geholt werden wir unter anderem dadurch, dass unser Kopf uns in die Vergangenheit zurückzerrt. Zu meinen Klienten hat einmal ein irakischer Flüchtling namens Ali gehört. Er war unter dem Regime Saddam Husseins grausam gefoltert worden. Weil er es gewagt hatte, die Regierung öffentlich zu kritisieren, hatte man ihn mehrere Monate ins Gefängnis geworfen, und in dieser Zeit hatten die Wärter seinem Körper grauenhafte Dinge angetan. Als er mir zwei Jahre später in meinem Sprechzimmer gegenübersaß, erlebte er immer wieder Flashbacks dieser Ereignisse. Ein Flashback ist eine Erinnerung, die so lebhaft und unglaublich real ist, als würde sie im Hier und Jetzt geschehen. Wenn Sie so etwas nie erlebt haben, können Sie sich kaum vorstellen, wie entsetzlich es sein kann.

Immer wenn Ali versuchte, mir von seiner Zeit im Gefängnis zu erzählen, riss ihn ein Flashback mit sich fort. Sein Körper versteifte sich, seine Augen wurden glasig, sein Gesicht wurde bleich. In die Vergangenheit zurückgezerrt, erlebte er die Folter in der Vorstellung noch einmal, als würde sie wieder geschehen. Bevor ich mich mit seinen anderen schwerwiegenden Problemen beschäftigte, musste ich ihm daher erst einmal zeigen, wie er sich in die Gegenwart zurückversetzen konnte.

Ich bat Ali, mindestens zwanzig bis dreißig Mal täglich zu üben, den Anker zu werfen. Das hört sich anspruchsvoll an, aber er litt an einer Posttraumatischen Belastungsstörung (PTBS), und ich wusste, dass ihn die erwähnten Flashbacks wiederholt heimsuchen würden, indem sie ihn unerwartet überfielen und in seine alptraumhafte Vergangenheit schleppten. Daher sollte er gewissermaßen ein Experte darin werden, ins Hier und Jetzt zurückzukehren. Ich möchte Sie eindringlich ermuntern, das ebenfalls zu tun.

Nach jedem großen Verlust treten normalerweise wiederholt schmerzhafte Erinnerungen auf. Sie beziehen sich auf das, was geschehen ist, was dazu geführt hat, oder darauf, wie das Leben vor dem Realitätsschock war. Wenn wir trauern, können selbst die schönsten Erinnerungen große Schmerzen auslösen. Wenn wir an die Stunden denken, die wir mit der Person verbracht haben, die gestorben ist (oder von der wir uns getrennt haben), wenn wir an die Arbeit denken, die wir geliebt haben, oder an die Aktivitäten, die wir genossen haben, bevor eine Verletzung oder Krankheit uns daran gehindert hat, dann tauchen allerhand schmerzhafte Emotionen auf. Später in diesem Buch werden wir uns mit Möglichkeiten beschäftigen, mit solchen Erinnerungen umzugehen, aber vorläufig geht es nur darum, einfach den Anker zu werfen.

Fangen Sie also, sobald eine schmerzhafte Erinnerung auftaucht, mit Punkt A an, also damit, Ihre Gedanken und Erinnerungen anzunehmen. Sagen Sie sich: »Ich nehme eine Erinnerung wahr«, »Da ist eine schmerzhafte Erinnerung« oder »Ich habe eine Erinnerung«. Falls möglich, ist es besser, diese Erinnerung zu benennen, zum Beispiel: »Da ist eine Erinnerung an meine Mutter«, »Ich habe eine Erinnerung an die Beerdigung«, »Ich nehme eine Erinnerung an den Autounfall wahr«. Nehmen Sie die Erinnerung und die damit verbundenen schmerzhaften Gefühle an, spüren Sie dann in den Körper hinein und widmen Sie sich bewusst dem, was Sie tun.

Antonio hat diese Praxis als sehr nützlich empfunden. Er hatte eine ungemein quälende Erinnerung daran, wie er die kleine Sophia in ihrem Bettchen vorgefunden hatte, reglos, still und ganz blau. Immer wenn das an die Oberfläche kam, warf er den Anker und sagte zu sich selbst: »Da ist eine Erinnerung an Sophia.« Oft fügte er hinzu: »Das tut echt weh. Geh freundlich mit dir um.« Er versuchte nicht, die Erinnerung von sich wegzuschieben oder sich abzulenken, er nahm sie an und ließ zu, dass sie vorhanden war. Zugleich aber stellte er einen Kontakt zu seinem Körper her, indem er sich dehnte und streckte, und dann widmete er sich der Welt um ihn herum. Im Lauf der Zeit hatte das eine große Veränderung zur Folge; wenn die Erinnerungen auftraten, taten sie immer noch weh, hatten jedoch viel von ihrer Wirkung verloren.

Jederzeit und überall

Verankerungsübungen können wir jederzeit und an jedem beliebigen Ort machen, weil sie uns sofort in die Gegenwart zurückbringen, sodass wir uns auf das Leben und die aktuelle Aufgabe einlassen können. Wir sollten nicht warten, bis ein emotionaler Sturm tobt; es geht darum, den ganzen Tag über immer wieder solche Übungen zu machen. Das können wir in den vielen Momenten tun, wenn wir in unsere Gedanken und Gefühle abdriften, wir können es vor einer roten Ampel tun, während einer Werbepause im Fernsehen, wenn wir Schlange stehen, am Schreibtisch, bevor wir mit der Arbeit anfangen, in der Mittagspause oder als Erstes, wenn wir morgens aufstehen. Wir können üben, wenn unsere emotionale Wetterlage angenehm ist oder wenn wir nur ein bisschen mürrisch, deprimiert oder besorgt sind. Wir können üben, wenn wir gelangweilt oder ungeduldig sind, statt uns zur Ablenkung mit unserem Smartphone zu beschäftigen. Wir können bei jeder inneren Erfahrung in jeder Kombination üben, bei Gedanken, Bildern, Erinnerungen, Emotionen, Gefühlen, Körperempfindungen, Bedürfnissen und Impulsen.

Wie bei jeder Übung in diesem Buch kann man das Verankern auf verschiedene Weise modifizieren. Was zum Beispiel Punkt K angeht, das Hineinspüren in den Körper, können Sie aufstehen, sich dehnen, die Dehnung halten und spüren, wie die Muskeln länger werden. Sie können Handflächen und Finger aneinanderdrücken und spüren, wie sich die Muskeln in Hals, Armen und Schultern anspannen. Sie können die Hände aber auch in die Sessellehne drücken. Oder Sie massieren sich fest den Nacken und die Kopfhaut. Sie können langsam und sanft ein- und ausatmen oder sich auf Ihrem Stuhl ganz langsam zurechtsetzen und wahrnehmen, was der Körper tut, um das zustande zu bringen. Sie können sich langsam im Zimmer umblicken und registrieren, wie Sie dabei den Hals, den Kopf und die Augen einsetzen. Wenn Sie sich auskennen und an einem ungestörten Ort befinden, können Sie auch eine Übung aus Yoga, Tai Chi oder Pilates machen. Sie können mit den Zehen wackeln, mit den Füßen trampeln, mit den Achseln zucken, »Däumchen drehen«, die Hände wölben, die Pobacken fassen, sich sanft umarmen, die Hände über die Knie gleiten lassen … und hundert andere Dinge mehr.

Sobald Sie eine Verbindung zum Körper hergestellt haben, gehen Sie zu Punkt T weiter – dazu, ganz an dem teilzunehmen, was Sie gerade tun. Dabei registrieren Sie, was Sie sehen, hören, berühren, schmecken und riechen können; nehmen Sie wahr, wo Sie sich befinden und was Sie tun, und richten Sie die Aufmerksamkeit wieder auf die aktuelle Aufgabe.

Ich empfehle, den Anker zu werfen:

- immer wenn ein emotionaler Sturm tobt.
- wenn Sie einen Denkprozess unterbrechen wollen, der Sie einfängt und aus dem herausholt, was gerade im Leben geschieht, zum Beispiel wenn Sie sich Sorgen machen, grübeln oder sich an etwas festbeißen.
- wenn es Ihnen schwerfällt, sich auf das zu konzentrieren, was Sie tun, also wenn Sie ständig abdriften oder nur noch mechanisch handeln.
- wenn Sie sich, von Wut oder Angst ergriffen, im Kampf-oder-Flucht-Modus befinden. Dann können Sie sich durch eine Verankerungsübung beruhigen; die schwierigen Gefühle verschwinden zwar nicht wie von Zauberhand, verlieren jedoch an Wirkung, wodurch Sie die Kontrolle über Ihr Handeln wiedergewinnen und ruhig agieren können, obwohl Sie sich anders fühlen.
- wenn Sie sich im Modus »Erstarren« befinden, in dem Sie abschalten, untätig herumsitzen, in sich zusammensacken oder abwesend sind (oder in extremen Fällen buchstäblich erstarren, indem Ihr Körper völlig reglos wird). In solchen Fällen wird Sie das Verankern gewissermaßen aufwecken, Ihnen neuen Antrieb verleihen, die Kontrolle über Ihr Verhalten zurückgeben und Ihnen helfen, sich dem zu widmen, was Sie gerade tun.

Den Anker zu werfen, ist ein Akt der Freundlichkeit gegenüber uns selbst, eine fürsorgliche und unterstützende Methode, auf unser Leiden zu reagieren. Wenn Sie es also nützlich finden, freundlich mit sich selbst zu sprechen, ist es gut, das aktiv in die Übung einzubeziehen. Während Sie zum Beispiel Ihren Schmerz annehmen, können Sie zu sich sagen: »Das tut wirklich weh. Geh freundlich mit dir um.« Noch besser ist es, wenn Sie sich einen eigenen Satz ausdenken.

Es gibt so viele verschiedene Möglichkeiten, den Anker zu werfen, dass Sie die Übung ganz auf Ihre Bedürfnisse abstimmen können. Solange Sie die AKT-Formel verwenden, machen Sie die Übung. Das können Sie so schnell oder so langsam tun, wie Sie wollen, so oft, wie Sie wollen, und egal, wie Sie sich gerade fühlen. Wenn Sie es regelmäßig tun, wird es großen Nutzen für Ihre Gesundheit und Ihr Wohlbefinden haben. Eventuell dauert das allerdings eine Weile, also halten Sie bitte durch und haben Sie Geduld. Denken Sie an die Worte des schottischen Schriftstellers Robert Louis Stevenson: »Beurteilt den Tag nicht nach der Ernte, die ihr einbringt, sondern nach den Samen, die ihr pflanzt.«

6

Mentaler Smog

Können Sie sie hören, die Stimme in Ihrem Kopf? Die praktisch nie die Klappe hält? Es ist ein geläufiges Missverständnis, dass Leute, die »Stimmen hören«, irgendwie nicht normal seien, aber wir haben alle mindestens eine Stimme im Kopf, meist sogar eine ganze Reihe. Zum Beispiel waren wir fast alle schon in eine mentale Diskussion zwischen der »Stimme der Vernunft und Logik« und der »Stimme der Trübsal und Trostlosigkeit« oder zwischen der »Stimme der Rache« und der »Stimme der Vergebung« verwickelt. Außerdem sind wir alle vertraut mit der wertenden Stimme, die oft als »innerer Kritiker« bezeichnet wird. Als ich eine Klientin einmal fragte, ob sie schon von diesem Begriff gehört habe, erwiderte sie: »Klar. Ich habe sogar ein ganzes inneres Komitee von Kritikern.«

Offenkundig ist die Fähigkeit zu denken ausgesprochen wertvoll und trägt gewaltig zu unserer Lebensqualität bei. Ohne diese Fähigkeit könnten wir Bücher, Filme, Musik und Kunst weder erschaffen noch würdigen; wir könnten keine seligen Tagträume genießen, nicht für die Zukunft planen, mit geliebten Menschen keine Gefühle teilen. Dennoch sind viele unserer Gedanken nicht besonders nützlich. Nehmen wir einmal an, ich könnte einen Rekorder an Ihren Kopf anschließen und im Lauf der nächsten vierundzwanzig Stunden alle Ihre Gedanken aufzeichnen, um sie schriftlich aufzulisten. Dann bitte ich Sie, die Liste durchzulesen und die Gedanken zu unterstreichen, die Ihnen *wirklich* geholfen haben, effizient auf Ihren Realitätsschock zu reagieren. Wie viele der Gedanken auf der Liste würden Sie wohl unterstreichen?

Bei den meisten Menschen wäre der Prozentsatz ziemlich klein. Es ist fast so, als hätte unser Kopf seinen eigenen Willen, denn scheinbar redet er den ganzen Tag lang über alles, was ihm beliebt, ohne sich darum zu scheren, ob uns das hilft oder nicht. Besonders gern scheint er sich mit Schmerzen aus der Vergangenheit zu beschäftigen, sich Sorgen um die Zukunft zu machen oder zwanghaft über die in der Gegenwart vorhandenen Probleme nachzudenken. Obwohl das, was er zu sagen hat, oft wenig hilfreich ist, gelingt es ihm fast immer, uns in seine Geschichten hineinzuziehen.

Bevor wir weitermachen, möchte ich klarstellen, was ich mit »Geschichten« meine, weil manche Leute Anstoß an diesem Begriff nehmen. Mit »Geschichte« meine ich lediglich eine Abfolge von Wörtern oder Bildern, die Informationen vermittelt. Ich könnte den geläufigeren Ausdruck »Gedanken« oder den Fachbegriff »Kognitionen« verwenden, aber wenn wir von »Geschichten« sprechen, können wir damit besser umgehen. Unser Kopf erzählt uns nämlich den ganzen Tag lang allerhand Geschichten. Wenn es sich um »wahre Geschichten« handelt, sprechen wir von »Tatsachen«, aber die machen nur einen winzigen Prozentsatz unserer Gedanken aus. Zu unseren Gedanken gehören alle möglichen Ideen, Meinungen, Urteile, Theorien, Ziele, Annahmen, Tagträume, Fantasien, Voraussagen und Ansichten, die man kaum als »Tatsachen« bezeichnen kann. Das Wort »Geschichte« bedeutet also nicht, dass unsere Gedanken falsch, ungenau oder ungültig wären. Es ist einfach eine Beschreibung dessen, was Gedanken sind: Wörter oder Bilder, die Informationen vermitteln.

Ich werde den Begriff »Geschichte« in diesem Buch häufig verwenden, aber wenn Sie ihn nicht mögen, können Sie ihn im Kopf gern durch ein anderes Wort wie »Kognition« oder »Gedanke« ersetzen.

Denken Sie nun bitte über folgende Fragen nach: Wie oft hält Ihr Kopf Sie nachts wach, und wie oft verbraucht er große Teile des Tages mit Geschichten, die Schuldgefühle, Angst, Zorn, Beklemmung, Traurigkeit, Enttäuschung oder Verzweiflung hervorrufen? Wie oft zieht er Sie in Geschichten von Schuld, Ärger, Sorgen oder Bedauern hinein? Wie oft lässt er Sie gestresst, überdreht, wütend oder besorgt werden, und zwar so, dass Ihre Lage sich dadurch noch verschlimmert?

Wenn Sie auf die letzten drei Fragen mit »Sehr oft!« geantwortet haben, dann beweist das, dass Sie einen völlig normalen Geisteszustand haben. Ja, ich habe »normal« gesagt. So verhält sich der normale menschliche Geist nämlich von Natur aus. In der östlichen Philosophie weiß man darüber bereits seit Jahrtausenden Bescheid, aber hier im Westen sind wir irgendwie auf die Idee gekommen, wenn unser Kopf sich so verhalte, sei das abnormal. Das ist höchst bedauerlich, weil es dazu führt, dass wir mit unseren Gedanken kämpfen (was vergeblich ist) oder uns für die Art und Weise, wie wir denken, verurteilen (was ebenfalls vergeblich ist).

Warum unser Kopf tut, was er tut

Es ist ausgesprochen ironisch, dass das wunderbare Instrument, das wir den »menschlichen Geist« nennen, einerseits so kreativ, innovativ und unglaublich nützlich für uns ist, andererseits jedoch grundsätzlich dazu neigt, zu beurteilen, zu vergleichen und zu kritisieren. Es findet Fehler, konzentriert sich auf Mängel und sieht überall Probleme.

Falls Sie sich fragen, woher diese Neigung kommt, müssen Sie das aus dem Blickwinkel unserer urtümlichen Vorfahren betrachten. Vor langer Zeit lebten jene Männer und Frauen am längsten, die klar die vorhandenen Probleme erkannten (zum Beispiel gefährliche Tiere, furchtbare Unwetter und aggressive Rivalen), am besten zukünftige Probleme vorhersahen (wie *weitere* gefährliche Tiere, furchtbare Unwetter und aggressive Rivalen) und herausbekamen, wie man diese Probleme effizient lösen konnte. Wäre einer unserer Vorfahren also ständig glückselig durch die Gegend spaziert, hätte alles für bestens gehalten und Probleme weder erkannt noch vorhergesehen, dann hätte er nicht lange genug überlebt, um Kinder zu bekommen. Schon lange vor der Pubertät wäre er von gefährlichen Tieren, einem furchtbaren Unwetter oder einem aggressiven Rivalen ins Jenseits befördert worden.

Daher ist unser Kopf über zahllose Generationen hinweg zu einer exzellenten Problemlösungsmaschine geworden. Und überall, wohin wir blicken, sehen wir Probleme, nämlich Dinge, die so, wie sie sind, *nicht gut genug* sind. Falls Ihnen also jemand erzählt haben sollte, »negatives Denken« sei ein Anzeichen für einen mangelhaften oder schwachen Verstand, hatte er keinerlei Ahnung. Das ist ein normaler mentaler Prozess in einem normalen menschlichen Geist.

Wenn unser Kopf also wenig hilfreiche Dinge tut, will er uns nicht das Leben schwermachen. In Wirklichkeit versucht er nach besten Kräften, uns zu unterstützen. Er will uns helfen, etwas zu bekommen, das wir wollen, und uns vor dem zu beschützen, was wir nicht wollen. Sehen wir uns einige Beispiele an:

Sich Sorgen machen und das Schlimmste erwarten. Hier versucht unser Kopf, uns darauf vorzubereiten, in Aktion zu treten. »Pass auf«, sagt er, »wahrscheinlich geschieht etwas Schlimmes. Du könntest verletzt werden und leiden. Sei bereit. Wappne dich. Schütze dich.«

Grübeln und der Vergangenheit nachhängen. Der Kopf will uns helfen, aus vergangenen Ereignissen zu lernen. »Da ist was Schlimmes passiert«, sagt er, »und wenn du nichts daraus lernst, passiert es womöglich wieder. Du musst also herausfinden, wie es dazu gekommen ist. Was hättest du anders machen können? Lerne daraus, damit du vorbereitet bist und weißt, was du tun musst, wenn etwas Ähnliches wieder einmal passiert.«

Selbstkritik, Selbstvorwürfe, Selbstverurteilung. Das ist der Versuch, uns vor Versagen, Zurückweisung, Enttäuschung, kaputten Beziehungen, gesundheitlichen Problemen oder einer Unzahl anderer ungünstiger Entwicklungen zu schützen. Unser Kopf kritisiert Dinge, die wir getan haben oder immer wieder tun, denn er will, dass wir damit aufhören, weil sonst etwas Schlimmes passieren würde. Im Grunde will er uns dabei helfen, alles besser zu machen, damit wir bessere Resultate erzielen. Dasselbe gilt, wenn er uns als Person kritisch bewertet, als »schwach«, »mangelhaft«, »wertlos«, »egoistisch«, »kaputt«, »nicht liebenswert« und so weiter. Eigentlich sagt er uns damit, wir müssten uns anders verhalten, denn wenn wir so weitermachen würden, würde Schlimmes geschehen – Zurückweisung, Scheitern und dergleichen.

Gründe liefern. Der Kopf denkt sich allerhand Gründe dafür aus, weshalb wir uns nicht ändern können, nicht ändern sollten oder nicht einmal ändern müssten. Zum Beispiel erklärt er uns, Veränderungen seien zu schwer, zu schmerzhaft, zu beängstigend; wir seien einfach nicht in der Lage dazu; alles sei hoffnungslos, weil die Lage sich unmöglich verbessern ließe. Das soll uns im Grunde davor beschützen, verletzt zu werden. Der Kopf weiß, wenn wir unsere Komfortzone verlassen und etwas tun, um die Lage zu verbessern, besteht ein Risiko zu scheitern, und wenn es dazu kommt, wird das schmerzhaft sein. Wieder will der Kopf uns also vor einem schmerzhaften Resultat und unangenehmen Ereignissen beschützen.

Hoffnungslosigkeit, Zwecklosigkeit, Sinnlosigkeit. Unser Kopf behauptet, der Versuch, die Lage zu verbessern, habe keinen Sinn, weil das Leben an und für sich sinnlos sei. »Gib einfach auf«, sagt er, »kümmere dich um nichts mehr und sieh das Leben als sinnlos an.« Das ist wieder der Versuch, uns vor Schmerz zu beschützen. Wenn es uns wirklich gelingt, uns um nichts mehr zu kümmern, weil alles zwecklos/wertlos/sinnlos ist, wird uns das von dem ganzen Schmerz retten, der entsteht, wenn uns etwas *wirklich* kümmert. Vor dem Schmerz, zurückgewiesen zu werden, zu verlieren und zu scheitern, vor der Furcht und Beklemmung, die entstehen, wenn wir unsere Komfortzone verlassen, vor der Frustration und Enttäuschung, die wir empfinden, wenn wir nicht bekommen, was wir wollen. Kurz gesagt lautet die Botschaft: »Versuch es nicht mal, sonst wirst du nur noch mehr verletzt werden.«

Suizidgedanken. Auch diese sind ein Versuch, uns vor Schmerz zu retten. Da uns das Leben unerträglich schmerzhaft vorkommt, meint der Kopf, wenn wir uns umbrächten, würden wir nicht mehr leiden. (Hinweis: Nach einem heftigen Realitätsschock treten Suizidgedanken sehr häufig auf, dieses Buch stellt aber keine Behandlung dafür dar. Sollten Sie also solche Gedanken haben, suchen Sie bitte sofort professionelle Unterstützung.)

Vorwürfe, Rachegedanken, Groll. Das ist der Versuch, uns vor Ungerechtigkeit, Unfairness und schlechter Behandlung durch andere zu retten. Daher weist der Kopf uns darauf hin, was die anderen falsch gemacht haben, oder überlegt, wie man sie bestrafen könnte. Aus dem, was in der Vergangenheit passiert ist, sollen wir lernen, damit wir besser darauf vorbereitet sind, in der Zukunft mit dergleichen umzugehen.

Selbstzweifel, Unsicherheit. Nach einem heftigen Realitätsschock empfinden viele Menschen erhebliche Selbstzweifel und große Unsicherheit. Zeigen kann sich das in Form von ausgeprägter Unentschlossenheit und mangelndem Vertrauen in sich selbst. »Gehe ich damit richtig um?« »Treffe ich die richtigen Entscheidungen, tue ich das Richtige? Oder verpfusche ich gerade alles?« »Kann ich überhaupt damit umgehen?« »Schaffe ich das?« Wieder ist das ein Versuch, uns zu beschützen: Pass auf, sei vorsichtig, das ist etwas ganz Neues, hier gelten andere Spielregeln, du könntest verletzt werden. Äußern kann sich das auch als grundlegende Frage im Sinne von: »Wer bin ich?« Häufig ist das nach einem schweren Verlust der Fall: »Wer bin ich ohne meine Arbeit?«, »Wer bin ich ohne eine Partnerin, einen Partner?«, »Wer bin ich ohne meine Gesundheit?«, »Wer bin ich ohne meine Eltern?«, »Wer bin ich ohne ein Kind?« Hier werden wir aufgefordert, intensiv darüber nachzudenken, was für ein Mensch wir sein wollen, nach welchen Werten wir leben wollen und wofür wir angesichts unseres Verlusts stehen wollen. Ausführlich erforschen wir diese Fragen im zweiten Teil dieses Buchs.

Verwundbarkeit. Auftreten kann auch ein verstärktes Gefühl der Verwundbarkeit. Wir fühlen uns schlicht nicht mehr so stark oder so unbesiegbar wie früher. Vielleicht haben wir den Eindruck, die Welt sei kein sicherer Ort, das Leben sei unberechenbar, guten Menschen würden schlimme Dinge zustoßen, wir könnten weder uns noch anderen oder dem Universum vollständig vertrauen. Solche Gedanken und Gefühle entstehen, wenn unser Kopf uns an eine Wahrheit erinnert, die wir oft vergessen: Wir sind tatsächlich verwundbar, jeder und jede Einzelne von uns. Daher versucht unser Kopf uns mitzuteilen, wir sollten uns um uns kümmern, Selbstfürsorge praktizieren, für unsere emotionale, körperliche, psychische und spirituelle Gesundheit sorgen und das auch für die Menschen tun, die wir lieben.

Böse Vorahnungen, Gedanken an den Tod. Wenn ein Realitätsschock damit zu tun hat, dass jemand gestorben ist oder dass jemand oder wir selbst dem Tod ins Auge geblickt haben, treten oft böse Vorahnungen auf oder ein erhöhtes Bewusstsein dafür, dass der Tod für uns alle unvermeidbar ist. Dadurch werden wir daran erinnert, dass das Leben wertvoll ist und dass wir nie wissen, wie viele Tage uns noch bleiben, weshalb wir das Beste daraus machen sollten. Wie das möglich ist, werden wir im dritten Teil sehen.

Ich höre hier auf, hoffe jedoch, dass Sie wissen, worauf ich hinauswill. Egal, was für kontraproduktive Dinge Ihr Kopf von sich gibt, es handelt sich im Grunde um einen fehlgeleiteten Versuch, Ihnen zu helfen – Sie vor Schmerzen zu retten oder Sie dabei zu unterstützen, mehr von dem zu bekommen, was Sie wollen. Waren Sie schon mal mit Leuten befreundet, die sich übermäßig hilfreich gebärdet haben, Ihnen also derart krampfhaft helfen wollten, dass sie Ihnen auf den Nerv gegangen sind? Wenn Ihr Kopf am Fließband Geschichten wie die oben aufgeführten produziert, können Sie versuchen, ihn mit solchen Leuten zu vergleichen. Er versucht angestrengt, Ihnen zu helfen, tut das aber auf die falsche Weise.

Das Kämpfen aufgeben

In der populären Psychologie wird oft geraten, man solle den Kampf mit der Stimme im Kopf aufnehmen. Man soll die »negativen« Gedanken infrage stellen, anfechten oder entkräften, um sie anschließend durch »positive« Gedanken zu ersetzen. Natürlich ist das ein verführerischer Vorschlag. Er appelliert an den gesunden Menschenverstand: Stampf die »schlechten« Gedanken in Grund und Boden und ersetze sie durch »gute«! Problematisch daran ist, dass wir nie siegen werden, wenn wir Krieg mit unseren eigenen Gedanken führen. Weshalb? Weil es eine unendliche Zahl an »negativen« Gedanken gibt, und kein Mensch auf der Welt hat je eine Methode gefunden, sie zu eliminieren.

Zen-Meister, die man als Profis des mentalen Trainings bezeichnen könnte, wissen das nur zu gut. In einer klassischen Zen-Anekdote fragt ein eifriger Mönch seinen Abt: »Wie kann ich den größten Zen-Meister des Landes finden?« Der Abt erwidert: »Finde den Mann, der behauptet, er habe alle negativen Gedanken beseitigt. Und wenn du diesen Mann gefunden hast … dann weißt du, dass er es nicht ist!«

Ja, wir können alle lernen, positiver zu denken, aber das wird unseren Kopf nicht davon abhalten, allerhand schmerzhafte, wenig hilfreiche Geschichten hervorzubringen. Weshalb nicht? Nun, wenn wir lernen, positiver zu denken, ist das wie das Erlernen einer neuen Sprache; und wenn man lernt, ungarisch zu sprechen, vergisst man nicht plötzlich, wie man deutsch spricht.

Wenn unsere einzige Methode, mit solchen Gedanken umzugehen, also darin besteht, mit ihnen zu kämpfen – zu hinterfragen, ob sie wahr oder falsch sind, sie irgendwie zu widerlegen oder wegzuschieben, sie zu unterdrücken, uns von ihnen abzulenken oder zu versuchen, sie mit positiveren Gedanken zu übertönen –, dann werden wir nur unnötig leiden. Weshalb? Weil diese ganzen populären, scheinbar vernünftigen Strategien einen gewaltigen Aufwand an Zeit, Mühe und Energie erfordern und trotzdem bei den meisten Menschen auf lange Sicht nicht besonders gut funktionieren. Womöglich verschwinden die unerwünschten Gedanken eine Weile, kehren jedoch bald zurück wie Zombies in einem Horrorfilm.

Ein trüber Dunst

Es gibt viele Ausdrücke für die menschliche Neigung, sich in Gedanken zu »verlieren« oder darin zu »versinken«. Wir verwenden anschauliche Redewendungen wie »mit den Gedanken ganz woanders sein«, »in höheren Regionen schweben« und »in den Wolken sein«. Oder wir sprechen davon, uns Sorgen zu machen, zu grübeln, etwas wiederzukäuen, gestresst zu sein, über etwas zu brüten und abwesend zu sein.

Kurz gesagt, kann die unglaublich wertvolle, einzigartige menschliche Fähigkeit, Gedanken zu erzeugen, dazu führen, dass wir in einem trüben Dunst herumtappen, uns in Gedanken verlieren und das Leben versäumen.

Sich in einem trüben Dunst zu befinden, ist natürlich nicht unbedingt schlecht. Der Dunst von Räucherstäbchen kann beruhigend und entspannend wirken, und der Rauch eines Freudenfeuers kann aufregend und vergnüglich sein. Aber was geschieht, wenn der Rauch zu dicht wird? Man fängt zu husten an, die Nase läuft und die Augen tränen. Und wenn man ständig den ganzen Rauch einatmet, schädigt man mit der Zeit die Lunge. Auf ähnliche Weise gibt es Gelegenheiten, bei denen es bereichernd ist, sich in Gedanken zu verlieren, zum Beispiel, wenn wir träumend am Strand liegen, im Geiste einen wichtigen Vortrag proben oder neue Ideen für ein Projekt ersinnen. Aber den meisten Menschen gelingt es nicht, das richtige Gleichgewicht zu finden. Sie verbringen viel zu viel Zeit in ihrem Kopf und wandeln in einer dichten Wolke aus »mentalem Smog« durch den Tag.

Nichts aber lässt den Smog dichter werden als ein großer Realitätsschock. Je größer die Diskrepanz zwischen der Realität ist, die wir haben, und jener, die wir gern hätten, desto mehr protestiert unser Kopf. Dieser Protest kann verschiedene Formen annehmen, zum Beispiel Leugnen (»Das kann doch nicht wahr sein!«), Wut (»Das hätte nicht passieren dürfen!«) oder Verzweiflung (»Damit kann ich nicht umgehen. Darüber werde ich nie hinwegkommen«). Oder der Kopf klagt darüber, wie unfair alles ist; er vergleicht das eigene Leben mit dem von anderen und bewertet es als mangelhaft, oder er beschwört die schlimmsten Entwicklungsmöglichkeiten herauf. Wir können uns auch endlos im Kreis bewegen, während wir versuchen, einen Sinn in allem zu finden: »Warum ich?«, »Warum jetzt?«, »Wie konnte das nur passieren?«, »Warum stößt guten Menschen nur so etwas Schlimmes zu?« »Was habe ich getan, um das zu verdienen?« Oder der Kopf gibt abwertende Kommentare ab wie etwa: »Das Leben ist einfach beschissen«, »Das ist unerträglich«, »Ich bin zu schwach«, »Ich bin ein schlechter Mensch«, »Ich komme einfach nicht schnell genug darüber hinweg«, »Das Leben ist zu hart«, »Es ist alles mein Fehler«, »Die anderen sind schuld« oder »Denen kann man nicht vertrauen«.

Wie schon gesagt, sind solche Denkmuster völlig normal, aber nicht besonders hilfreich. Wenn wir uns darin verfangen, intensiviert das normalerweise unseren Kampf mit der Realität und verstärkt den Schmerz, den wir ohnehin empfinden!

Bevor wir fortfahren, möchte ich eines klarmachen: *Das Problem sind nicht unsere Gedanken*. Die erzeugen den mentalen Smog nämlich nicht. Den erzeugt die Art und Weise, wie wir auf unsere Gedanken *reagieren*. Um zu verstehen, was das bedeutet, müssen wir fragen …

Was sind Gedanken?

Im Grunde sind Gedanken Bilder und Wörter in unserem Kopf. Das müssen Sie nicht unbesehen akzeptieren, überprüfen Sie es selbst! Hören Sie auf zu lesen, schließen Sie eine Minute die Augen und nehmen Sie Ihre Gedanken wahr. Achten Sie darauf, wo diese scheinbar lokalisiert sind, ob sie sich bewegen oder nicht und ob sie eher wie Bilder, Wörter oder wie Geräusche sind. Manchmal scheut der Kopf übrigens zurück, wenn man das versucht; dann verschwinden die Gedanken und weigern sich herauszukommen. Nehmen Sie, falls das geschehen sollte, einfach den leeren Raum und die Stille im Kopf wahr und warten Sie geduldig. Früher oder später wird der Kopf wieder in Gang kommen, auch wenn er nur sagt: »Ich habe keinerlei Gedanken!«

Was ist Ihnen aufgefallen? Wenn Ihr Kopf zuerst abgeschaltet hat, dann haben Sie vermutlich leeren Raum und Stille wahrgenommen, aber irgendwann sind irgendwelche Gedanken aufgetaucht. Wahrscheinlich waren das Wörter, die Sie sehen, spüren oder hören konnten, oder Bilder, die Sie sehen konnten, oder eine Kombination aus beidem. Falls Sie eine Empfindung oder ein Gefühl im Körper wahrgenommen haben, dann war das genau dies: eine »Empfindung« oder ein »Gefühl«. Verwechseln Sie so etwas nicht mit »Gedanken«!

Wenn wir zulassen, dass solche Wörter und Bilder ungehindert kommen und gehen, flitzen sie durch unser Bewusstsein wie Vögel am Himmel und erschaffen keinerlei Probleme. Wenn wir uns jedoch an ihnen festklammern, verwandeln sie sich in Smog, und *dann* ziehen sie uns aus dem Leben heraus.

Solange wir uns in diesem trüben Dunst verlieren, sind alle Einzelheiten verschleiert, und alle Fülle ist unsichtbar. Wegen des Rauchs können wir das Schöne, das es gibt, nicht kosten. Auf der anderen Seite des Smogs befindet sich vielleicht das größte Weltwunder, ohne dass wir es wüssten. Wenn Sie je einige Zeit in einem solchen Smog verbracht haben, wissen Sie, wie undurchdringlich er sein kann. Obwohl wir von allerhand Gelegenheiten umgeben sind, unser Leben zu bereichern und zu verbessern, sind wir absolut nicht in der Lage, sie zu sehen.

Wie wir uns von unseren Gedanken lösen können

Es gibt viele verschiedene Arten von mentalem Smog, und wenn wir uns in einer davon befinden, tappen wir im Dunkeln. Es fällt uns schwer, den Kurs zu halten und die Hindernisse, auf die wir stoßen, zu umschiffen. In ACT haben wir einen sinnbildlichen Ausdruck für diesen Zustand: »verhakt«. Wenn unsere Gedanken uns »am Haken« haben, dann beherrschen sie uns; sie holen uns ein wie einen Fisch an der Angel, und lassen uns zappeln wie eine Marionette. In diesem Zustand haben unsere Gedanken eine gewaltige Wirkung auf uns; sie kommen uns wie Befehle vor, die wir befolgen, oder wie Bedrohungen, die wir abwehren müssen, wie Hindernisse, die wir beseitigen, oder wie etwas extrem Wichtiges, dem wir unsere gesamte Aufmerksamkeit widmen müssen.

Lösen wir uns jedoch von unseren Gedanken, so verlieren sie alle Macht über uns. Sich zu lösen bedeutet, dass wir uns von unseren Gedanken trennen und sie als das erkennen, was sie sind: Konstrukte aus Wörtern und Bildern. Wenn wir uns von unseren Gedanken lösen, beherrschen sie uns nicht mehr; wir müssen ihnen nicht mehr gehorchen oder unsere gesamte Aufmerksamkeit widmen, und wir müssen nicht mehr versuchen, sie loszuwerden. Vielmehr sehen wir ihre wahre Natur; wir erkennen, dass sie nicht mehr oder weniger sind als Wörter und Bilder, und wir lassen sie kommen, bleiben und gehen, wie es ihnen beliebt.

Sollten unsere Gedanken allerdings *hilfreich* sein – wenn sie uns also helfen, uns selbst freundlich und mitfühlend zu behandeln, uns mehr wie die Person zu verhalten, die wir sein wollen, effizient Pläne zu schmieden und so zu handeln, dass wir unser Leben auf praktische Weise bereichern und verbessern –, dann machen wir sie uns nutzbar. *Beherrschen* lassen wir uns dann nicht mehr von ihnen, wir lassen uns von ihnen nicht herumstoßen und diktieren, was wir tun sollen. Aber wir lassen uns von ihnen *leiten*.

Wenn wir uns so verhalten, kümmern wir uns nur selten, falls überhaupt, darum, ob unsere Gedanken wahr sind oder nicht. Wir interessieren uns vielmehr dafür, ob sie *nützlich* für uns sind. Wenn wir Gedanken unsere ganze Aufmerksamkeit schenken oder uns von ihnen diktieren lassen, was zu tun ist, hilft uns das dann dabei, mit unserem Realitätsschock umzugehen? Wenn wir uns hingegen von ihnen leiten lassen, handeln wir dann effizient und verhalten uns wie die Person, die wir sein wollen? Oder tritt das genaue Gegenteil ein?

Während Rada sich mit den ganzen Problemen herumschlug, die durch ihre Fibromyalgie entstanden waren, hörte sie im Kopf eine Litanei aus scharf selbstkritischen Gedanken: »Wie mies es mir doch geht; ich kann nicht mehr tanzen, kann nicht mal kochen, kann nicht mit anderen Leuten zusammenkommen; ich bin zu absolut nichts nütze.« Ihre frühere Therapeutin hatte sich alle Mühe gegeben, diese Gedanken infrage zu stellen, nach Beweisen zu suchen, um sie zu entkräften und durch positivere Gedanken zu ersetzen. Genützt hatte das nichts.

»Ihr Kopf macht Ihnen gern das Leben schwer, was?«, sagte ich zu Rada.

»Hab ich ja auch verdient«, sagte sie. »Schließlich geht's mir miserabel.«

»Und wenn Ihr Kopf Sie derart fertigmacht, hilft Ihnen das dann, mit Ihrem Zustand umzugehen?«

Sie schwieg einen Moment, dann antwortete sie leise: »Nein.«

»Gut, deshalb werden wir uns nicht auf eine Diskussion darüber einlassen, ob Ihre Gedanken stimmen oder nicht oder ob Sie eine derart harsche Kritik verdienen. Stattdessen können wir uns einfach klarmachen, dass solche Gedanken ständig auftauchen, und dass es Ihnen das Leben schwer statt leichter macht, wenn Sie sich darin verhaken.«

»In Ordnung.«

»Gut. Wie wäre es angesichts dieser Lage, wenn wir daran arbeiten, etwas zu ändern? Statt darüber zu reden, ob die Gedanken zutreffen oder nicht, lernen Sie einfach, sich von ihnen zu lösen.«

Wenn unsere Gedanken hilfreich sind, ist es natürlich klug, sie aktiv zu nutzen. Deutlich wird das im zweiten Teil dieses Buchs werden, wenn es darum geht, wie man sein Leben neu aufbaut. Sind sie jedoch nicht hilfreich, ist es am besten, sich davon zu lösen und sie kommen und gehen zu lassen wie Autos, die an unserem Haus vorüberfahren.

Falls Sie sich jetzt in der Nähe einer Straße befinden, lauschen Sie doch mal, ob Sie Verkehrsgeräusche hören können. Manchmal herrscht draußen viel Verkehr und manchmal nur ganz wenig. Aber was passiert, wenn wir versuchen, den Verkehr zu stoppen? Gelingt uns das? Können wir ihn irgendwie wegzaubern? Und was passiert, wenn wir uns darüber ärgern und schimpfend durchs Zimmer tigern? Hilft uns das, mit dem Verkehr zu leben? Ist es nicht leichter, die Autos kommen und gehen zu lassen und unsere Energie in etwas Sinnvolleres zu stecken?

Oder nehmen wir an, ein klappriger alter Kasten rollt langsam an Ihrem Haus vorüber, mit röhrendem Motor, knatterndem Auspuff und dröhnender Radiomusik. Als Sie aus dem Fenster blicken, sehen Sie, dass der Wagen mit Rost und Graffiti bedeckt ist, und drin sitzen ein paar junge Kerle, grölend und fluchend. Was tut man da am besten? Aus dem Haus rennen und dem Wagen hinterherbrüllen: »Weg da! Ihr habt kein Recht, hier zu sein?« Die ganze Nacht auf der Straße patrouillieren, um dafür zu sorgen, dass das Ding nicht wiederkommt? Oder versuchen, solche Klapperkästen in Zukunft fernzuhalten, indem man das Universum bittet, von nun an nur noch fabrikneue Modelle vorbeizuschicken?

Am leichtesten und einfachsten ist es, wenn man den Wagen einfach kommen und gehen lässt. Man akzeptiert, dass er da ist, und lässt ihn in dem Tempo vorüberfahren, das ihm beliebt. Um Ihnen ein Gefühl dafür zu vermitteln, wie man das tut, lade ich sie wieder zu einem einfachen Experiment ein.

Ein Experiment in drei Schritten (II)

Dieses Experiment ähnelt der Übung mit dem aufgeklappten Buch in Kapitel 4, aber es gibt einige wichtige Unterschiede, also lassen Sie es bitte nicht aus.

Schritt 1: Stellen Sie sich vor, dass sich vor Ihnen alles befindet, was wichtig für Sie ist. Dazu gehört das Angenehme – wie die Menschen, Filme, Musikstücke, Speisen, Bücher und Aktivitäten, die Sie lieben – und das Unangenehme, also alle Herausforderungen und Probleme, mit denen Sie umgehen müssen. Stellen Sie sich außerdem vor, dass das Buch in Ihren Händen aus allen Gedanken und Erinnerungen besteht, die Sie am schwierigsten finden. Lassen Sie sich einige Momente Zeit, alle zu benennen.

Schritt 2: Wenn Sie das Ende dieses Absatzes erreicht haben, halten Sie sich das Buch mit beiden Händen aufgeklappt vors Gesicht und führen Sie es dann so nah heran, dass es beinahe die Nase berührt. Es soll das Gesicht praktisch so umrahmen, dass es den Blick auf die Umgebung völlig verdeckt. Halten Sie es etwa zwanzig Sekunden so und stellen Sie fest, was für eine Erfahrung das ist.

Was haben Sie herausgefunden, als Sie vollständig in Ihren Gedanken und Erinnerungen gefangen waren? Haben Sie sich von den wichtigen Dingen in Ihrem Leben abgeschnitten und getrennt gefühlt? Hatten Sie den Eindruck, dass Ihre Gedanken alles beherrscht haben?

So ist es, wenn wir mit unseren Gedanken und Erinnerungen verhakt sind. Wir verlieren uns in ihnen, werden von ihnen verschlungen oder überwältigt. Sie beherrschen unsere ganze Erfahrung. Dadurch fällt es uns schwer, uns den angenehmen Aspekten des Lebens zu widmen und sie zu schätzen, aber auch, effizient auf die Probleme und Herausforderungen, auf die wir stoßen, zu reagieren.

Schritt 3: Stellen Sie sich wieder vor, dieses Buch würde aus Ihren Gedanken und Erinnerungen bestehen. Legen Sie es sich, wenn Sie das Ende dieses Absatzes erreicht haben, behutsam auf den Schoß und lassen Sie es etwa zwanzig Sekunden da liegen. Und während es da liegt, dehnen Sie die Arme, atmen tief durch und betrachten mit echter Neugier Ihre Umgebung. Nehmen Sie wahr, was Sie sehen, hören und riechen können.

Ist Ihnen aufgefallen, dass Sie wesentlich weniger abgelenkt waren, als das Buch auf Ihrem Schoß lag? Und dass Sie sich viel leichter auf die Welt ringsum konzentrieren und einlassen konnten? Natürlich ist das mit einem Buch ganz leicht, mit echten Gedanken hingegen viel schwerer. Machen wir uns im nächsten Kapitel also ans Werk, auch damit umgehen zu lernen.

7

Wahrnehmen und benennen

Sind Sie schon mal in *echtem* Smog durch die Gegend gegangen? Wenn wir darin herumstolpern, wundern wir uns nicht, dass es uns schwerfällt zu atmen oder etwas zu sehen. Haben wir uns aber in *mentalem* Smog verirrt, erkennen wir das normalerweise nicht, weshalb wir manchmal stundenlang in Sorgen und Grübeleien feststecken.

Der erste Schritt dazu, uns von unseren Gedanken zu lösen, besteht daher einfach darin *wahrzunehmen*, dass wir uns verhakt haben. Das ist ein bisschen so, wie sich unerwartet im Spiegel zu sehen und über das eigene Aussehen zu staunen, oder wie sich zu fangen und wieder aufzurichten, wenn man stolpert, oder wie mitten in einer Unterhaltung plötzlich zu merken, dass man dem Gesprächspartner nicht zugehört und daher keine Ahnung hat, wovon er spricht. Es ist ein Aha-Erlebnis, ein sanfter Ruck, wie wenn man abrupt aus einem Schläfchen aufwacht.

Ich möchte Ihnen vorschlagen, das den Tag über immer wieder zu üben. Versuchen Sie wahrzunehmen, wann und wo sich Ihr mentaler Smog bildet: beim Auto- oder Radfahren, bei der Arbeit, zu Hause, im Bett, beim Abendessen, wenn Sie mit Ihren Kindern spielen, wenn Sie sich duschen, wenn Sie mit Ihrer Partnerin oder Ihrem Partner sprechen, wenn Sie den Hund ausführen? Versuchen Sie außerdem, sich daran zu erinnern, was den Smog hervorruft. Das kann ein Streit sein, eine Zurückweisung, etwas, das schiefgelaufen ist, eine unfaire Handlung, eine abweisende Geste, ein knapper Termin, eine große Gelegenheit, ein bestimmter Ausdruck auf jemandes Gesicht, eine provokante Bemerkung, eine gute Nachricht, eine schlechte Nachricht, eine bestimmte Person, ein Lied, ein Film, ein Foto, die Erwähnung eines geliebten Menschen …

Registrieren Sie auch, welche Arten von Smog Sie einhüllen. Häufig sind das Sorgen, Schuldzuweisungen an andere, Selbstkritik, Hoffnungslosigkeit, sich in etwas Hineinsteigern, Wunschvorstellungen, Nachgrübeln über Probleme, lebhafte Erinnerungen an schreckliche Erlebnisse in der Vergangenheit oder schlimme Erwartungen an die Zukunft. Das sind nützliche Informationen für den nächsten Schritt.

Die Kunst des Benennens

Beim zweiten Schritt, uns vom Haken zu lösen, *benennen* wir den Gedanken oder den betreffenden Denkprozess, wodurch wir im Allgemeinen etwas Abstand dazu gewinnen. Das ist ein bisschen so, wie wenn wir verängstigt aus einem Alptraum aufwachen. Als Erstes nehmen wir wahr, dass wir wach und in unserem Schlafzimmer sind. Als Nächstes benennen wir die Erfahrung: »Das war nur ein Traum.« Während wir das tun, wachen wir weiter auf; der Traum rückt von uns weg, während wir das Schlafzimmer deutlicher wahrnehmen.

Erfreulicherweise haben Sie schon gelernt, wie man das tut: mit dem freundlichen Selbstgespräch in Kapitel 3 und dem Schritt »Annehmen« beim Verankern. In diesem Kapitel geht es darum, diese Fertigkeit weiterzuentwickeln, ihr mehr Kraft und Schwung zu verleihen. Versuchen wir das also mal mit einem Gedanken, der eine starke negative Wirkung auf Sie hat. Eine Möglichkeit wäre ein harsches Selbsturteil wie »Ich bin ein schlechter Mensch«, »Ich bin zu nichts nütze«, »Ich bin schwach«, »Ich bin beschädigt«. Oder Sie nehmen einen beängstigenden Gedanken wie »Ich bin krank«, »Ich werde nie genesen«, »Ich schaffe es einfach nicht mehr«.

Benennen

Sobald Sie den Gedanken ausgewählt haben, sind Sie bereit für die Übung.

Schritt 1: Sprechen Sie den Gedanken aus und lassen Sie sich von ihm an den Haken nehmen; glauben Sie so stark an ihn, wie es nur möglich ist.

Schritt 2: Sobald Sie das Gefühl haben, dass Sie mit dem Gedanken verhakt sind, nehmen Sie ihn wahr und benennen ihn. Dazu können Sie eine von fünf Formulierungen nehmen; probieren Sie sie bitte alle aus, um festzustellen, was am besten passt:

- »Ich habe den Gedanken, dass ...«
- »Ich bemerke den Gedanken, dass ...«
- »Mein Kopf sagt mir, dass ...«
- »Ich nehme wahr, wie mein Kopf mir sagt, dass ...«
- »Ich nehme wahr, dass ich den Gedanken habe, dass ...«

Versuchen Sie das bitte jetzt gleich, bevor Sie weiterlesen. Wenn Ihr Kopf Ihnen zum Beispiel ständig sagt, Sie seien zu nichts nütze, verwenden Sie zuerst einige Sekunden dafür, sich von diesem Gedanken einfangen zu lassen. Sagen Sie zu sich selbst: »Ich bin zu nichts nütze« und lassen Sie sich davon an den Haken nehmen. Sobald das passiert ist, sagen Sie zu sich: »Ich habe den Gedanken, dass ich zu nichts nütze bin.« Probieren Sie das mit mindestens zwei bis drei verschiedenen Gedanken und mindestens zwei bis drei verschiedenen Formulierungen aus, und stellen Sie fest, was passiert.

Ich hoffe, Sie haben das nützlich gefunden. Wenn wir einen Gedanken wahrnehmen und benennen, lösen wir uns normalerweise wenigstens ein bisschen von ihm. Das bedeutet jedoch nicht, dass der

Gedanke unbedingt verschwindet; manchmal tut er das und manchmal nicht. Ebenso wenig bedeutet es, dass wir uns besser fühlen; manchmal tun wir das und manchmal nicht. Dies ist keine Technik, unerwünschte Gedanken loszuwerden oder unsere Gefühle zu beherrschen – wenn wir versuchen, sie dazu zu verwenden, werden wir bald enttäuscht oder frustriert sein. Es geht darum, einem Gedanken die Kraft zu nehmen, damit er uns nicht mehr beherrscht, uns zu kontraproduktiven Verhaltensweisen bringt oder unsere ganze Aufmerksamkeit auf sich zieht, sodass wir uns nicht mehr auf das konzentrieren können, was wir gerade tun.

Falls das nicht gleich klappt, werfen wir als nächsten Schritt den Anker. Wir wenden die AKT-Formel an und fügen dem Schritt »Annehmen« das Benennen hinzu. Während wir die vorhandenen Gedanken registrieren, sagen wir: »Ich nehme den Gedanken wahr, dass alles hoffnungslos ist, und außerdem ein Gefühl von Traurigkeit und Verzweiflung.« Anschließend spüren wir in den Körper hinein und widmen uns dem, was wir momentan tun. Diesen Prozess kann man je nach Bedarf mehrfach wiederholen.

Das Muster benennen

Oft schwirren uns so viele Gedanken im Kopf herum, dass es nicht praktikabel ist, jeden einzelnen zu benennen. In solchen Fällen ist es besser, einen Namen für das Denkmuster zu finden. Wenn wir zum Beispiel merken, dass wir uns in Gedanken über alles, was schiefgehen könnte, verfangen haben, können wir das als »Grübelei« oder als »das Schlimmste erwarten« bezeichnen. Stecken wir darin fest, uns über andere zu ärgern und ihnen zu grollen, können wir das mit »Schuldzuweisungen« oder »Ärger« benennen. Wenn wir Probleme wälzen, ohne zu irgendeinem nützlichen Ergebnis zu kommen, können wir das als »Kopfzerbrechen« oder »Wiederkäuen« bezeichnen. Verlieren wir uns in schmerzhaften Erinnerungen, können wir davon sprechen, dass es uns »in die Vergangenheit zieht«. Wenn wir uns ständig fertigmachen, kommen Bezeichnungen wie »Selbstverurteilung« oder »Selbstkritik« infrage. Und wenn Sie nicht sicher sind, welche Benennung Sie wählen sollen, können Sie immer den umfassenden Ausdruck »Denken« verwenden.

Spielen Sie bitte ein bisschen mit dieser Methode herum. Vielleicht nehmen Sie lieber Sätze wie »Jetzt kritisiert mich mein Kopf«, »Da sind Sorgen«, »Ich nehme wahr, dass ich anderen die Schuld gebe«, »Ich nehme wahr, dass mein Kopf mich in die Vergangenheit zieht«, »Mein Kopf nimmt mich gerade an den Haken« oder vielleicht einfach »Verhakt«. Dabei geht es darum, ein Wort oder einen Satz zu finden, mit dem Sie rasch benennen können, was Ihr Kopf gerade tut. Dann kann das so ablaufen:

- Zuerst nehmen Sie wahr, dass Sie verhakt sind.
- Dann registrieren Sie, was Sie am Haken hat.
- Und dann geben Sie dem betreffenden Denkmuster einen Namen: »Aha! Da ist Grübelei!«
- Während Sie das Denkmuster benennen, stellen Sie fest, was es ist: ein Konstrukt aus Wörtern und Bildern.
- Ohne jeden Versuch, diese Gedanken zu vermeiden oder ihnen zu entkommen, nehmen Sie schließlich wahr, wo Sie sich befinden und was Sie gerade tun.

In diesem Augenblick wird Ihnen vielleicht ein Gefühl der Leichtigkeit auffallen, so als ob der Smog dünner geworden wäre und Sie die Welt jetzt mit größerer Klarheit sähen.

Falls das nicht gleich passiert, werfen Sie wie gewohnt den Anker:

A: Sie nehmen wahr und an, was Sie am Haken hat.
K: Sie spüren in den Körper hinein.
T: Sie nehmen bewusst an dem teil, was Sie gerade tun.

Diese einfache Übung wirkt sehr aufbauend und stärkend, weil sie uns vor Augen führt, worin unsere wahre Kraft liegt – nicht in dem Versuch, solche Geschichten am Entstehen zu hindern oder mit ihnen zu kämpfen, sondern darin, einen Schritt zurückzutreten, sie als das zu sehen, was sie sind, und die Aufmerksamkeit dann wieder dorthin zu richten, wo sie gebraucht wird.

Die Geschichte benennen

Die Geschichte zu benennen, ist eine beliebte Alternative zur Benennung des Musters. Stellen Sie sich dazu vor, Sie schreiben ein Buch oder drehen eine Doku über Ihren aktuellen Realitätsschock. Auf magische Weise enthält dieses Werk alle schmerzhaften Gedanken, Gefühle und Erinnerungen, die Sie haben, und Sie geben ihm einen Titel, der zu einer Geschichte passt. Das könnte zum Beispiel »Das Leben ist vorüber«, »Alt und einsam« oder »Darüber werde ich nie hinwegkommen« sein. Dieser Titel muss

- das Hauptproblem auf den Punkt bringen und
- ausdrücken, dass es in Ihrem Leben gewaltige Schmerzen verursacht.

Ein Titel, der das Problem banalisiert oder sich darüber lustig macht, darf es nicht sein. Humorvoll kann er sein, wenn Sie das wollen, aber eben nicht abwertend oder bagatellisierend. Wenn Sie diese Technik ausprobieren und sich dabei herabgesetzt oder nicht ernst genommen fühlen, ändern Sie bitte den Titel oder verzichten Sie auf diese Methode und bleiben Sie beim Benennen des Musters. Sobald Sie einen Titel gefunden haben, benutzen Sie ihn dazu, den Benennungsvorgang zu unterstützen. Jedes Mal, wenn im Zusammenhang mit diesem Realitätsschock ein Gedanke, ein Gefühl oder eine Erinnerung auftaucht, setzen Sie ihn ein. Zum Beispiel: »Aha! Da ist sie wieder, die Geschichte, dass das Leben vorüber ist.«

Vor einigen Jahren nahm eine Psychologin mittleren Alters – nennen wir sie Naomi – an einem meiner Workshops teil. Während der morgendlichen Kaffeepause vertraute sie mir an, dass sie an einem bösartigen Gehirntumor litt. Sie hatte es mit allen konventionellen medizinischen Behandlungen versucht und auch mit vielen alternativen Methoden (wie Meditation, Gebet, Geistheilung, kreativer Visualisierung, Homöopathie, diversen Diäten und pflanzlichen Heilmitteln, positivem Denken und Selbsthypnose), aber traurigerweise war der Tumor unheilbar, und Naomi hatte nicht mehr lange zu leben. Sie nahm an meinem Workshop teil, um besser mit ihrer Angst umgehen zu können und um das Beste aus dem zu machen, was ihr noch vom Leben blieb. Naomi sagte mir, es falle ihr schwer, sich während unserer Arbeit zu konzentrieren. Ständig verhakte sie sich mit Gedanken an den Tod; sie dachte an ihre Angehörigen und deren Reaktion; sie »sah« immer wieder die Tomografieaufnahmen, auf denen der Tumor sich weiter im Gehirn ausbreitete; und sie grübelte über den wahrscheinlichen Verlauf ihrer Erkrankung nach, von Paralyse über Koma bis hin zum Tod.

Wenn wir unheilbar erkrankt sind, ist es natürlich oft hilfreich, über damit verbundene Dinge nachzudenken: darüber, was wir ins Testament schreiben, wie wir beerdigt werden wollen, was wir unseren Angehörigen mitteilen wollen und welche medizinische Betreuung arrangiert werden muss. Bei einem Workshop, in dem es um persönliches Wachstum geht, ist es hingegen nicht hilfreich, ständig mit solchen Gedanken verschmolzen zu sein, denn dann verpasst man, was im Workshop vor sich geht. Deshalb habe ich Naomi teilnahmsvoll zugehört, um zuerst ihren großen Schmerz und ihre Angst zu würdigen und um zu bestätigen, wie schwer sie es hatte. Dann jedoch haben wir darüber gesprochen, die Geschichte zu benennen. Wäre ich gleich am Anfang dazu übergegangen, hätte Naomi sich womöglich gekränkt oder missverstanden gefühlt, weil sie gemeint hätte, ich würde versuchen, sie zu »retten« oder zu »heilen«, ohne wirklich zu begreifen, wie sehr sie litt und in welchen Schwierigkeiten sie war. So jedoch fand sie diesen Titel: »Angst vor dem Tod«.

Ich bat Naomi, die Geschichte immer dann so zu benennen, wenn sie auftauchte oder wenn Naomi merkte, dass sie damit verhakt war. Das tat sie begeistert, und schon am zweiten Tag des Workshops hatte sie sich bis zur Mittagspause weitgehend von ihren düsteren Gedanken gelöst. Die Glaubwürdigkeit dieser Gedanken hatte sich nicht verändert, und Naomi hielt sie weiterhin alle für wahr, doch nun war sie in der Lage, sie kommen und gehen zu lassen wie vorüberfahrende Autos und intensiv am Workshop teilzunehmen.

Wenn Sie Lust haben, können Sie diesen Prozess sogar mit etwas Leichtigkeit und Humor würzen. Zum Beispiel können Sie spielerisch zu sich sagen: »Ach, du Schande! Das ist wieder mal nicht gut genug!« oder »Da geht sie los, die Show ›Nicht gut genug‹.« Oder »Aha, da ist sie ja, die alte Story ›Ich bin schwach‹! Die kenne ich!« Denken Sie aber daran, dabei vorsichtig vorzugehen; falls irgendein Gefühl auftritt, herabgesetzt, veräppelt oder nicht ernst genommen zu werden, sollten Sie auf den Humor verzichten und stattdessen einen angemessenen Titel wählen oder einfach das Muster benennen.

Dem Kopf danken

Vor einer Weile haben wir darüber gesprochen, dass unser Kopf sich wie ein übermäßig hilfreicher Freund verhalten kann, indem er angestrengt zu helfen versucht, das aber auf die falsche Weise macht. Und wir haben uns damit beschäftigt, dass Grübeln, Sorgen, Selbstkritik, Schuldzuweisungen, Hoffnungslosigkeit und so weiter im Grunde Ausdruck dessen sind, dass unser Kopf uns vor Schaden oder Verletzung zu schützen versucht. Angesichts dessen kann es nützlich sein, dem Kopf für seinen Beitrag zu danken. Nachdem Sie einen Gedanken, ein Muster oder eine Geschichte wahrgenommen und benannt haben, können Sie – wieder spielerisch – etwas in der Richtung zu sich sagen: »Danke, lieber Kopf. Ich weiß, du versuchst, mir zu helfen. Aber das brauchst du nicht, ich komme schon allein zurecht.«

Nicht alle finden diese Technik nützlich, die meisten aber schon. Ich mag sie sogar ganz besonders. Manchmal bekomme ich zu hören: »Warum sollte ich denn meinem Kopf danken? Der macht mir das Leben doch zur Qual!« Worauf ich erwidere: »Das ist nur eine spielerische Methode, die Wirkung von Gedanken zu verringern. Wir nehmen sie dann weniger ernst und hören auf, mit ihnen zu kämpfen oder sie von uns wegzuschieben.« Wenn jemand allerdings nicht überzeugt ist, versuche ich nicht, ihn zu überreden; keine Technik ist für alle geeignet. Daher rate ich Ihnen, diese Methode auszuprobieren, um herauszufinden, ob sie für Sie geeignet ist. Normalerweise hilft sie uns dabei, uns ein bisschen mehr vom Haken zu lösen. Falls sie das nicht tut oder wenn Ihnen die Idee nicht gefällt, können Sie ja darauf verzichten.

Neutralisieren

Um uns vom Haken unserer Gedanken zu lösen, reicht es im Allgemeinen aus, sie wahrzunehmen und zu benennen. Falls nicht, können wir zusätzlich den Anker werfen oder dem Kopf danken, was meist funktioniert. Manchmal müssen wir allerdings weitergehen und eine Technik hinzunehmen, die ich als »Neutralisieren« bezeichne. Im Grunde geht es dabei darum, etwas mit unseren Gedanken zu machen, um ihre Kraft zu »neutralisieren«, etwas, das uns dabei hilft, die wahre Natur dieser Gedanken zu sehen und zu erkennen, dass sie nicht mehr oder weniger sind als Wörter und Bilder. Einige Beispiele für Neutralisierungstechniken: Man singt die Gedanken lautlos zu bekannten Melodien, man sagt sie sich mit verschiedenen Stimmen vor, man schreibt sie in Denkblasen hinein, man visualisiert sie auf einem Computerbildschirm, man stellt sich vor, dass sie von Comicfiguren oder historischen Gestalten geäußert werden. In Anhang A finden Sie mehrere solche Übungen. Wenn Sie also den Eindruck haben, Sie bräuchten mehr Hilfe dabei, sich aus der Verhakung zu lösen, schlagen Sie bitte dort nach, bevor Sie weiterlesen.

Wir können die Stimme in unserem Kopf nicht davon abhalten, uns Geschichten zu erzählen, aber wir können lernen, sie dabei auf frischer Tat zu ertappen. Außerdem können wir lernen, uns zu entscheiden, wie wir reagieren, damit wir uns von hilfreichen Geschichten leiten lassen, während die weniger hilfreichen kommen und gehen wie Autos, die draußen vorüberfahren.

8

Leben und loslassen

Warum wird so viel Aufhebens ums Atmen gemacht? Wieso spielt es in so vielen spirituellen Traditionen eine wichtige Rolle? Im Alten Testament erschafft Gott den Menschen aus Erde und bläst ihm den Lebensatem in die Nase. In der Mythologie der griechischen Antike wird der Mensch von dem Titanen Prometheus aus Ton geschaffen, bevor die Göttin Athene ihm Leben einhaucht. Der Begriff Spiritualität ist vom lateinischen Wort *spiritus* abgeleitet, das zwei Bedeutungen hat: »Seele« und »Atem«. Ähnlich ist es im Hebräischen, wo das Wort *ruach* meist »Atem« oder »Wind« bedeutet, aber zudem »Seele«. Das griechische Wort *psyche,* von dem Begriffe wie »Psychologie« und »Psychiatrie« abgeleitet sind, kann »Seele«, »Geist« und »Atem« bedeuten. Und in der kontemplativen oder mystischen Tradition der großen Weltreligionen – Christentum, Islam, Hinduismus, Sikhismus, Buddhismus und Judentum – gibt es Atemübungen, die dazu dienen sollen, einen höheren Bewusstseinszustand oder eine direkte Erfahrung des Göttlichen zu erreichen.

Wie ist diese starke Verbindung zwischen Atem und Spiritualität zu erklären? Dazu tragen viele Faktoren bei. Zuallererst besteht ein offenkundiger Zusammenhang zwischen Atmen und Leben. Solange wir atmen, sind wir lebendig, was bedeutet, dass wir immer etwas Sinnvolles tun können. Außerdem wirken Atemübungen oft sehr beruhigend und entspannend. Sie können uns helfen, ein Gefühl des inneren Friedens zu finden, einen sicheren, ruhigen Ort inmitten eines emotionalen Sturms. Ein weiterer Faktor ist, dass wir den Atem dazu verwenden können, uns in der Gegenwart zu verankern. Wenn wir völlig in unseren Gedanken und Gefühlen gefangen sind, können wir uns auf den Atem konzentrieren, um uns zu erden und wieder mit der Erfahrung des Hier und Jetzt zu verbinden.

Wir werden jetzt zwei Übungen ausprobieren, in denen es ums Atmen geht, aber zuerst ein Wort der Warnung. Die meisten Leute profitieren sehr von solchen Übungen, weshalb man sie in der einen oder anderen Form in vielen Selbsthilfebüchern findet. In einigen wenigen Fällen treten jedoch unangenehme Reaktionen auf, wenn man sich auf den Atem konzentriert oder ihn beeinflusst, zum Beispiel Schwindelgefühle, Benommenheit, Kribbeln, Enge in der Brust oder Beklemmung. Es ist zwar sehr unwahrscheinlich, aber falls so etwas vorkommen sollte, tun Sie bitte Folgendes: a) Wenn die Übung hauptsächlich mit dem Atem zu tun hat (wie in diesem Kapitel), lassen Sie sie einfach aus; b) wenn es *nicht* in erster Linie ums Atmen geht, die Übung jedoch einige Anweisungen wie »atmen Sie hinein in …« oder »atmen Sie langsam und tief« enthält wie in späteren Kapiteln, ignorieren Sie die betreffende Anweisung und beschränken sich auf die restliche Übung.

Jetzt möchte ich Sie also bitten, eine kurze Übung auszuprobieren. Eventuell können Sie das tun, während Sie weiterlesen, vielleicht müssen Sie aber auch erst die Anweisungen lesen und das Buch dann weglegen.

Einatmen, innehalten und loslassen

Atmen Sie langsam und tief ein, bis die Lunge mit Luft gefüllt ist, und halten Sie dann den Atem an.

Halten Sie den Atem so lange wie möglich an.

Nehmen Sie, während der Atem in Ihrem Körper gefangen ist, wahr, wie sich kontinuierlich Druck aufbaut.

Nehmen Sie wahr, was in Brust, Hals und Bauch geschieht.

Nehmen Sie wahr, wie sich Spannung aufbaut und wie der Druck ansteigt. Achten Sie auf die sich verändernden Empfindungen in Kopf, Hals, Schultern, Brust und Bauch. Und halten Sie weiter den Atem an.

Halten Sie ihn an.

Nehmen Sie wahr, wie die Empfindungen stärker und unangenehmer werden und wie der Körper immer energischer versucht, Sie zum Ausatmen zu zwingen.

Beobachten Sie diese Körperempfindungen wie ein neugieriges Kind, das so etwas noch nie erlebt hat.

Und wenn Sie den Atem keinen Moment länger anhalten können, lassen Sie ihn langsam und ganz sanft los.

Kosten Sie, während Sie loslassen, diese Erfahrung aus. Genießen Sie das einfache Vergnügen, auszuatmen. Nehmen Sie das Loslassen wahr.

Nehmen Sie wahr, wie die Spannung sich löst.

Nehmen Sie wahr, wie die Lunge sich leert und wie die Schultern absinken. Genießen Sie das einfache Vergnügen, loszulassen.

Wie hat Ihnen die Übung gefallen? Waren Sie in der Lage, sie zu genießen? Haben Sie wahrgenommen, dass Sie sich geerdet oder zentriert haben? Haben Sie vielleicht ein Gefühl von Ruhe oder Stille empfunden?

Klammern wir uns im täglichen Leben nicht oft an Dingen fest und weigern uns hartnäckig, loszulassen? Wir klammern uns an alte Verletzungen und Kränkungen. Wir klammern uns an nutzlose Haltungen und Vorurteile. Wir klammern uns an Schuldzuweisungen und an die Vorstellung, ungerecht behandelt zu werden. Wir klammern uns an Überzeugungen, mit denen wir uns selbst einschränken, an alte Fehlschläge und schmerzhafte Erinnerungen. Wir klammern uns an unrealistische Erwartungen an uns, an die Welt und an andere Menschen. Wir klammern uns an Geschichten von »richtig« und »falsch« oder »fair« und »unfair«, die uns in einen fruchtlosen Kampf mit der Realität ziehen.

Leider wird der Ausdruck »loslassen« oft missverstanden. Loslassen bedeutet nicht »Mach, dass es weggeht« oder »die schwierigen Gedanken und Gefühle loswerden«. Es bedeutet, den Griff um diese Gedanken und Gefühle zu lockern, statt sich derartig fest daran zu klammern, und zuzulassen, dass sie in ihrem eigenen Rhythmus kommen, bleiben und gehen, ohne dass man sich darin verfängt.

»Loslassen« bedeutet eigentlich »sein lassen«, also etwas so sein zu lassen, wie es ist. Statt uns gegen die Realität zu wehren und mit ihr zu kämpfen, akzeptieren wir sie so, wie sie ist. Wir hören auf, mit der Realität zu kämpfen, weil wir wissen, dass sie doch immer gewinnt. Das heißt nicht, dass wir unser Leben aufgeben würden; im zweiten Teil dieses Buchs geht es darum, das Leben aktiv wiederaufzubauen, also wirksam zu handeln und alles zu tun, was wir können, um es zu verbessern. Aber wir nehmen zur Kenntnis, dass es oft einfach nicht nützlich ist zu grübeln, uns Sorgen zu machen, uns in etwas zu verbeißen und in unseren Gedanken und Gefühlen zu verheddern. Das ändert nämlich nichts an dem, was geschehen ist, es verändert nicht die Realität und es hilft uns nicht, uns an das Leben, wie es gerade ist, anzupassen. Abgesehen davon trägt es nicht dazu bei, dass wir wirkungsvoll auf unsere Probleme und Herausforderungen reagieren können.

Stellen Sie sich vor, wir könnten immer wahrnehmen, wenn wir uns an Frustration, Kritik, Werturteile, Ärger oder Schuldzuweisungen klammern, und uns dann mithilfe unseres Atems daran erinnern, den Griff zu lockern. Was würde das wohl für unsere Beziehungen, unsere Gesundheit und unsere Lebensfreude bedeuten?

Ich möchte Sie nun bitten, eine weitere Übung auszuprobieren, die ein wenig leichter als die vorherige ist.

Atem holen und bis drei zählen

Atmen Sie tief und möglichst langsam ein und halten Sie den Atem an, während Sie bis drei zählen. Atmen Sie dann ganz langsam und behutsam aus. Lassen Sie die Luft so langsam und sanft wie möglich aus der Lunge entweichen.

Lassen Sie beim Ausatmen die Schultern sinken und spüren Sie, wie sich die Schulterblätter am Rücken abwärtsbewegen.

Nehmen Sie das Gefühl wahr, dass sich etwas löst.

Genießen Sie das schlichte Vergnügen, auszuatmen.

Nehmen Sie wahr, wie es ist, los ... zu ... lassen.

Tun Sie das Ganze jetzt noch einmal.

Atmen Sie langsam ein, halten Sie den Atem an, während Sie bis drei zählen, und atmen Sie dann so sanft und langsam aus wie möglich.

Lassen Sie beim Ausatmen die Schultern sinken.

Genießen Sie noch einmal das schlichte Vergnügen, auszuatmen.

Und nehmen Sie wahr, wie es ist, los ... zu ... lassen.

Versuchen Sie doch mal, diese Übung regelmäßig tagsüber zu machen, und stellen Sie fest, was das bewirkt. Wenden Sie sie auch an, wenn Sie sich gerade an etwas klammern – an eine Verletzung, einen Groll, eine Schuldzuweisung oder etwas anderes, das Ihnen die Lebendigkeit raubt. Fangen Sie damit an, das wahrzunehmen und zu benennen, was Sie an den Haken genommen hat: »Da ist ein Vorwurf«, »Ich nehme Ärger wahr« oder »Mein Kopf hängt der Vergangenheit nach«. Atmen Sie dann ein, halten Sie inne und atmen Sie wieder aus. Viele Menschen finden es außerdem nützlich, dabei etwas zu sagen, zum Beispiel »Loslassen«, »Lass los« oder »Lass es, wie es ist«.

Nehmen wir an, Sie hängen gerade einem Streit nach, den Sie mit Ihrer Partnerin oder Ihrem Partner hatten, Sie erinnern sich an unfreundliche Bemerkungen, die Ihre Chefin in der Firma gemacht hat, Sie werfen sich vor, im Umgang mit den Kindern die Beherrschung verloren zu haben, oder Sie grübeln darüber nach, wie unfair das Leben Sie behandelt hat. Das sind alles Formen von Festklammern, und ich brauche Ihnen nicht erst zu sagen, dass das nicht hilfreich ist, sondern nur Ihren Stress vermehrt und Ihnen die Lebensfreude raubt. Sobald Sie also wahrnehmen, dass Sie sich an etwas festklammern, sind die nächsten Schritte wirklich ganz einfach: Benennen Sie, was Sie am Haken hat, atmen Sie tief ein, halten Sie den Atem an, während Sie bis drei zählen, und lassen Sie dann ganz … langsam … los.

9
Verbündete in unserem Inneren

Aus dem Dunkel schiebt sich eine entstellte Hand hervor. Bei zwei Fingern fehlen die Spitzen, die anderen beiden und der Daumen sind nur noch Stummel. Zwischen den zwei längeren Fingern klemmt eine rauchende Zigarre, und dann taucht das Gesicht des Rauchers aus der Dunkelheit auf. Es ist ein furchterregendes Gesicht, voller Knoten, Wunden und Schwellungen. Und der Raucher fragt: »Magst du Zigarren?«

Vielleicht erinnern Sie sich an diese Szene; sie stammt aus einem alten Film mit dem Titel *Papillon*. Es ist ein kritischer Moment, in dem die Hauptfigur in einen dunklen Graben fällt und sich einem Leprakranken gegenübersieht. Als Kind hat mich die Szene in großen Schrecken versetzt. Ich hatte keine Ahnung, was Lepra war, aber ich wusste, dass es sich um etwas Furchtbares handelte, und hatte schrecklich Angst, mich damit anzustecken. Erst Jahre später erfuhr ich im Medizinstudium, auf welche Weise Lepra so schreckliche Deformationen verursacht. Im Grunde handelt es sich um eine bakterielle Infektion, die viele negative Wirkungen auf den Körper hat. Zu den schlimmsten gehören schwere Nervenschäden in Armen und Beinen. Die beschädigten Nerven sind nicht mehr in der Lage, Schmerz zu empfinden, und ohne diese Fähigkeit ist man in großer Gefahr. Wenn man mit der Hand einen scharfen Stachel oder eine heiße Kochplatte berührt, führt der entstehende Schmerz normalerweise sofort dazu, dass man die Hand wegzieht, wodurch die Verletzung verringert wird. Man stelle sich vor, wie oft und wie viel schlimmer man sich verletzen würde, wenn man keinen Schmerz empfände und die Hand einfach auf dem Stachel oder der Kochplatte liegen ließe. Bei Lepra führen die häufigen Verletzungen zu schlimmen Schäden an Händen, Füßen, Fingern und Zehen, womit wir beim Hauptpunkt diese Kapitels sind: Schmerz dient einem Zweck.

Wir haben in diesem Buch viel über Schmerz gesprochen, was angesichts dessen, wie sehr ein Realitätsschock wehtut, verständlich ist. Nehmen wir uns daher etwas Zeit zu erforschen, *weshalb* wir so viele schmerzhafte Gedanken und Gefühle haben. Tauchen die nur auf, um uns das Leben schwer zu machen? Und wenn nicht, welchem nützlichen Zweck dienen sie?

In Kapitel 6 ging es um schmerzhafte Gedanken. Wir haben gesehen, dass alles, was unser Kopf in dieser Richtung tut – wie Sorgen, Grübeln und Selbstkritik –, einem bestimmten Zweck dient. Unser Kopf versucht, uns zu beschützen, uns zu retten, auf uns aufzupassen. In Kapitel 1 wiederum ging es darum, wie unser Nervensystem uns zu Kampf, Flucht oder Erstarren bringt, um uns vor Schaden und Gefahr zu schützen. Daher werden wir uns jetzt mit den drei wichtigsten Zwecken unserer Emotionen beschäftigen …

Kommunizieren, Motivieren, Verdeutlichen

Im Grunde sind unsere Emotionen Botschafter, die uns wichtige Informationen bringen und versuchen, uns zu helfen. Sie haben drei Hauptzwecke: Kommunizieren, Motivieren, Verdeutlichen.

Kommunizieren

Fangen wir mit der Kommunikationsfunktion an. Wenn andere Menschen unsere Emotionen erkennen können, dann ist das sowohl für sie wie für uns nützlich – vorausgesetzt natürlich, dass sie nicht vorhaben, uns zu schaden oder die erhaltenen Informationen gegen uns zu verwenden. Es ermöglicht uns, auf verschiedene Weise miteinander zu kommunizieren. Zum Beispiel:

- Angst kommuniziert »Pass auf, es herrscht Gefahr!« oder »Ich finde dich bedrohlich«.
- Wut oder Ärger kommunizieren »Das ist nicht fair, das ist nicht richtig«, »Du dringst in mein Territorium ein« oder »Ich verteidige, was mir gehört«.
- Traurigkeit kommuniziert »Ich habe etwas Wichtiges verloren«.
- Schuldgefühle kommunizieren »Ich habe etwas falsch gemacht und will es wiedergutmachen«.
- Liebe kommuniziert »Ich schätze dich«, »Ich will, dass du in meiner Nähe bleibst«.

Wenn wir mit Menschen zusammen sind, denen wir etwas bedeuten und denen wir vertrauen können, ist eine solche Kommunikation oft von großem Wert. Wenn eine gute Freundin sieht, dass wir verängstigt oder traurig sind, wird sie oft mit Freundlichkeit und Unterstützung reagieren. Wenn sie sieht, dass wir uns schuldig fühlen, weil wir sie verletzt haben, trägt das oft dazu bei, den entstandenen Schaden wiedergutzumachen. Und wenn sie sieht, dass wir uns über etwas ärgern, was sie tut, hört sie vielleicht damit auf und überlegt es sich anders. Offensichtlich kommt es vor, dass wir »die falschen Signale senden«, dass unsere Signale falsch gedeutet werden oder eine negative Reaktion hervorrufen; schließlich funktioniert kein System perfekt. Aber meistens sind Emotionen als Kommunikationsmittel ziemlich erfolgreich.

Motivieren

Unsere Emotionen wirken zudem motivierend. Die Wörter »Emotion« und »motivieren« stammen von dem lateinischen Verb *movere* ab, das »bewegen« bedeutet. Emotionen bereiten uns darauf vor, unseren Körper auf bestimmte Weise zu bewegen und so zu handeln, dass es nützlich für uns ist.

- Angst motiviert uns dazu, wegzurennen, uns zu verstecken, auszuweichen und uns zu schützen.
- Beklemmung motiviert uns dazu, uns auf Dinge vorzubereiten, die uns verletzen oder schaden könnten.
- Wut motiviert uns dazu, uns durchzusetzen und für das zu kämpfen, was uns wichtig ist.
- Traurigkeit motiviert uns dazu, es langsamer anzugehen, uns eine Pause von den Forderungen des Alltags zu gönnen, uns auszuruhen und zu erholen.
- Schuldgefühle motivieren uns dazu, über unser Verhalten und darüber nachzudenken, welche Wirkung es auf andere hat, und den Schaden wiedergutzumachen, wenn wir andere verletzt haben.
- Liebe motiviert uns dazu, liebevoll und fürsorglich zu sein, mit anderen zu teilen und uns um sie zu kümmern.

Auch hier ist das System unvollkommen. Gelegentlich tauchen diese Emotionen auf, wenn sie nicht nützlich sind, und dann nehmen sie uns an den Haken und verleiten uns zu problematischen Verhaltensweisen. Aber oft funktionieren sie ziemlich gut, sofern wir nicht mit ihnen kämpfen. Wenn wir hingegen anfangen, uns gegen solche Emotionen zu wehren oder vor ihnen wegzulaufen, schaffen wir große Probleme für uns. Erinnern Sie sich an die Übung mit dem Buch in Kapitel 4? Das Buch mit aller Kraft wegzuhalten, hat Ihre Energie verbraucht, Sie abgelenkt und es Ihnen erschwert, wirksam zu handeln. Genau das passiert, wenn wir mit unseren Emotionen kämpfen oder vor ihnen davonlaufen. Wenn wir jedoch den Kampf mit ihnen aufgeben, Raum für sie schaffen und sie durch uns hindurchströmen lassen – was Sie im nächsten Kapitel lernen werden –, dann werden wir sie oft so nutzen können, dass sie unser Leben fördern.

Verdeutlichen

Zu guter Letzt verdeutlichen und erhellen unsere Emotionen, was uns wichtig ist. Wenn etwas passiert, machen sie uns darauf aufmerksam, was von Bedeutung ist und worum wir uns kümmern müssen. Sie machen unsere tiefsten Bedürfnisse und Wünsche sichtbar. Zum Beispiel:

- Angst verdeutlicht, dass es wichtig ist, sich sicher zu fühlen und zu schützen.
- Wut und Ärger verdeutlichen, dass es wichtig ist, unser Territorium zu verteidigen, Grenzen zu ziehen oder uns zu behaupten und für das zu kämpfen, was uns gehört.
- Traurigkeit verdeutlicht, dass es wichtig ist, sich nach einem Verlust auszuruhen und zu erholen.
- Schuldgefühle verdeutlichen, dass es wichtig ist, wie wir andere behandeln, und dass wir soziale Bindungen reparieren müssen.
- Liebe weist auf die Bedeutung von Verbundenheit, Nähe, Bindungen, Fürsorglichkeit und Gemeinsamkeit hin.

In unseren Emotionen liegt also eine große praktische Weisheit, die sich allerdings nicht entfalten kann, wenn wir mit ihnen kämpfen oder uns von ihnen ablenken. Das ändert sich, sobald wir gelernt haben, uns zu öffnen und Raum für unsere Emotionen zu schaffen, was wir im nächsten Kapitel tun werden. Später werden wir uns damit beschäftigen, wie wir die in unseren Gedanken und Gefühlen enthaltene Weisheit nutzen können, um unser Leben neu wiederaufzubauen.

Vorläufig ist aber hoffentlich erkennbar geworden, dass unsere Emotionen unsere Verbündeten sind, nicht unsere Feinde. Je mehr wir uns von ihnen abwenden, desto mehr versäumen wir.

Was wir versäumen

»Mr. Duffy lebte in etwas Abstand zu seinem Körper«, schreibt James Joyce in *Dubliner*. Ich liebe dieses Zitat. Offen gesagt, habe ich das Buch von James Joyce nicht gelesen, weshalb ich keine Ahnung habe, weshalb Mr. Duffy etwas Abstand zu seinem Körper hatte, aber er ist eindeutig kein Einzelfall. Die meisten Menschen sind gelegentlich stark von ihrem Körper getrennt, vor allem, wenn sie von schmerzhaften Gefühlen erfüllt sind. Was einleuchtend ist, schließlich würden wir nicht ins Wasser springen, wenn wir wüssten, dass darin ein Weißer Hai schwimmt. Ebenso bleiben wir gern »außerhalb« von unserem Körper, wenn wir wissen, dass wir dort auf schmerzhafte Gefühle treffen.

Manchmal trifft das autonome Nervensystem diese Entscheidung für uns, indem es unsere Emotionen »abschneidet«, sodass nur noch Betäubung vorhanden ist. Aber wesentlich öfter entscheiden wir uns selbst, uns zu betäuben, zum Beispiel mit Medikamenten, Drogen oder Alkohol. Vor allem aber entkommen wir aus dem Körper, indem wir uns ablenken. Im Grunde entziehen wir uns damit etwas Unangenehmem oder Unerwünschtem, und wenn wir uns von schmerzhaften Gefühlen ablenken, so entziehen wir uns dem Körper, der sie beherbergt.

Je mehr wir aber den Kontakt zu unserem Körper verlieren – durch Substanzmissbrauch, Ablenkung oder ungewollte Betäubung durch den dorsalen Vagus –, desto mehr Probleme entstehen. Am häufigsten tritt wohl ein furchtbares Gefühl von Leblosigkeit auf, das von den Betroffenen mit solchen Ausdrücken beschrieben wird: betäubt, leer, hohl, innerlich tot, wie eine leere Hülle oder Schale, wie ein Zombie, eine wandelnde Leiche, ohne jedes Gefühl, nur noch halb lebendig, kaum noch lebendig, leblos. Das ist ein Zustand, der das genaue Gegenteil von Vitalität darstellt.

Der Begriff Vitalität stammt von dem lateinischen Wort *vita* für »Leben« ab. Vitalität bezieht sich auf die Lebenskraft in uns, auf unsere

Energie, unseren Antrieb und unsere Leidenschaft, darauf, dass wir das Leben zu schätzen wissen, und auf unsere Fähigkeit, uns ganz lebendig zu fühlen und vollständig an der Welt teilzunehmen. Unser Körper hält uns am Leben, und unsere Gefühle erinnern uns daran, dass wir lebendig sind. Es ist daher wenig überraschend, dass wir das Gefühl der Vitalität verlieren, wenn wir uns vom Körper und von den Gefühlen abtrennen.

Das ist jedoch nicht das einzige Problem. Viele wissenschaftliche Studien weisen darauf hin, dass wir die erwähnte emotionale Weisheit verlieren, wenn wir vom Körper abgeschnitten sind. Darunter leiden wir in vielerlei Hinsicht. Zum Beispiel:

- Wir haben weniger Kontrolle über unsere Impulse und Bedürfnisse, was uns anfälliger für Verhaltensweisen wie Aggressivität, Drogen- und Alkoholmissbrauch und Essattacken macht.
- Es fehlt uns an Selbstwahrnehmung, und unsere Urteilsfähigkeit ist eingeschränkt, was oft zu »schlechten Entscheidungen« führt, die wir später bedauern.
- Es fällt uns schwer, die Emotionen von anderen zu erkennen, was in Verbindung mit dem Mangel an Selbstwahrnehmung zu Konflikten und Spannungen in Beziehungen führt.
- Es fällt uns schwer, Nähe zu anderen aufzubauen, was ein Gefühl des Abgetrenntseins und der Einsamkeit hervorruft.

Dass eine Abtrennung von unseren Emotionen solche Nebenwirkungen hat, mag überraschend wirken, weshalb ich es kurz erklären will.

Abgetrennt sein von Gefühlen

Erinnern Sie sich daran, wie es in der Grundschule war, wenn die Lehrerin das Klassenzimmer verlassen hat? Was ist dann passiert? Das totale Chaos brach aus, nicht wahr? Mit unseren Emotionen ist es dasselbe, wenn wir unsere Wahrnehmung mit der Lehrerin und die Emotionen mit den Schülern vergleichen. Nehmen wir unsere Gefühle nicht wahr, dann spielen sie verrückt, stiften Chaos, laufen Amok. Je weniger wir uns ihrer bewusst sind, desto stärker beherrschen sie unser Handeln; sie lassen uns zappeln wie eine Marionette und verleiten uns leicht zu problematischen Verhaltensmustern. Sobald die Lehrerin ins Klassenzimmer zurückkehrt, beruhigen sich die Schüler. Dasselbe geschieht, wenn wir die Wahrnehmung auf unsere Gefühle richten; dann verlieren sie ihre Wirkung und ihre Fähigkeit, uns herumzappeln zu lassen.

Wenn die Lehrerin nicht im Klassenzimmer ist, hat sie natürlich keine Ahnung, was die Schüler gerade treiben. So ist es auch, wenn wir von unseren Gefühlen abgetrennt sind, was man als »mangelnde Selbstwahrnehmung« bezeichnet. Hat man schon mal so etwas zu Ihnen gesagt: »Du hast wohl schlechte Laune«, »Warum bist du so brummig?«, »Du kommst mir niedergeschlagen vor«, »Geht's dir nicht gut?« Und hat Sie das dann überrascht? Haben Sie erwidert: »Überhaupt nicht!« oder »Nein, mir geht's prima!«? Haben Sie sich mal dabei erwischt, dass Sie laut oder bissig reagiert haben, ohne zu wissen, warum? Oder haben Sie schon mal zu viel gegessen, zu viel getrunken oder viel geweint – und zwar »ohne ersichtlichen Grund«? Haben Sie Entscheidungen getroffen, die Sie später als »dämlich« bezeichnet und sich gefragt haben: »Warum habe ich das bloß getan?« Das alles tritt häufig auf, und es deutet auf einen Mangel an emotionaler Wahrnehmung hin.

Während wir durch den Tag gehen und dabei mit anderen Menschen zu tun haben, erzeugt unser Körper – je nachdem, was gerade geschieht – ständig Gefühle, und die sind eine wahre Goldgrube an Informationen, wenn wir in der Lage sind, auf sie zuzugreifen. Um ein anderes Bild zu wählen: Haben Sie schon mal einen Film angesehen, ohne dass der Ton angeschaltet war? Falls nicht, probieren Sie es bitte kurz aus. Wie sehr wird das Erlebnis dadurch vermindert? So schön die Bilder auch sein mögen, ohne Musik, Dialog und Geräuscheffekte geht unglaublich viel verloren. Wir können das, was abläuft, zwar bis zu einem gewissen Grad verfolgen, aber ohne Ton ist es ein wesentlich unbefriedigenderes Erlebnis, und wir interpretieren leicht etwas falsch oder verlieren den Faden. Genauso ist es, wenn wir mit anderen Menschen umgehen, ohne Kontakt zu unseren Emotionen zu haben. Dann leiden unsere Beziehungen, weil wir die anderen missverstehen; wir deuten ihre Absichten und Gefühle falsch, kapieren nicht, was sie wollen und nicht wollen, und verlieren aus dem Blick, welche Wirkung das, was wir sagen und tun, auf sie hat.

Ein letzter Punkt sind Liebe und Nähe. Eine liebevolle, vertraute Verbundenheit im Rahmen einer fürsorglichen Beziehung ruft normalerweise angenehme Gefühle hervor, aber wenn wir von unserem Körper abgeschnitten sind, können wir sie nicht genießen. Stattdessen fühlen wir uns in den entsprechenden Situationen betäubt oder leer. Das lässt eine innige Verbindung zu einer unangenehmen Erfahrung werden, was eine wirkliche Verbindung verhindert, Einsamkeit entstehen lässt und oft dazu führt, dass man jede Nähe grundsätzlich vermeidet.

Je mehr wir also von unserem Körper getrennt sind, desto weniger Zugang haben wir zu unseren Emotionen, wodurch wir einen gewaltigen Nachteil haben. Dadurch häufen sich die durch einen Realitätsschock entstandenen Probleme nur an. Wenig überraschend weist eine Reihe von wissenschaftlichen Studien darauf hin, dass es eine erhebliche Wirkung auf Gesundheit und Wohlbefinden hat, wieder in den Körper zu kommen. Zudem spielt es eine zentrale Rolle dabei, von einem Trauma zu genesen. Wenn wir den Anker werfen, nehmen wir daher wiederholt unsere Gefühle wahr und stellen Kontakt zum Körper her. Um das den Tag über zu tun, bieten sich mehrere einfache, praktische Methoden an – wir können uns bewegen, uns dehnen, bewusst atmen oder die Körperhaltung verändern. Das ist jedoch nur der Anfang; wie Sie später sehen werden, können wir wesentlich weiter gehen.

Kopf und Körper

Um noch einmal zusammenzufassen: Wenn unser Kopf und unser Körper schmerzhafte Gedanken und Gefühle erzeugen, versuchen sie eigentlich, uns zu helfen. Das ganze Unbehagen, das dabei entsteht – schwierige Gedanken, das Auftreten der Kampf-oder-Flucht-Reaktion, unangenehme Emotionen, das Gefühl von Betäubung und Leere – dient einem übergeordneten Zweck. Kopf und Körper bemühen sich mit aller Macht, uns zu beschützen und vor Verletzungen und anderem Schaden zu bewahren.

»Schön und gut«, denken Sie jetzt vielleicht, »aber das mag ich trotzdem nicht.« Wobei ich Ihnen zustimme. Niemand mag Schmerzen, niemand fühlt sich gern unwohl. Die Realität hat Ihnen einen Schock versetzt, worauf Kopf und Körper so reagiert haben, wie es ihnen möglich war. Dass Sie so leiden, haben Sie nicht bestellt, das Leben hat es Ihnen vorgesetzt. Und es tut wirklich weh. Wenn das Leben aber derart wehtut, brauchen wir Freundlichkeit. Indem wir vor unseren Gefühlen davonlaufen, behandeln wir uns jedoch alles andere als freundlich, weil das auf lange Sicht so viele Probleme verursacht. Daher brauchen wir eine radikal andere Methode, auf schwierige Gedanken zu reagieren (womit wir uns im nächsten Kapitel beschäftigen werden).

Vorläufig hoffe ich, dass dieses Kapitel Ihnen nahegebracht hat, Ihre Emotionen auf andere Weise zu betrachten. Bitte nehmen Sie diese weiterhin wahr und benennen Sie sie – »Da ist Traurigkeit«, »Ich nehme Ärger wahr«, »Ich habe Schuldgefühle« und so weiter. Und versuchen Sie zugleich, sich klarzumachen, dass Ihre Emotionen einem bestimmten Zweck dienen, selbst wenn Sie den noch nicht vollständig begreifen. Vielleicht wollen Sie sich sogar im Stillen sagen: »Diese Emotionen wollen mich nicht quälen; sie sind da, um mir zu helfen.«

10
Ein neugieriger Blick

Eine Welle von Übelkeit überkommt Sie. Ihr Blick verschwimmt, bis Sie nach wenigen Sekunden überhaupt nichts mehr sehen. Ihre Kehle wird fast augenblicklich gelähmt, sodass Sie nicht mehr sprechen und schlucken können. Und innerhalb der nächsten zwei bis drei Minuten breitet sich die Lähmung im ganzen Körper aus, bis Sie schließlich nicht mehr atmen können. So würde Ihr Leben enden, wenn Sie vom winzigen Schnabel des tödlichen Blaugeringelten Kraken gebissen würden, von einem Tierchen, das nicht größer ist als ein Tennisball.

Paddy Spruce, ein guter Freund von mir, stellt gern die Frage: »Wenn du in der Nähe eines Blaugeringelten Kraken schwimmen würdest, würdest du ihn dann in die Hand nehmen, wegscheuchen, ignorieren oder einfach beobachten?« Zweifellos stehen uns all diese Optionen offen, aber die ersten beiden sind tödlich. Der Krake ist zwar nicht von Natur aus aggressiv, aber wenn man versucht, ihn zu ergreifen, oder ihn irgendwie bedroht, beißt er zu. Kurz bevor er angreift, sieht man übrigens, wie plötzlich die blauen Ringe auf seinen Armen aufleuchten. Die dritte Option – ihn zu ignorieren – würde man nicht so einfach zuwege bringen, weil man weiß, wie tödlich er ist, und wenn man nicht darauf achtet, wo er sich befindet, schwimmt man womöglich versehentlich in ihn hinein.

Daher ist die letzte Option, ihn zu beobachten, eindeutig die beste. »Moment mal«, denken Sie jetzt vielleicht, »es gibt noch eine weitere Option, die nicht erwähnt wurde. Ich könnte vor ihm wegschwimmen.« Ja, das könnten Sie. Allerdings verbirgt sich der Blaugeringelte Krake lieber unter Felsen, statt im offenen Wasser zu schwimmen.

Wenn Sie also stillhalten und ihn beobachten, wird er bald weiterziehen und Sie in Frieden lassen. Und selbst wenn Sie sich entscheiden wegzuschwimmen, würden Sie ihn nicht erst einmal näher betrachten wollen? Schließlich wissen Sie, dass Ihnen nichts geschehen kann, solange Sie nicht nach ihm greifen und ihn nicht bedrohen.

Dieses kleine Meereslebewesen lässt sich gut mit einer schmerzhaften Emotion vergleichen. Denn wenn man die festhält, sie wegscheucht oder versucht, sie zu ignorieren, dann führt das normalerweise zu schlechten Ergebnissen. Leider gehen wir mit unseren Emotionen oft so um, als wären sie so gefährlich wie ein Blaugeringelter Krake. Wir wollen sie loswerden oder meiden. Wir fühlen uns nicht wohl, solange sie vorhanden sind. Wir versuchen herauszubekommen, wie wir sie vertreiben können. Leider nimmt diese Haltung eine Menge Energie in Anspruch und zehrt an unserer Lebendigkeit. Das muss allerdings nicht so sein. Weshalb? Weil unsere Gefühle im Gegensatz zu dem besagten Kraken eben *nicht* gefährlich sind. Wenn wir stillhalten und unsere Emotionen mit Neugier beobachten, dann können sie uns weder wehtun noch auf irgendeine Weise schaden; und wie der Blaugeringelte Krake werden sie sich früher oder später von selbst verziehen.

Nehmen wir nun einmal an, Sie wären Meeresbiologe und hätten ein kleines Vermögen für die Gelegenheit ausgegeben, den Blaugeringelten Kraken in seiner natürlichen Umgebung zu beobachten. Unter diesen Umständen würden Sie das Tier in dem Bewusstsein, dass Sie ungefährdet sind, mit absoluter Faszination beobachten. Sie wären neugierig auf jede Bewegung, die es macht. Sie würden die rhythmischen Bewegungen der Arme betrachten, die wunderschönen Muster und Farben auf seinem Körper bewundern und es als großartiges Werk der Natur wahrnehmen. Und es ist eine ebensolche offene, neugierige Aufmerksamkeit, die dazu beiträgt, die Wirkung Ihrer Emotionen zu verringern.

Wenn also ein schmerzhaftes Gefühl auftaucht, müssen wir uns davon nicht einsaugen lassen, und wir müssen auch nicht versuchen, es zu bekämpfen oder vor ihm wegzulaufen. Stattdessen können wir es beobachten, Raum dafür schaffen und es in seinem eigenen Rhythmus kommen, bleiben und gehen lassen. Falls Ihr Kopf etwas wenig Hilfreiches zu dieser Aussicht zu sagen hat – falls er protestiert, droht, sich Sorgen macht, Vorurteile hat oder eine andere Form von Widerstand bietet –, dann lassen Sie ihm einfach seine Meinung und lesen weiter.

Gefühle, Emotionen und Empfindungen

Da viele Menschen nicht genau über die Unterschiede zwischen Gefühlen, Emotionen und Empfindungen Bescheid wissen, wollen wir uns einen Moment Zeit dafür nehmen. Am schwersten zu klären ist der Begriff »Gefühl«, weil er so vielfältig verwendet wird. Unter anderem nimmt man ihn als Synonym für Emotionen, wie etwa, wenn man von einem Gefühl von Traurigkeit oder Wut spricht. So tue ich es oft in diesem Buch. Verwendet wird er allerdings auch für körperliche Zustände; man spricht von einem Gefühl von Durst, Hunger, Krankheit oder Müdigkeit. Vor allem jedoch nimmt man ihn als Synonym für »Empfindung«, also für alles, was wir im Körper wahrnehmen, zum Beispiel die Enge in der Brust, wenn wir beklommen sind, das Brennen in den Fingern, wenn wir versehentlich die heiße Herdplatte berühren, oder das Gefühl der Betäubung, wenn wir in Erstarrung verfallen.

Schwer zu klären ist auch der Begriff »Emotion«, weil die meisten Fachleute nicht völlig darin übereinstimmen, was das ist. Immerhin ist die Fachwelt hinsichtlich mancher Aspekte durchaus einer Meinung. Zum Beispiel besteht kaum ein Zweifel darüber, dass Emotionen kommunizieren, motivieren und verdeutlichen oder erhellen. Auf der körperlichen Ebene gehören zu einer Emotion zudem neurologische Veränderungen (von Gehirn und Nervensystem), kardiovaskuläre Veränderungen (von Herz und Kreislaufsystem) und hormonelle Veränderungen (der chemischen Botenstoffe im Blut). Diese Veränderungen kann man zwar mit wissenschaftlichen Instrumenten messen, doch das hat nichts damit zu tun, wie wir unsere Emotionen erleben. Wenn wir sie offen mit neugieriger Aufmerksamkeit betrachten, begegnen wir ausschließlich Gedanken und Empfindungen. Mit »Gedanken« meine ich bekanntlich Wörter und Bilder in unserem Kopf, mit »Empfindungen« meine ich das, was wir im Körper spüren.

Um sich klarzumachen, was das bedeutet, probieren Sie es am besten selbst aus, indem Sie Ihre Emotionen neugierig beobachten. Während Sie das tun, werden Sie entweder etwas wahrnehmen, das aus Empfindungen besteht, oder etwas, das aus Wörtern und Bildern besteht. Besser gesagt, Sie werden komplexe, miteinander verflochtene, vielschichtige Teppiche aus Bildern, Wörtern und Empfindungen wahrnehmen. Sie können bestimmte Gedanken und Empfindungen gewissermaßen heranzoomen, und Sie können das Gegenteil tun und das ganze Schauspiel aus der Distanz betrachten.

Denken Sie, um sich das klarer zu machen, einmal an Ihren Lieblingsfilm. Wenn Sie eine Sekunde dieses Films betrachten würden, so würden Sie nur auf Geräusche und Bilder stoßen. Nichts davon würden Sie als Film bezeichnen, und Sie würden auch nicht sagen, ein Film sei nichts als Geräusche und Bilder. Aber was die *Erfahrung* angeht, stoßen Sie ausschließlich auf Geräusche und Bilder, wenn Sie eine Sekunde eines Films betrachten. Eine Emotion kann man sich ähnlich vorstellen – als eine reiche, faszinierende, vielschichtige Schöpfung, die aus einer großen Anzahl miteinander verflochtener Empfindungen und Gedanken besteht.

Wenn wir den bedrohlichen, unangenehmen und schmerzhaften Dingen in unserem Inneren Aufmerksamkeit schenken, also all jenen Gedanken und Gefühlen, von denen wir uns normalerweise abwenden, und wenn wir bereit sind, alles aufrichtig zu betrachten und mit Offenheit und Neugier zu erforschen, dann werden wir wahrscheinlich etwas Nützliches entdecken. Wir erfahren, dass diese Dinge nicht so groß sind, wie sie aussehen, und dass wir Raum dafür schaffen können. Wir erfahren, dass sie uns nicht schaden können, auch wenn sie sich unangenehm anfühlen. Wir erfahren, dass sie nicht in der Lage sind, unsere Arme und Beine zu beherrschen, selbst wenn sie uns zum Zittern bringen. Wir erfahren, dass es nicht nötig ist, vor ihnen wegzulaufen, sich vor ihnen zu verstecken oder sich gegen sie zu wehren und mit ihnen zu kämpfen. Das befreit uns, wodurch wir unsere Zeit und Energie dafür verwenden können, unser Leben zu verbessern, statt zu versuchen, unsere Gefühle zu kontrollieren. Ohne echte Neugier ist es jedoch unwahrscheinlich, dass wir das je entdecken.

Tauchen schmerzhafte Gefühle in uns auf, so sind wir normalerweise nicht neugierig darauf. Wir haben nicht den Wunsch, sie aus der Nähe zu betrachten und zu sehen, woraus sie bestehen. Wir haben kein besonderes Interesse daran, aus ihnen zu lernen. Eigentlich wollen wir gar nichts über sie wissen. Wir wollen sie vergessen, uns von ihnen ablenken oder sie so rasch wie möglich loswerden. Statt sie in Augenschein zu nehmen, wenden wir uns instinktiv ab. Das tun wir fast so, wie wir vor einem kranken oder entstellten Körper automatisch zurückschrecken oder den Blick davon abwenden. Doch so automatisch diese Reaktion auch ist, wir können sie mit ausreichender Übung verändern.

In meiner Zeit als Arzt habe ich gesehen, auf welch unterschiedliche Weise der menschliche Körper entstellt werden kann: durch Hautkrankheiten, schreckliche Brandnarben, das gnadenlose Wüten von Krebs und Aids, die geschwollenen Gelenke bei Immunerkrankungen, fehlende Glieder nach einer Amputation, seltene genetische Störungen mit deformiertem Schädel und verdrehter Wirbelsäule, Lebererkrankungen mit aufgeblähtem Bauch und gelblicher Haut und die zahllosen Formen körperlichen Verfalls, die mit Alter, Krankheit und Tod einhergehen.

Bevor ich Arzt wurde, habe ich Schock, Furcht, Abneigung und Ekel empfunden, wenn ich Menschen mit solchen Erscheinungen sah. Im Lauf der Jahre habe ich jedoch allmählich gelernt, hinter das unangenehme Äußere zu blicken und Kontakt mit dem menschlichen Wesen im Inneren aufzunehmen. Ich habe gelernt, solche Menschen mit Wärme, Neugier und Offenheit zu betrachten, wodurch meine Abneigung und Furcht mit der Zeit verschwunden sind. An ihre Stelle sind Freundlichkeit und Mitgefühl getreten. Geschehen ist dies jedoch nur durch meine Bereitschaft, präsent zu sein, mich zu öffnen und Raum für meine automatischen emotionalen Reaktionen zu schaffen, ohne mich von ihnen beherrschen zu lassen. Wenn wir dazu bereit sind, sind wir alle zu einem solchen Wandel fähig.

An dieser Stelle muss darauf hingewiesen werden, dass zwei sehr unterschiedliche Arten von Neugier existieren. Zum einen ist dies die kalte, distanzierte, gefühllose Neugier eines Wissenschaftlers, der im Labor Experimente mit Ratten oder Affen durchführt; zum anderen gibt es eine warme, liebevolle Neugier wie die eines freundlichen Tierarztes, der versucht, ein krankes Tier zu heilen. Wahrscheinlich sind Sie daher auf manche Ärzte getroffen, die kalt und distanziert waren, deren Neugier nur der Erkrankung galt und die sich ausschließlich für deren Diagnose und Behandlung interessiert haben. Solche Mediziner scheinen sich kaum um den Menschen im erkrankten Körper zu kümmern. Wahrscheinlich haben Sie aber auch schon andere Ärzte kennengelernt, die sich ganz anders verhalten haben und deren Neugier warm, freundlich und fürsorglich war. Solche Mediziner kümmern sich zuallererst um den Menschen; sie behandeln die ganze Person, nicht nur deren Erkrankung. Von welcher Sorte Arzt oder Ärztin würden Sie sich wohl lieber behandeln lassen?

Das englische Wort für Neugier – *curiosity* – stammt von dem lateinischen Adjektiv *curiosus* ab, das »sorgfältig« bedeutet und wiederum von *cura* abgeleitet ist, dem Wort für »Fürsorge«. Das finde ich sehr interessant. Wenn wir uns in Selbstmitgefühl üben, sorgen wir für uns selbst; wir kümmern uns darum, was wir fühlen und wie wir auf unsere Gefühle reagieren. Unsere Gefühle zu vermeiden, ist hingegen sehr oft ein wenig fürsorglicher Akt. Wir konzentrieren uns dann nämlich so auf den Versuch, diese Gefühle irgendwie loszuwerden, dass wir uns schließlich selbst schaden und unser Leben beeinträchtigen. Aus *cura* ist außerdem das Wort »Kur« im Sinne von

»Heilung« entstanden, was treffend ist, weil Neugier eine so wesentliche Rolle bei der emotionalen Heilung spielt. Statt des Versuchs, vor unserem Schmerz zu flüchten, wenden wir uns ihm zu, erforschen ihn und schaffen letztendlich Raum für ihn. Das ist ein wahrer Akt der Fürsorge und Heilung.

Wie wäre es also, wenn Sie mit echter Neugier reagieren, wenn das nächste Mal Einsamkeit, Ärger, Beklemmung, Schuldgefühle, Traurigkeit, Wut oder Angst in Ihnen auftauchen? Was wäre, wenn Sie diese Gefühle beleuchten und studieren könnten wie das interessanteste Objekt in einer Ausstellung?

Sobald wir uns neugieriger mit intensivem Stress oder Unwohlsein beschäftigen, stellen wir fest, dass so etwas aus zwei Hauptkomponenten besteht. Zum einen ist da die Geschichte, ein Konglomerat aus Wörtern und Bildern in unserem Kopf – Ansichten, Ideen, Annahmen, Gründe, Regeln, Werturteile, Eindrücke, Interpretationen, Vorstellungen und Erinnerungen. Zum anderen ist da unser Körpergefühl, also alle unterschiedlichen Gefühle und Empfindungen in unserem Körper. Damit werden wir uns als Nächstes beschäftigen.

Raum schaffen

Sie haben es erraten – es ist Zeit für eine weitere Übung. Wir werden lernen, wie man sich öffnen und Raum für schwierige Gefühle wie Wut, Ärger, Traurigkeit, Schuld, Angst, Einsamkeit, Betäubung und Leere schaffen kann. Halten Sie jedoch zuerst einen Moment inne und nehmen Sie wahr, was Ihr Kopf dazu zu sagen hat. Ist er begeistert, neugierig, erwartungsvoll? Oder protestiert er: »Nein! Ich will solche Gefühle loswerden, statt Raum für sie zu schaffen!«

Falls Letzteres der Fall ist, hat Ihr Kopf wahrscheinlich vergessen, weshalb wir uns mit diesem wichtigen Thema beschäftigen. Erinnern Sie sich an Kapitel 4, wo es darum ging, was wir alles tun, um solche Gefühle zu vermeiden und loszuwerden, und dass das zwar kurz-, aber nicht langfristig funktioniert? Je mehr Anstrengung und Energie wir darauf verwenden, desto müder und erschöpfter werden wir, und desto schwerer fällt es uns, angesichts unserer Probleme wirksam zu handeln und uns irgendeinem Aspekt des Lebens intensiv zu widmen. Im letzten Kapitel wiederum haben wir uns mit den Folgen beschäftigt, wenn wir uns von unseren Emotionen abschneiden. Es ist daher ein Akt der Freundlichkeit gegenüber uns selbst, wenn wir lernen, das Kämpfen mit unseren Gefühlen aufzugeben und sie frei durch uns hindurchströmen zu lassen. Das heißt, Sie tun das nicht einfach »nur so«, sondern damit Sie anfangen können, Ihr Leben wiederaufzubauen.

Bevor wir mit der Übung beginnen, einige praktische Dinge. Zuerst zwei Hinweise: Wenn Sie sich von meiner Stimme auf Englisch anleiten lassen wollen, können Sie das kostenlose Audio von den *Extra Bits* auf meiner Website herunterladen. Und falls Sie irgendwelche Schwierigkeiten bei Atemübungen haben, wie sie in Kapitel 8 zur Sprache kamen, ignorieren Sie bitte alle Anweisungen, die mit dem Atem zu tun haben.

Wie Ihnen auffallen wird, beginnt die Übung damit, den Anker zu werfen. Das ist unverzichtbar, bitte überspringen Sie es also nicht. Und falls die Übung Sie an irgendeinem Punkt überfordern sollte (was ich nicht erwarte, ich bin nur vorsichtig), brechen Sie sie dann bitte ab und werfen Sie erneut den Anker, bis Sie wieder zentriert sind.

Schließlich ist es völlig in Ordnung, in ganz kleinen Schritten vorzugehen. Von einem Feuerwehrmann erwartet man auch nicht, es ohne jedes Training mit einem Inferno aufzunehmen. In der Ausbildung übt man an kleinen, gefahrlosen Bränden, die auf einem speziellen Trainingsgelände unter sorgfältig kontrollierten Bedingungen angezündet werden. Erst wenn ein Feuerwehrmann ausgiebig trainiert hat, seine Ausrüstung in- und auswendig kennt und mit allen Manövern vertraut ist, wird er eingesetzt, um echte Brände zu bekämpfen.

So sollten wir vernünftigerweise auch vorgehen, wenn wir Raum für schwierige Gefühle schaffen wollen. Wenn Sie so etwas also noch nie versucht haben, fangen Sie bitte nicht mit irgendwelchen überwältigenden Emotionen an, sondern mit schwächeren, weniger herausfordernden Gefühlen – mit den vielen unterschiedlichen Formen von Ungeduld, Frustration, Enttäuschung, Traurigkeit und Beklemmung, die im Alltag auftauchen. Falls nötig, können Sie mit einer einzigen kleinen Empfindung irgendwo im Körper beginnen, und sich dann allmählich mit der Zeit zu gewichtigeren vorarbeiten.

Das Gefühl wahrnehmen

Nehmen Sie sich etwas Zeit, den Anker zu werfen. Tun Sie das auf Ihre eigene Weise, indem Sie Ihre innere Erfahrung wahrnehmen und Kontakt zu Ihrem Körper und der Welt ringsum aufnehmen, bis Sie den Eindruck haben, zentriert zu sein.

Halten Sie dann einen Moment inne.

Sie werden sich jetzt auf eine Entdeckungsreise begeben, bei der Sie ein schwieriges Gefühl erforschen und mit neuen Augen betrachten. Falls gerade kein solches Gefühl vorhanden ist, stellen Sie fest, ob Sie eines zutage fördern können. Denken Sie dazu eine kleine Weile über die Natur Ihres Realitätsschocks nach und darüber, welche Auswirkungen er auf sie hat. Normalerweise tauchen dabei schwierige Gefühle auf.

Atmen Sie langsam und tief ein und aus und richten Sie die Aufmerksamkeit auf den Körper.

Beginnen Sie ganz oben am Kopf und wandern Sie von dort aus abwärts. Nehmen Sie wahr, wo im Körper das betreffende Gefühl am stärksten ist: in der Stirn, den Augen, dem Kiefer, dem Mund, dem Hals, dem Nacken, den Schultern, der Brust, dem Bauch, dem Becken, dem Po, den Armen oder den Beinen? Falls Sie eine Art Betäubung verspüren, konzentrieren Sie sich auf die Stelle, wo diese am deutlichsten vorhanden ist, oft ist das die Brust oder der Bauch.

Sobald Sie das Gefühl lokalisiert haben, beobachten Sie es mit

Neugier und Offenheit, als wären Sie ein Meeresbiologe, der einem faszinierenden neuen Bewohner der Tiefsee begegnet ist. Stellen Sie fest, ob Sie etwas Neues daran entdecken können – darüber, wo es sich befindet, wie es sich anfühlt und wie es sich verhält.

Nehmen Sie seine Energie wahr, sein Pulsieren oder Vibrieren. Nehmen Sie die unterschiedlichen »Schichten« darin wahr.

Nehmen Sie wahr, wo es anfängt und aufhört.

Ist es tief in Ihnen drin oder an der Oberfläche? Bewegt es sich oder hält es still?

Stellen Sie sich das Gefühl als Gegenstand in Ihrem Inneren vor. Was für eine Form und Größe hat es? Ist es leicht oder schwer?

Was ist seine Temperatur? Können Sie in ihm heiße oder kalte Stellen wahrnehmen?

Was für eine Farbe hat es? Ist es durchsichtig oder nicht?

Wenn Sie die Oberfläche dieses Gegenstands berühren könnten, wie würde er sich anfühlen?

Heiß oder kalt? Weich oder hart? Rau oder glatt?

Achten Sie darauf, ob Sie Widerstände dagegen haben. Verspannt sich Ihr Körper rund um das Gefühl? Protestiert Ihr Kopf oder ärgert er sich?

Das Gefühl benennen

Benennen Sie Ihre Emotion, während Sie sie wahrnehmen. Sagen Sie schweigend zu sich: »Da ist Angst«, »Ich nehme Ärger wahr« oder »Ich habe Schuldgefühle«. Wenn Sie den Namen der Emotion nicht exakt bestimmen können, versuchen Sie es mit: »Da ist Schmerz«, »Da ist Stress« oder »Da ist Betäubung«.

Beobachten Sie dieses Gefühl weiterhin, als wäre es ein faszinierendes Meereslebewesen. Der große Unterschied besteht nun darin, dass dieses Wesen einen Namen hat. Sie wissen also, womit Sie es zu tun haben.

In das Gefühl hineinatmen

Atmen Sie langsam und tief und stellen Sie sich dabei vor, dass Ihr Atem in die Emotion hinein und um sie herum strömt.

Während Ihr Atem dies tut, ist es, als würden Sie sich ausdehnen – so als würde sich in Ihrem Inneren ein Raum öffnen.

Das ist der Raum des Gewahrseins.

Und genau wie der Ozean Raum für alle seine Bewohner hat, so kann Ihr geräumiges Gewahrsein leicht alle Ihre Emotionen aufnehmen.

Atmen Sie also in das Gefühl hinein und öffnen Sie sich um es herum. Lockern Sie sich darum herum. Geben Sie ihm Raum.

Atmen Sie in jeden Widerstand in Ihrem Körper hinein, in die Spannung, die Knoten, die Kontraktion, und schaffen Sie auch für dies alles Raum.

Atmen Sie in jeden Widerstand hinein, der aus Ihrem Kopf kommt, in den trüben Dunst von »Nein« oder »Schlecht« oder »Geh weg!«.

Lassen Sie zusammen mit dem Atem auch Ihre Gedanken los. Lassen Sie Ihre Gedanken kommen und gehen wie trockenes Laub im Wind.

Das Gefühl zulassen

Es ist nicht nötig, dieses Gefühl zu mögen, zu wollen oder zu billigen. Stellen Sie einfach fest, ob Sie es zulassen können.

Denken Sie daran, dass das Gefühl einem Zweck dient; es ist ein Ausdruck dafür, dass der Körper versucht, Ihnen zu helfen.

Dieses Gefühl sagt Ihnen etwas sehr Wichtiges.

Es sagt Ihnen, dass Sie teilnahmsvoll sind, dass Sie ein Herz haben, dass es etwas gibt, das Ihnen wirklich wichtig ist.

Es ist kein Zeichen von Schwäche und kein psychisches Problem.

Es ist ein Zeichen dafür, dass Sie ein normales, lebendiges, fürsorgliches menschliches Wesen sind.

Das ist etwas, das Sie mit jedem lebenden, fürsorglichen Menschen gemein haben; wir alle erleben Realitätsschocks, und wenn das geschieht, empfinden wir alle schmerzhafte Gefühle.

Können Sie also das Kämpfen aufgeben und Frieden mit dem Gefühl schließen?

Dieses Gefühl ist ein Teil von Ihnen. Es gehört ebenso zu Ihnen wie Ihre Hände und Füße, Ihre Augen und Ohren.

Was nützt es, wenn Sie mit Teilen von sich selbst kämpfen? Können Sie damit aufhören und Frieden schließen?

Stellen Sie, während Sie das Gefühl weiter beobachten, fest, ob sich etwas darunter befindet. Wenn beispielsweise Wut oder Betäubung an der Oberfläche ist, findet sich darunter vielleicht Angst, Traurigkeit oder Scham. Versuchen Sie aber nicht, ein neues Gefühl hervorzulocken, erlauben Sie Ihren Gefühlen einfach, so zu sein, wie sie es in diesem Moment sind. Wenn ein neues Gefühl aus der Tiefe auftaucht, ist das in Ordnung, und wenn das nicht geschieht, ist das auch okay.

Lassen Sie dem Gefühl, das in diesem Moment vorhanden ist, seinen Raum. Schenken Sie ihm so viel Raum, dass es sich bewegen kann. Und lassen Sie es frei und ungehindert in seinem eigenen Rhythmus kommen und gehen.

Das Gewahrsein ausdehnen

Eine Meeresbiologin kann ihre Aufmerksamkeit auf den Blaugeringelten Kraken richten, sie kann sie jedoch auch erweitern, sodass sie das Wasser rund um das Tier und die Felsen darunter wahrnimmt.

Auf ähnliche Weise können wir unsere Aufmerksamkeit erweitern. Sobald Sie also Raum für Ihr Gefühl geschaffen haben, geht es darum, das Gewahrsein auszudehnen. Nehmen Sie das Gefühl weiterhin wahr, während Sie sich zugleich bewusst machen, dass es nur einen Aspekt des Hier und Jetzt darstellt.

Rund um dieses Gefühl ist Ihr Körper, und mit diesem Körper können Sie sehen, hören, tasten, schmecken und riechen.

Treten Sie also einen Schritt zurück und bewundern Sie den Blick, der sich bietet. Nehmen Sie nicht nur wahr, was Sie fühlen, sondern auch das, was Sie hören, sehen und berühren.

Stellen Sie sich Ihr Gewahrsein als den Strahl einer starken Taschenlampe vor, der enthüllt, was in der Dunkelheit verborgen ist. Leuchten Sie mit diesem Strahl in alle Richtungen, um eine klare Vorstellung davon zu bekommen, wo Sie sich befinden.

Versuchen Sie, während Sie das tun, sich nicht von Ihrem Gefühl abzulenken, und versuchen Sie auch nicht, es zu ignorieren. Behalten Sie es im Gewahrsein, während Sie sich zugleich mit der Welt, die Sie umgibt, verbinden.

Erlauben Sie dem Gefühl, da zu sein, gemeinsam mit allem anderen, das ebenso vorhanden ist.

Nehmen Sie wahr, was Sie fühlen und denken.

Nehmen Sie wahr, was Sie tun und wie Sie atmen. Nehmen Sie das alles wahr. Nehmen Sie alles in sich auf.

Erfassen Sie mit dem Gewahrsein zwei Welten: die in Ihrem Inneren und die außerhalb. Erhellen Sie beide mit Ihrem Bewusstsein.

Und widmen Sie sich ganz dem Leben, wie es in diesem Augenblick ist.

Wie alle Übungen in diesem Buch kann auch diese zu jeder Zeit, an jedem Ort und mit jeder beliebigen Dauer durchgeführt werden. Wenn Sie zum Beispiel Ihre Fähigkeit entwickeln wollen, Raum für schwierige Emotionen zu schaffen, können Sie eine lange, gut zehn bis fünfzehn Minuten dauernde Übung daraus machen. Praktisch überall möglich ist jedoch eine zehn bis fünfzehn Sekunden dauernde Version. Nehmen Sie die Emotion dabei einfach wahr, benennen Sie sie, atmen Sie hinein, erlauben Sie ihr, da zu sein, und dehnen Sie Ihr Gewahrsein aus, um sich mit der Welt, die Sie umgibt, zu verbinden. Sie können die Übung auch mit anderen vermischen. Nachdem Sie das Gefühl wahrgenommen, benannt und zugelassen haben, bietet es sich zum Beispiel an, ein kurzes Selbstgespräch zu führen oder den Anker zu werfen.

Jetzt fragen Sie sich vielleicht: »Was kommt als Nächstes? Was tue ich, wenn ich mit dieser Übung fertig bin?« Die Antwort lautet: Wenn Sie gerade etwas tun, das zweckvoll ist und Ihr Leben bereichert, dann tun Sie es weiter und widmen Sie sich ihm ganz; richten Sie all Ihre Aufmerksamkeit auf die aktuelle Aufgabe und versenken Sie sich darin. Falls Sie jedoch etwas tun, das *nicht* zweckvoll und lebensbereichernd ist, hören Sie damit auf und wenden Sie sich einer Tätigkeit zu, die sinnvoller ist. Falls Ihnen keine sinnvollen Tätigkeiten einfallen sollten, keine Sorge: Dazu kommen wir im zweiten Teil.

An dieser Stelle muss ich Sie an etwas Wichtiges erinnern: Strategien zur Emotionskontrolle – also alles, was wir tun, um unerwünschten Gefühlen zu entkommen, sie zu vermeiden oder loszuwerden – sind nur dann problematisch, wenn man sie exzessiv anwendet oder wenn sie zwar kurzfristig erleichternd wirken, aber langfristig die Lebensqualität beeinträchtigen. Wenn sie Ihnen also helfen, mit der Situation umzugehen, und sich nicht langfristig negativ auf Ihr Leben auswirken, ist es sinnvoll, solche Strategien beizubehalten. Ich versuche hier lediglich, Ihr Instrumentarium zu vergrößern und Ihnen mehr Optionen zu verschaffen, damit Sie nicht ständig mit Ihren Gefühlen kämpfen, vor ihnen davonlaufen oder den Kontakt zum Körper blockieren, um ihnen zu entkommen.

Ich möchte Sie daher bitten, sich täglich mindestens einige Male die Mühe zu machen, einen guten, neugierigen Blick auf Ihre Gefühle zu werfen. Beobachten Sie diese genau und entdecken Sie deren Gewohnheiten. Wann tauchen sie auf? Was bringt sie zum Vorschein? Welche Teile des Körpers besetzen sie gern? Und wie reagiert der Körper darauf? Wo nehmen Sie Widerstand, Anspannung und Kampf wahr?

Wenn wir uns einen Dokumentarfilm anschauen, sind wir fasziniert vom Anblick eines Hais, eines Krokodils oder eines Stachelrochens. Solche tödlichen, aggressiven Kreaturen erfüllen uns mit Ehrfurcht und Bewunderung. Die Herausforderung besteht darin, unsere Emotionen auf ganz ähnliche Weise zu betrachten. Denn obwohl unsere Gefühle uns manchmal gefährlich vorkommen, sind sie in Wirklichkeit nicht in der Lage, uns auf irgendeine Weise zu schaden. Im Gegensatz zu einem Hai und einem Krokodil können sie uns nicht auffressen. Im Gegensatz zu einem Stachelrochen können sie uns nicht vergiften. Wenn wir unsere Gefühle mit Offenheit und Neugier beobachten, ist das nicht gefährlicher, als sich einen Film über wilde Tiere anzuschauen. Werfen Sie also einen neugierigen Blick darauf, wann immer sich das anbietet. Es muss kein langer Blick sein, nur ein neugieriger.

11

Eine freundliche Hand

Sie besitzen doch einen Esel, oder? Und jedes Wochenende trägt er Ihre Waren zum Markt, wo Sie sie verkaufen? Nein? Ach so. Na ja, macht nichts. Selbst wenn Sie keinen eigenen Esel besitzen, wissen Sie doch bestimmt, dass Esel als störrisch gelten. Wenn Sie also wollen, dass Ihr Esel sich kooperativ zeigt, müssen Sie wissen, wie man ihn motivieren kann. Und falls Sie sich fragen, was in aller Welt das mit Realitätsschocks zu tun hat, werden Sie das bald herausbekommen.

Oft wird uns ein Realitätsschock aufgezwungen, durch Tod, Krankheit oder eine Naturkatastrophe. Häufig führen wir ihn jedoch zumindest teilweise selbst herbei: durch unser eigenes kontraproduktives Verhalten. Schließlich vermasseln wir alle mal etwas, kapieren etwas nicht und machen dumme Fehler. Manchmal werden wir von unseren Emotionen herumgeschleudert wie Marionetten und handeln so, dass wir uns selbst ein Bein stellen. In unseren Gedanken verfangen und im Widerstreit mit unseren Gefühlen sagen und tun wir Dinge, die kaum etwas mit der Person zu tun haben, die wir eigentlich sein wollen. Womöglich verletzen wir ausgerechnet die Menschen, die wir am meisten lieben, oder wir meiden den Umgang mit ihnen, weil wir das Gefühl haben, wir seien ihrer Liebe nicht würdig.

Wenn wir die in diesem Buch enthaltenen Prinzipien üben und anwenden, werden wir feststellen, dass so etwas allmählich weniger oft geschieht, aber perfekt werden wir nie sein, das ist klar. Wir werden immer wieder Mist bauen. Das gehört zum Menschsein einfach dazu.

Was also tut Ihr Kopf, wenn Sie etwas verbocken? Wenn er so ähnlich ist wie meiner, schwingt er den Rohrstock und verprügelt Sie. Er sagt Ihnen, Sie seien *nicht gut genug*, Sie würden das nicht schaffen oder mit Ihnen stimme etwas nicht. Oder er belehrt Sie über die Notwendigkeit, sich mehr anzustrengen, mehr zu leisten und sich zu verbessern. Das ist nicht weiter überraschend. Als wir jung waren, haben uns die Erwachsenen oft kritisiert, um uns dazu zu bringen, unser Verhalten zu ändern; kein Wunder also, wenn wir das jetzt mit uns selbst genauso machen.

Kehren wir jetzt zu dem Esel zurück, den ich vorher erwähnt habe. Bestimmt kennen Sie die alte Redewendung von Zuckerbrot und Peitsche, nur dass beim Esel zwei andere Utensilien zum Einsatz kommen. Wenn das Tier eine Last tragen soll, kann man es entweder mit einer Karotte oder mit einem Stock motivieren. Beide Methoden setzen den Esel in Bewegung, aber je mehr man den Esel mit dem Stock schlägt, desto elender und ungesünder wird er mit der Zeit. Belohnt man ihn hingegen immer dann mit einer Karotte, wenn er tut, was man will, dann hat man am Ende einen wesentlich gesünderen Esel (mit exzellentem Nachtsichtvermögen). Wenn Sie sich selbst fertigmachen, zusammenstauchen oder sich in Ihren Mängeln verbeißen, ist das ebenso ineffizient, wie einen Esel mit dem Stock zu schlagen. Klar, harte Selbstkritik wird Sie manchmal in die richtige Richtung treiben, aber je mehr sie zur Gewohnheit wird, desto elender und ungesünder macht es Sie. Es ist ausgesprochen unwahrscheinlich, dass Sie eine derartige Taktik dabei unterstützt, Ihr Verhalten zu ändern; viel eher wird sie Ihnen das Gefühl vermitteln, stecken geblieben zu sein.

Egal, was unseren Realitätsschock hervorgerufen hat, ob wir einfach Pech hatten oder irgendwie dazu beigetragen haben: Es ist unerlässlich, dass wir Mitgefühl mit uns selbst haben. Außer natürlich, Sie wollen wie ein geprügelter Esel durchs Leben trotten, aber daran habe ich so meine Zweifel.

Übrigens werden die Dinge, die Sie in den letzten Kapiteln gelernt haben – Anker werfen, sich von kontraproduktiven Geschichten lösen, Raum für schwierige Emotionen schaffen –, als »Achtsamkeitsfertigkeiten« bezeichnet. Und da Achtsamkeit ein so wichtiger Teil des ACT-Modells ist, wundern Sie sich vielleicht, weil ich den Begriff bisher nicht erwähnt habe. Das liegt schlicht daran, dass es so viele falsche Vorstellungen von Achtsamkeit gibt. Man hält sie unter anderem für eine religiöse Praxis, eine Meditationsform, eine Entspannungstechnik oder eine Form von positivem Denken. Wie Sie inzwischen hoffentlich jedoch wissen, ist keine dieser Vorstellungen zutreffend.

Achtsamkeit ist ein Begriff mit vielen unterschiedlichen Definitionen, und es besteht keine allgemeine Übereinstimmung darüber, welche die beste ist. Ich persönlich definiere Achtsamkeit so: »Achtsamkeit umfasst eine Reihe von mentalen Fertigkeiten für ein erfolgreiches Leben, denen eine auf Offenheit, Neugier und Flexibilität gegründete Aufmerksamkeit gemein ist.« Wenn wir den Anker werfen, uns von kontraproduktiven Geschichten lösen und Raum für schwierige Emotionen schaffen, dann reagieren wir *flexibel* auf das, was wir erleben, und wir schenken dem, was vorhanden ist, mit einer von *Offenheit* und *Neugier* geprägten Haltung unsere *Aufmerksamkeit*. Anders gesagt: Wir üben uns dann in Achtsamkeit.

Natürlich sind manche Leute wesentlich achtsamer als andere; sie sind wesentlich besser in der Lage, sich auf das zu konzentrieren, was sie tun, sich ihren Gefühlen zu öffnen und sich von ihren Gedanken zu lösen. Hauptsächlich liegt das daran, wie oft sie Achtsamkeit praktizieren. Bisher ist es in diesem Buch nur um informelle Praxis gegangen, um schnelle und einfache Achtsamkeitsübungen, die man problemlos den Tag über machen kann, beinahe jederzeit und an jedem beliebigen Ort. Wenn Sie Ihre Fähigkeit zu Achtsamkeit jedoch wirklich entfalten wollen, sollten Sie es vielleicht mit einer formellen Praxis versuchen, zum Beispiel mit Achtsamkeitsmeditation, Hatha-Yoga oder Tai Chi.

Es gibt allerdings eine bestimmte formelle Praxis, die ausgesprochen nützlich ist und die ich wärmstens empfehle: Achtsamkeit auf den Atem. Dabei geht es darum, die Aufmerksamkeit aufs Atmen zu richten und sie, sooft sie auch abschweift, immer wieder zurückzuholen. In Anhang B finden Sie eine ausführliche Beschreibung dieser Übung. Warnend muss allerdings gesagt werden: Wenn Sie noch nie eine solche Übung gemacht haben, werden Sie staunen, wie herausfordernd sie ist. Wenn Sie es auch nur zehn Sekunden schaffen, sich auf den Atem zu konzentrieren, bevor sich Ihre Aufmerksamkeit auf etwas anderes richtet, ist das ein gutes Ergebnis.

Alle Achtsamkeitsfertigkeiten, mit denen wir uns bisher beschäftigt haben, sind wichtige Elemente von Mitgefühl für uns selbst. Alles sind freundliche Möglichkeiten, auf einen Realitätsschock zu reagieren und mit schmerzhaften Gedanken, Gefühlen und Erinnerungen umzugehen. Als Nächstes werden wir diese Fertigkeiten verknüpfen, um in Verbindung mit freundlichen Worten und Taten eine vollständige Erfahrung von Selbstmitgefühl zu schaffen. Wieder finden Sie dazu in den *Extra Bits* auf meiner Website einen Audioclip. Manche von meinen Klientinnen und Klienten, vor allem Männer, stehen der folgenden Übung erst einmal skeptisch gegenüber; sie behaupten, sie sei »albern«, »kindisch« oder »gefühlsduselig«. Sobald sie diese Vorurteile jedoch überwunden haben und das Ganze ausprobieren, finden sie sie meist doch sehr nützlich (wie beispielsweise Antonio, doch dazu später).

Eine freundliche Hand

Nehmen Sie eine bequeme Position ein, in der Sie zentriert und wach sind. Wenn Sie zum Beispiel auf einem Stuhl sitzen, können Sie sich leicht vorbeugen, den Rücken strecken, die Schultern sinken lassen und die Füße sanft in den Boden drücken.

Nehmen Sie sich einige Momente Zeit, um den Anker zu werfen. Tun Sie das auf Ihre eigene Weise, indem Sie Ihre innere Erfahrung annehmen, Kontakt zum Körper herstellen und bewusst die Umgebung wahrnehmen, bis Sie das Gefühl haben, geerdet zu sein.

Vergegenwärtigen Sie sich jetzt Ihren Realitätsschock. Nehmen Sie sich etwas Zeit, darüber nachzudenken, was passiert ist, und achten Sie dabei darauf, welche Gedanken und Gefühle auftauchen.

Seien Sie ganz präsent.

Halten Sie inne.

Das ist alles, was Sie tun müssen: einfach innehalten.

Halten Sie einige Sekunden inne und nehmen Sie wahr, was Ihr Kopf Ihnen sagt. Achten Sie darauf, welche Worte er wählt, und darauf, wie schnell und wie laut er spricht.

Stellen Sie neugierig fest, ob die Geschichte alt und vertraut oder etwas Neues ist. In welche Zeit führt Ihr Kopf Sie – in die Vergangenheit, die Gegenwart oder die Zukunft? Welche Urteile fällt er? Welche Etiketten verwendet er?

Versuchen Sie nicht, mit Ihrem Kopf zu diskutieren oder ihn zum Schweigen zu bringen; damit würden Sie ihn nur anstacheln.

Nehmen Sie einfach die Geschichte wahr, die er Ihnen erzählt.

Und nehmen Sie neugierig all die unterschiedlichen Gefühle wahr, die im Körper auftauchen. Was entdecken Sie? Schuldgefühle, Traurigkeit, Ärger, Angst oder Beschämung? Groll, Verzweiflung, Kummer, Zorn oder Beklemmung? Betäubung, Leere, Apathie? Nehmen Sie aufmerksam wie ein neugieriges Kind wahr, was in Ihrem Körper vor sich geht.

Benennen Sie die Gefühle, während sie entstehen: »Da ist Angst«, »Da ist Traurigkeit«, »Da ist Betäubung«.

Und sagen Sie etwas Mitfühlendes zu sich. Würdigen Sie Ihren Schmerz und reagieren Sie mit Freundlichkeit. Wenn Sie nicht recht wissen, was Sie sagen sollen, versuchen Sie es mit: »Das ist schwierig. Geh freundlich mit dir um.«

Öffnen Sie sich

Suchen Sie nun das Gefühl, das Sie am meisten plagt, und beobachten Sie es wie ein neugieriges Kind.

An welcher Stelle befindet es sich? Ist es an der Oberfläche oder tief im Inneren?

Wie groß ist es und welche Form hat es? Sind seine Ränder klar ausgeprägt oder unscharf und verschwommen?

Welche Temperatur hat dieses Gefühl? Sind darin irgendwelche heißen oder kalten Stellen erkennbar?

Bewegt es sich oder hält es still? Ist es leicht, schwer oder gewichtslos?

Nehmen Sie darin irgendwelche anderen Empfindungen wahr? Ein Vibrieren, Kribbeln oder Pochen? Druck, Brennen, etwas Schneidendes?

Atmen Sie jetzt langsam und sanft in das Gefühl hinein, voller Wärme und Freundlichkeit.

Stellen Sie sich vor, dass Ihr Atem in den Schmerz oder die Betäubung hinein und darum herum strömt.

Stellen Sie sich vor, dass sich auf magische Weise ein weiter Raum in Ihrem Inneren öffnet, der viel Platz für dieses schwierige Gefühl schafft.

Egal, wie unerwünscht das Gefühl sein mag, kämpfen Sie nicht damit. Geben Sie das Kämpfen auf. Schließen Sie stattdessen Frieden damit.

Lassen Sie das Gefühl so sein, wie es ist. Schenken Sie ihm viel Raum, statt es von sich wegzuschieben.

Und falls Sie in Ihrem Körper irgendeinen Widerstand bemerken sollten – dass etwas enger wird, sich zusammenzieht, sich verspannt –, dann atmen Sie auch dort hinein. Schaffen Sie Raum dafür.

Schaffen Sie Raum für alles, was auftaucht, für Ihre Gedanken, Ihre Gefühle und Ihren Widerstand.

Eine freundliche Berührung

Wählen Sie nun eine Ihrer Hände.

Stellen Sie sich vor, dass es die Hand einer sehr freundlichen und fürsorglichen Person ist.

Legen Sie sich die Hand langsam und behutsam entweder aufs Herz oder auf das Gefühl. Wenn Sie den Körper nicht berühren wollen, lassen Sie die Hand über dem Bereich schweben, wo sich das Gefühl befindet.

Spüren Sie es mehr in der Brust oder eher im Kopf, im Nacken, im Bauch? Legen Sie die Hand dorthin, wo es am intensivsten ist. Falls Sie keine bestimmte Stelle lokalisieren können, legen Sie die Hand aufs Herz oder lassen Sie sie darüber schweben.

Lassen Sie die Hand dort leicht und sanft ruhen.

Spüren Sie die Wärme, die von dort aus in den Körper strömt.

Stellen Sie sich vor, dass der Körper sich rund um den Schmerz entspannt, sich lockert und Raum schafft.

Umfassen Sie den Schmerz oder die Betäubung behutsam, als wäre es ein weinendes Baby, ein wimmerndes Hündchen oder ein zerbrechliches Kunstwerk.

Lassen Sie Fürsorge und Wärme in diese sanfte Handlung strömen, so als würden Sie jemandem, der Ihnen wichtig ist, die Hand reichen.

Lassen Sie Freundlichkeit aus Ihren Fingern strömen.

Nehmen Sie nun beide Hände. Legen Sie sich eine auf die Brust und die andere auf den Bauch, und lassen Sie sie sanft dort ruhen. Umfassen Sie sich freundlich und sanft, stellen Sie eine Verbindung mit sich selbst her. Sorgen Sie für sich und schenken Sie sich Trost und Unterstützung.

Freundliche Worte

Sagen Sie nun wieder einige freundliche Worte zu sich selbst.

Wenn Sie nicht recht wissen, was Sie sagen sollen, versuchen Sie es mit: »Das ist schwierig; geh freundlich mit dir um.«

Sie können auch sagen: »Das ist schwierig, aber ich schaffe es schon.«

Wenn Sie mit irgendetwas gescheitert sind oder einen Fehler gemacht haben, können Sie sich an dies erinnern: »Ja, ich bin menschlich. Wie alle Menschen auf der Erde scheitere ich manchmal und mache Fehler.«

Machen Sie sich bewusst, dass Ihr Schmerz Ihnen etwas sehr Wichtiges sagt. Er sagt Ihnen, dass Sie ein Herz haben, dass Sie Anteil nehmen und dass Sie etwas verloren haben, das von großer Bedeutung für Sie war.

Das ist etwas, das alle Menschen angesichts eines großen Verlusts empfinden.

Es ist kein Zeichen von Schwäche oder dafür, dass etwas mit Ihnen nicht stimmen würde; es ist ein Zeichen dafür, dass Sie ein lebendiges und fürsorgliches Wesen sind. Und es ist etwas, das Sie mit jedem anderen fürsorglichen Lebewesen auf der Erde gemein haben.

Als Antonio diese Übung mit mir machte, kam ein tiefes, qualvolles Knurren aus seiner Kehle. Seine Brust hob und senkte sich, Tränen strömten ihm über die Wangen. Ich bat ihn sanft, die Hände auf dem Körper zu lassen und sich weiterhin Freundlichkeit zu senden. Das tat er. Er blieb gute zehn Minuten so sitzen, schluchzend, zitternd und sich zugewandt. Schließlich hörte er auf zu weinen und beruhigte sich. Er sah mich verlegen an und sagte mit gedämpfter Stimme: »Bisher hab ich mich brutal angestrengt, genau das nicht zu spüren.«

»Und wie fühlen Sie sich jetzt?«

»Als ob ich einen gewaltigen Haufen Scheiße losgeworden wäre!«

»Jedenfalls kommen Sie mir wesentlich ruhiger vor«, sagte ich. Die Angst und Anspannung, die er zu unserem Gespräch mitgebracht hatte, waren verraucht, und er sah friedlich aus.

»Tja … das bin ich wohl auch«, sagte er und lächelte.

Antonios Reaktion auf diese Übung war dramatisch, was meistens nicht der Fall ist. Häufiger werden Sie ein Gefühl von Wärme und Trost empfinden, das wohltuend und beruhigend wirkt. Falls doch irgendwelche starken, schmerzhaften Emotionen auftreten, müssen Sie eine Entscheidung treffen. Sie können entweder die Übung beenden und den Anker werfen, oder Sie können weitermachen und den Sturm abwettern, wie man in der Seefahrt sagt. Wenn er dann schließlich nachlässt, werden Sie wahrscheinlich in einem ähnlichen Zustand sein wie Antonio. Sie werden sich fühlen, als hätten Sie viel durchgemacht, und werden vielleicht ein bisschen zitterig oder empfindlich sein, aber vor allem werden Sie ein Gefühl von Ruhe oder Trost haben.

Ich möchte Ihnen daher vorschlagen, diese Übung immer mal wieder zu machen, mindestens einmal am Tag. Selbst einmal pro Woche ist nützlich. Falls sie Ihnen zu lang vorkommt, können Sie leicht eine zweiminütige Fassung daraus machen.

Inmitten einer geschäftlichen Besprechung ist so eine Übung natürlich nicht angebracht; in dem Fall ist es besser zu warten, bis Sie allein sind. Man kann sie auch gut machen, während man im Bett liegt, vor allem, wenn man nicht einschlafen kann. Und falls sie Ihnen aus irgendeinem Grund nicht besonders viel gebracht hat, versuchen Sie es bitte mindestens noch einmal. Wenn sie wiederholt wird, finden die meisten Leute sie nützlich. Falls Sie diese Übung allerdings wirklich nicht machen wollen, falls sie Ihnen nichts bringt oder eine negative Reaktion auslöst, die Sie überfordert, lassen Sie sie bitte künftig einfach weg.

Abgesehen davon können Sie die Übung gern anpassen oder modifizieren. Wenn es Ihnen nicht guttut, die Hände auf den Körper zu legen, können Sie eine andere freundliche Geste nehmen. Zum Beispiel können Sie sich den Nacken oder die Schultern massieren, die Schläfen oder die Knochen um die Augen herum. Und falls Sie gerade mit Trauerarbeit beschäftigt sind, kann es sehr nützlich sein, diese Übung darin einzuschließen.

Einen Schritt weiter

Was können Sie neben dieser Übung noch tun, um sich freundlich zu behandeln? Wie wäre es, wenn Sie sich Zeit für das nehmen, was Sie am liebsten tun, ob Sie nun Sport treiben, an Ihrem Auto herumschrauben, ein Buch lesen oder ins Fitnessstudio gehen? Sich in die schöne warme Badewanne legen? Sich eine Massage gönnen? Etwas Gesundes und Leckeres essen? Einen Spaziergang machen? Sich etwas Zeit nur für sich selbst schenken? Sich Ihre Lieblingsmusik anhören?

Können Sie sich völlig unvoreingenommen zuhören und annehmen, wie sehr Sie leiden? Können Sie sich freundlich behandeln und sich vertrauen? Können Sie erkennen, dass Sie menschlich sind und daher natürlich Fehler machen? Können Sie nach dem Guten in sich suchen? Das ist nämlich definitiv in Ihnen drin, egal, wie sehr Ihr Kopf das auch leugnen mag.

Wir haben uns bereits einige Male mit freundlichen Selbstgesprächen beschäftigt, die wir jetzt etwas näher erforschen wollen. Wie Sie wissen, ist das Gehirn nicht mit einer Löschtaste ausgestattet; wir können unsere harschen, selbstkritischen Gedanken nicht wie durch Zauberhand beseitigen. Allerdings können wir sie wahrnehmen, annehmen und benennen, wenn sie auftauchen, und ihnen dann erlauben, da zu sein, ohne uns von ihnen herumstoßen zu lassen. Außerdem können wir freundliche, hilfreiche Gedanken erzeugen, um uns zu unterstützen. In ACT tun wir das allerdings ganz anders als in den meisten anderen psychologischen Methoden. Wir versuchen nicht, selbstkritische Gedanken infrage zu stellen, zu bestreiten, zu widerlegen oder loszuwerden, und wir versuchen nicht, »negative Gedanken« in »positive« zu verwandeln. Stattdessen nehmen wir unsere kritischen Gedanken an, erlauben ihnen, da zu sein, und *zusätzlich* führen wir ein freundliches Selbstgespräch. Das heißt, wir sprechen mit uns so wie mit einer guten Freundin, die Hilfe braucht.

Nehmen wir beispielsweise an, Ihr Kopf sagt: »Ich bin so schwach. Wieso kann ich nicht stärker sein? Wieso kann ich mit dieser Sache nicht so gut umgehen wie andere Leute?« Darauf können Sie in etwa so reagieren: »Ich nehme den Gedanken wahr, dass ich schwach bin. Tatsächlich tut das, was ich gerade erlebe, wirklich weh und macht mir Probleme, aber obwohl es schwierig ist, kann ich damit umgehen. Ich werde immer einen Tag nach dem anderen angehen und mich auf das konzentrieren, worüber ich Kontrolle habe.«

Oder nehmen wir an, Ihr Kopf behauptet, Sie hätten als Mutter/Vater/Sohn/Tochter/Freundin/Freund versagt, weil Sie für eine Ihnen nahestehende Person nicht da waren, als diese jemanden brauchte, weil Sie nicht in der Lage waren, sie vor etwas Schlimmem zu retten, oder weil Sie sie irgendwie schlecht behandelt haben. Damit verbunden sind alle Arten heftiger Selbstkritik. Eine mögliche Reaktion wäre nun: »Da ist sie wieder, die Geschichte, dass ich es vermasselt habe. Tatsächlich gibt es allerhand, was ich bedaure; ich hätte mich gern anders verhalten, und es tut richtig weh, dass ich das nicht getan habe. Aber wenn ich mich fertigmache, ändert das nichts an dem, was passiert ist. Allerdings kann ich daraus lernen, damit ich mich anders verhalten kann, wenn so etwas wieder geschieht.«

Wichtig ist, dass bei diesen Reaktionen keinerlei Selbstmitleid im Spiel ist und kein Versuch, den sehr realen Schmerz zu leugnen oder herunterzuspielen. Auch ein banales positives Denken nach dem Motto »Wenn das Leben dir Zitronen schenkt, mach Limonade draus« oder »Sieh das Glas halb voll statt halb leer« findet nicht statt. Alles ist ein Ausdruck der grundlegenden, aus zwei Schritten bestehenden Formel: Nimm deinen Schmerz an und reagiere mit Freundlichkeit darauf.

Das ist natürlich leichter gesagt als getan, denn wie jede neue Fertigkeit braucht es Übung, Mitgefühl für sich selbst zu empfinden. Aber wie immer in solchen Fällen wird es mit zunehmender Praxis leichter. Schauen Sie also, ob Sie den Tag über Gelegenheiten finden können, Folgendes durchzuspielen: Nehmen Sie Ihre harschen selbstkritischen Gedanken wahr, benennen Sie sie und erlauben Sie ihnen, vorhanden zu sein. Überlegen Sie dann: Wenn ich einen lieben Menschen, der etwas Ähnliches wie ich durchmacht, freundlich unterstützen will, was würde ich dann zu ihm sagen?

Kleine Schritte

Um Mitgefühl für uns selbst zu entwickeln, müssen wir nichts Großes und Dramatisches tun. Schon der kleinste Akt der Freundlichkeit hat seine Wirkung. Zum Beispiel habe ich heute Vormittag das für mich getan: Ich habe Rücken und Nacken gedehnt, mich warm geduscht, mit dem Hund gespielt, mit meinem Sohn herumgeflachst, gesund gefrühstückt und den Vögeln draußen vor dem Fenster gelauscht. Im Lauf der Zeit bauen solche kleinen fürsorglichen Handlungen eine unterstützende, mitfühlende Beziehung zu uns selbst auf. Schon wenn wir uns nur *vorstellen*, so etwas zu tun, kann das ein Gefühl der Freundlichkeit für uns selbst entstehen lassen.

Weiter oben habe ich schon einmal Kristin Neff erwähnt, die weltweit führende Expertin für Selbstmitgefühl. Neff identifiziert drei zentrale Elemente davon: Achtsamkeit, Freundlichkeit und ein Bewusstsein der gemeinsamen Menschlichkeit. Letzteres bezieht sich auf das Menschsein an sich und auf die universelle Natur des Leidens. Wenn wir Schmerzen haben und leiden, können wir uns daran erinnern, dass das eine *normale* menschliche Erfahrung ist und dass viele Millionen andere Menschen auf der ganzen Welt in diesem Augenblick ganz ähnlich leiden wie wir selbst. Das machen wir uns nicht bewusst, um unseren Schmerz herunterzuspielen oder zu bagatellisieren, sondern um uns klarzumachen, dass er zum Menschsein dazugehört. Er ist etwas, das wir mit allen anderen Menschen gemein haben, weshalb er uns helfen kann, das Leiden anderer zu verstehen und auch ihnen unser Mitgefühl entgegenzubringen.

Wenn wir leiden, behauptet unser Kopf oft, wir seien die Einzigen, denen es so geht. Alle anderen seien glücklicher als wir! Niemand sonst würde denselben Schmerz empfinden und schlimme Verluste erleiden, jedenfalls nicht so schlimme wie unsere. Wenn wir dieser Geschichte Glauben schenken, verstärkt es unser Leiden nur. In Wirklichkeit leiden natürlich alle Menschen. Jedes menschliche Leben ist mit Verlust und harten Zeiten verbunden. Alle Menschen erleben Realitätsschocks – wenn sie lange genug leben, sogar viele, viele Male. Und es ist oft nützlich, uns in unserem freundlichen Selbstgespräch daran zu erinnern.

Was mich angeht, fällt mir Selbstmitgefühl am schwersten, wenn ich gerade meinen Sohn angebrüllt habe. Wie alle Eltern verliere ich manchmal die Beherrschung. Ich verhake mich mit einer von Ärger geprägten Geschichte, verliere den Kontakt mit meinen Wertvorstellungen – Geduld und Ruhe –, raste aus und sage etwas Schroffes. Wenige Momente später holt mein Kopf dann den Rohrstock hervor: »Schlechter Vater!«, »Mieses Verhalten!«, »Das ist doch ein Kind; wieso verlierst du bloß die Geduld?«, »Und du willst ein ACT-Therapeut sein? Was für ein Heuchler du doch bist!«, »Was würden wohl die Leser deiner Bücher denken, wenn Sie dich jetzt sehen könnten?« Und ehe ich mich versehe, hüllt mich ein emotionaler Sturm aus Schuldgefühlen, Betretenheit und Frustration ein.

Dann jedoch … nach einer Weile … erkenne ich, was vor sich geht. Ich stelle die Füße fest auf den Boden, atme einige Male tief durch und nehme wahr, was ich sehen, hören, berühren, schmecken und riechen kann. Ich nehme Kontakt zu meiner Umwelt auf und werde präsent. Und ich erkenne an, dass ich leide. Dann lege ich mir behutsam eine Hand auf die Brust oder den Bauch – da, wo es am meisten wehtut – und atme tief ein und aus. Ich rufe mir ins Gedächtnis: »Du bist ein Mensch, und wie jeder andere Vater auf der Erde baust du manchmal Mist. So fühlt es sich an, wenn es dir wirklich wichtig ist, ein guter Vater zu sein, du es jedoch gerade nicht schaffst, deinen eigenen Idealen gerecht zu werden.«

Und dann blicke ich tiefer auf das, was sich unterhalb der ganzen Schuldgefühle befindet, und was ich dort entdecke, ist *Liebe*. Reine, grenzenlose Liebe. Denn wenn ich meinen Sohn nicht lieben würde, hätte ich mich nicht schuldig gefühlt, weil ich ihn angebrüllt habe.

Wenn Sie sich Zeit nehmen, sich ruhig hinzusetzen, um freundlich und sanft auf sich einzugehen und einen neugierigen Blick auf Ihren emotionalen Schmerz zu richten, dann werden Sie in sich wahrscheinlich etwas Ähnliches entdecken. Was Ihre Emotion auch darstellen mag – Ärger, Angst, Traurigkeit oder Schuldgefühle –, umfassen Sie sie sanft und fragen Sie sich: »Was sagt mir dieser Schmerz über mein Herz? Inwiefern zeigt er mir, was mir wichtig ist? Wie kann ich daran erkennen, welchen Dingen ich mich stellen und was ich anders machen muss?«

Solche Fragen helfen Ihnen dabei, sich daran zu erinnern, dass Sie nicht »schlecht« sind, selbst wenn Ihr Kopf das behaupten sollte. Sie sind ein Mensch, dem bestimmte Dinge wichtig sind. Denn wenn Ihnen alles egal wäre, würden Sie nicht leiden.

Wenn die Realität uns beutelt und unser Leben auf den Kopf stellt, ist es normalerweise am besten, erst einmal den Anker zu werfen und freundlich mit uns umzugehen. Das hilft uns dabei, uns nach dem Schock aufzurappeln, wieder auf die Beine zu kommen und uns zu sammeln. Anschließend sind wir wesentlich besser in der Lage, Strategien zu entwickeln und Probleme zu lösen. Von unseren Werten geleitet, können wir dann handeln und uns an den schmerzhaften Prozess machen, unser Leben wiederaufzubauen. Werfen Sie daher den Tag über nicht nur wiederholt den Anker, sondern halten Sie auch Ausschau nach kleinen Möglichkeiten, freundlich zu sich zu sein. Das wird jedes einzelne Mal eine Wirkung haben.

12

Wenn Erinnerungen wehtun

Manchmal lassen selbst die schönsten, reichsten Erinnerungen ausgesprochen schmerzhafte Emotionen entstehen. Besonders ist das der Fall, wenn wir einen geliebten Menschen durch Tod, Trennung oder das Scheitern der Beziehung verloren haben. Denn während wir uns an die guten Zeiten erinnern, an alle Momente von Liebe und Freude, Nähe und Verbundenheit, Fürsorglichkeit und Gemeinsamkeit, blicken wir unserem ungeheuren Verlust ins Auge. Urplötzlich wird die schöne, freudige Erinnerung von Traurigkeit, Beklemmung oder Einsamkeit und zahllosen anderen schmerzhaften Gefühlen überspült. Und das sind die guten Erinnerungen! Wenn schlechte auftauchen, leiden wir umso mehr, denn darin ist nichts Liebevolles oder Angenehmes zu finden, nur weiterer Schmerz.

In diesem Kapitel geht es um zwei unterschiedliche, jedoch miteinander verbundene Strategien. Zuerst werden wir uns damit beschäftigen, wie wir den Verlust annehmen können, während wir mit dem Schmerz von guten Erinnerungen umgehen, und dann erkunden wir, wie wir uns dabei unterstützen können, den Schmerz von schlechten Erinnerungen zu verarbeiten.

Grundlagen

Erfreulicherweise haben Sie schon einige gute Grundlagen für die nächsten Übungen geschaffen. Sie haben gelernt, den Anker zu werfen, wenn schmerzhafte Erinnerungen auftauchen, was ein ausgezeichneter erster Schritt bei jeder schmerzhaften inneren Erfahrung ist. Und Sie wissen, wie man solche Erfahrungen wahrnimmt und benennt: »Ich nehme eine Erinnerung an die Beerdigung wahr«, »Ich habe eine Erinnerung an den Autounfall«, »Mein Kopf erinnert sich daran, wie sie mich umarmt hat«, »Da ist eine Erinnerung, wie mein Chef mich gefeuert hat«.

Außerdem haben Sie geübt, wie man freundliche Selbstgespräche führt. Dabei akzeptieren Sie, wie schmerzhaft eine Erinnerung ist, reagieren dann mit Freundlichkeit darauf und schaffen zudem Raum für die schmerzhaften Gefühle, die auftauchen. Sie lösen sich aus der Verhakung mit allzu selbstkritischen Geschichten, indem Sie so etwas sagen wie: »Ich habe den Gedanken, dass ich es verbockt habe«, »Mein Kopf sagt mir, dass ich schwach bin«, »Ich nehme die Geschichte wahr, dass mit mir etwas nicht in Ordnung ist«.

Ich hoffe, dass diese Übungen bereits viel bewirkt haben und dass Sie deshalb in der Lage sind, Ihre Erinnerungen anzunehmen und präsent sein zu lassen, während Sie sich dem widmen, was Sie gerade tun. Wahrscheinlich haben Sie dabei auch bemerkt, dass Erinnerungen wie alle anderen Elemente eines emotionalen Sturms in ihrem eigenen Rhythmus kommen, bleiben und gehen. (Falls Sie das alles noch nicht geübt haben, wäre jetzt eine gute Gelegenheit, damit anzufangen.) Auf der Grundlage dieser Fertigkeiten wollen wir uns jetzt damit beschäftigen, wie wir …

Einen Verlust annehmen

Wenn jemand, den wir lieben, stirbt, ist es meist von großem Wert, zu üben, diesen Verlust anzunehmen. Solche Übungen können für andere Verlusterfahrungen angepasst werden, zum Beispiel wenn wir unsere Arbeit, unsere Gesundheit oder eine Beziehung verloren haben, aber zuerst wollen wir uns mit der Zeit beschäftigen, in der wir um einen Menschen trauern. Hier geht es darum, uns eine Praxis oder Zeremonie auszudenken, die wir regelmäßig durchführen und die uns allmählich hilft, mit unserem Verlust zurechtzukommen. Es gibt keine festen Regeln, auf welche Weise, wie lange und wie oft wir das tun. Sie können also nach Belieben experimentieren. Viele Menschen finden es nützlich, den Großteil der folgenden Elemente (oder alle) einzuschließen.

Zur selben Zeit, am selben Ort

Es kann sehr tröstlich sein, diese Praxis regelmäßig zur selben Zeit und am selben Ort durchzuführen. Dazu können Sie auf den Friedhof gehen, an den Strand oder in den Wald fahren, eine Andachtsstätte aufsuchen oder ein Zimmer bei sich zu Hause verwenden. Nehmen Sie sich täglich, einmal in der Woche oder einmal im Monat fünf Minuten, eine Stunde oder einen halben Tag Zeit dafür. Wie gesagt, gibt es keine Regeln; experimentieren Sie mit verschiedenen Formen, um herauszufinden, was für Sie das Richtige ist.

Eine starke Erinnerung

Oft ist es hilfreich, etwas zur Hand zu haben, das Sie stark an den geliebten Menschen erinnert: ein Foto oder Gemälde, ein Kleidungsstück, ein Spielzeug oder ein Teddybär.

Eine symbolische Handlung

Bei einem solchen Ritual geht es darum, etwas zu tun, das Ihre Liebe für diesen Menschen symbolisiert. Sie können zum Beispiel eine Kerze anzünden, Blumen aufs Grab legen, ein bestimmtes Musikstück laufen lassen, ein Gedicht lesen, ein Gebet sprechen oder etwas ins Tagebuch schreiben. Falls Sie das zu zweit tun, können Sie sich an der Hand halten, umarmen oder gemeinsam singen oder beten.

Erinnern und zulassen

In dieser Zeit ist es wichtig, sich zugleich an den geliebten Menschen zu erinnern und die eigenen Gefühle so zuzulassen, wie sie sind. Schaffen Sie Raum für alle Gedanken und Gefühle, die auftauchen, für Liebe und Traurigkeit, Freude und Furcht, Lachen und Einsamkeit. Gestehen Sie sich ein, wie sehr es schmerzt, und gehen Sie freundlich mit sich um. Viele Menschen finde es tröstlich, dabei die Übung mit der freundlichen Hand aus Kapitel 11 zu machen.

Denken Sie daran, dass unerwünschte Erinnerungen auftauchen können. Falls das geschieht, ist es wichtig, sie nicht wegzuschieben, weil das normalerweise kontraproduktiv wirkt. Die unerwünschten Erinnerungen verschwinden dann für kurze Zeit, um später mit aller Macht zurückzukehren. Falls sich eine solche Erinnerung zeigen sollte, nehmen Sie sie einfach wahr, benennen Sie sie, lassen Sie sie zu – und gehen Sie freundlich mit sich um.

Erinnerungen auswählen

Wir haben nur sehr wenig Kontrolle über unsere Erinnerungen, die meist nach Belieben kommen und gehen. Oft tauchen sie gerade dann auf, wenn wir sie nicht haben wollen, ein anderes Mal gelingt es uns nicht, sie hervorzuholen, sosehr wir uns auch anstrengen. Bei einem Trauerritual können Sie sich jedoch bewusst auf bestimmte Erinnerungen konzentrieren, die Ihnen lieb sind. Es lohnt sich, eine Weile darüber nachzudenken, wie Sie sich an diesen Menschen erinnern wollen. Gab es zum Beispiel bestimmte Gelegenheiten oder

Ereignisse, die etwas ganz Besonderes waren? Ist Ihnen etwas, das dieser Mensch gesagt oder getan hat, wirklich wichtig? Haben Sie bestimmte Eigenarten besonders liebenswert gefunden oder persönliche Qualitäten bewundert? Dann wollen Sie sich vielleicht bewusst an diese schönen Momente erinnern, darüber nachdenken und sie auskosten.

Mit dem geliebten Menschen sprechen

Nicht zuletzt finden es viele Trauernde nützlich, mit dem geliebten Menschen zu sprechen. Falls Sie so etwas noch nie getan haben, kommt es Ihnen vielleicht merkwürdig vor, schließlich ist dieser Mensch tot. Dennoch wirken solche imaginären Gespräche oft sehr heilsam. Wenn Sie damit experimentieren wollen, können Sie sich entscheiden, ob Sie laut oder lautlos sprechen. Sie können über die alten Zeiten reden, dem geliebten Menschen etwas mitteilen, das Sie ihm vor seinem Tod gern gesagt hätten, oder ihm erzählen, was jetzt in Ihrem Leben geschieht. Und wenn Sie das wollen, können Sie sich vorstellen, dass er etwas erwidert.

Natalie, deren Sohn überfahren worden war, war sehr religiös. Ihre Praxis bestand darin, zweimal pro Woche das Grab Ihres Sohnes aufzusuchen. Dort betete sie, sprach mit ihm und legte Blumen auf den Grabstein. Außerdem zündete sie in seinem Zimmer jeden Abend eine Kerze an und nahm ein Kleidungsstück von ihm in die Hand. Dann machte sie die Übung mit der freundlichen Hand, während sie das Kleidungsstück an ihren Körper hielt und die Tränen kommen ließ. Am Ende sprach sie ein Gebet.

Antonio und seine Frau Cathy haben sich eine Trauerpraxis ausgedacht, bei der sie einmal pro Woche ins Zimmer der kleinen Sophia gingen, sich vor deren Bettchen stellten und an der Hand hielten. Sie zündeten eine Kerze an, ließen Musik laufen und erzählten sich abwechselnd die liebsten Erinnerungen an ihre Tochter. Meist endete das damit, dass sie sich schluchzend in den Armen hielten.

Die Wirkung eines Trauerrituals, bei dem man den erlittenen Verlust annimmt, ist kaum zu überschätzen. Es ist nicht für alle geeignet, weshalb es völlig in Ordnung ist, wenn Sie darauf verzichten, aber die meisten Menschen finden es sehr tröstlich, obwohl es oft sehr schmerzhaft ist. Da man nie genau weiß, was dabei zum Vorschein kommt, ist es eine gute Idee, am Anfang den Anker zu werfen und das zu wiederholen, sooft es nötig ist. Natürlich gilt wie bei allem anderen in diesem Buch, dass Sie experimentieren sollten, um herauszufinden, was für Sie passt.

Für andere Arten von Verlust – wenn man die Arbeit, die Gesundheit oder eine wichtige Beziehung verloren hat – kann diese Praxis ebenfalls nützlich sein; sie ist dann aber meist wesentlich weniger dramatisch. Zum Beispiel hat sich Shanti nach dem Scheitern ihrer Ehe jeden Abend zehn Minuten aufs Sofa gesetzt, um ihren Kummer anzunehmen, Raum für alle in ihr aufsteigenden Erinnerungen zu schaffen und die Übung mit der freundlichen Hand zu machen. Rada wiederum, die so viel durch ihre chronische Erkrankung verloren hatte, tat beinahe dasselbe wie Shanti, nur morgens im Bett vor dem Aufstehen.

Übungen, um sich zu unterstützen

Wie gehen wir mit wirklich schrecklichen Erinnerungen um? Mit solchen an eine Bedrohung, eine Gefahr, an Gewalt, Tod, eine Katastrophe? Zuerst einmal: Alle Fertigkeiten, die bisher in diesem Kapitel unter »Grundlagen« zur Sprache kamen, sind von großer Bedeutung. Wenn Sie sie geübt haben, so haben Sie wahrscheinlich bereits festgestellt, dass solche schrecklichen Erinnerungen weniger Wirkung haben. Mit unterstützenden Übungen kann diese Wirkung nun noch weiter verringert werden. Im Grunde handelt es sich um Imaginationsübungen, bei denen man sich vorstellt, zurück in die Zeit kurz nach dem schlimmen Ereignis zu reisen und sich die Unterstützung zu geben, die man damals nicht hatte.

Als Antonio das zum ersten Mal gemacht hat, hat er sich vorgestellt, zu dem Tag nach dem Tod der kleinen Sophia zurückzureisen. In seiner Imagination stand er nun neben dem Antonio von damals, legte ihm den Arm um die Schultern und sagte ihm freundliche, tröstende Worte.

Eine Klientin namens Emily hatte einen furchtbaren Autounfall erlitten, bei dem ihr Becken zertrümmert worden war. Auch ihre Beine hatten Schaden erlitten. Das war jetzt vier Monate her. In der Vorstellung reiste sie nun zu dem Moment zurück, als man sie endlich aus dem zerstörten Auto geholt hatte. Sie tröstete und beruhigte die Emily von damals, hielt im Rettungswagen ihre Hand und blieb im Krankenhaus an ihrem Bett.

Wichtig ist, dass man in solchen Übungen *nicht zu dem tatsächlichen schrecklichen Ereignis zurückreist.* Es wirkt nämlich oft überfordernd, wenn man das allein tut. Falls Sie Flashbacks oder extrem qualvolle Erinnerungen haben, empfiehlt es sich, daran mit einem gut ausgebildeten Therapeuten oder einer Therapeutin zu arbeiten. Zur Anwendung kommt dabei die Konfrontationstherapie, ein Prozess, bei dem man sich, therapeutisch angeleitet und unterstützt, direkt mit den Erinnerungen beschäftigt.

Statt also zu dem eigentlichen Ereignis zurückzukehren, wählen Sie einen Zeitpunkt *danach.* Sobald Sie sich in der Vorstellung dort befinden, unterstützen Sie Ihr damaliges Ich auf jede beliebige Weise. Die meisten Leute verwenden mitfühlende Worte und Gesten, aber es handelt sich ja um Ihre eigene Vorstellung, weshalb Sie tun können, was Sie wollen, solange es freundlich und hilfreich wirkt.

Ich werde Sie jetzt durch eine solche Übung führen, aber bitte: Nehmen Sie dazu *nicht* Ihren derzeitigen Realitätsschock. Dazu sind Sie bestimmt noch nicht bereit. Momentan geht es darum zu lernen, was geschieht, wenn man sich mit einer Erinnerung an etwas lange

Vergangenes beschäftigt. Anschließend können Sie es mit etwas aus jüngerer Zeit versuchen. Falls Sie sich von meiner Stimme leiten lassen wollen, können Sie von den *Extra Bits* wieder den Audioclip herunterladen.

Wie üblich beginnt die Übung damit, den Anker zu werfen. Falls irgendwann etwas passieren sollte, das Sie überfordert (nicht, dass ich das erwarten würde, ich bin nur vorsichtig), hören Sie mit der Übung bitte auf und werfen erneut den Anker.

Unterstützung für das jüngere Ich

Sie werden jetzt eine Imaginationsübung machen. Dabei sehen manche Menschen lebhafte, farbige Bilder wie auf einem Fernsehbildschirm, bei anderen sind die Bilder unscharf und verschwommen, während wieder andere gar keine Bilder wahrnehmen, sondern Wörter und Ideen. Egal, wie das bei Ihnen ist, es ist in Ordnung.

Sie werden sich vorstellen, in der Zeit zurückzureisen und eine jüngere Version von sich zu besuchen. Dazu werden Sie einen Punkt in Ihrem Leben auswählen, an dem Sie es schwer hatten und die Menschen in Ihrer Umgebung aus irgendeinem Grund nicht in der Lage waren, Ihnen die nötige Fürsorge und Unterstützung zukommen zu lassen. Sie können etwas aus der Kindheit nehmen, aus der Jugend oder aus dem frühen Erwachsenenalter.

Nehmen Sie eine bequeme Körperhaltung ein und verbringen Sie einige Momente damit, den Anker zu werfen. Nehmen Sie wahr, was in Ihrer inneren Welt vor sich geht, stellen Sie Kontakt mit dem Körper her, indem Sie sich bewegen, sich dehnen oder bewusst atmen, und widmen Sie sich Ihrer Umgebung, indem Sie registrieren, was Sie sehen, hören und berühren können.

Sobald Sie sich dadurch zentriert haben, schließen Sie entweder die Augen oder richten diese auf einen Punkt und tauchen in Ihre Imagination ein.

Stellen Sie sich vor, dass Sie in eine Zeitmaschine steigen. Sobald Sie sich darin befinden, reisen Sie in die Vergangenheit, um ein jüngeres Selbst aufzusuchen. Suchen Sie es an einem Punkt in Ihrem Leben, als Sie es schwer hatten und Ihnen niemand die nötige Fürsorge und Unterstützung zukommen ließ.

Haben Sie es gefunden? Dann verlassen Sie die Zeitmaschine und nehmen Sie Kontakt mit Ihrem jüngeren Ich auf. Betrachten Sie es genau und nehmen Sie wahr, was es gerade durchmacht. Weint es? Ist es wütend oder verängstigt? Fühlt es sich schuldig oder schämt es sich? Was braucht es wirklich – Liebe, Freundlichkeit, Verständnis, Vergebung, Angenommenwerden?

Sagen Sie diesem jüngeren Ich mit freundlicher, ruhiger und sanfter Stimme, dass Sie wissen, was es durchgemacht hat und wie weh das tut.

Sagen Sie ihm, dass es niemand anderen braucht, um seine Erfahrung bestätigt zu bekommen, weil *Sie* Bescheid wissen.

Sagen Sie diesem jüngeren Ich, dass es diese schwierige Zeit in seinem Leben inzwischen überwunden hat und dass sie jetzt nur noch eine ferne Erinnerung darstellt.

Sagen Sie ihm, dass Sie da sind, dass Sie wissen, wie weh es tut, und dass Sie helfen wollen, so gut Sie können.

Fragen Sie dieses junge Ich, ob es etwas von Ihnen braucht oder will – und geben Sie ihm das, worum es bittet. Wenn es Sie bittet, es an einen bestimmten Ort zu bringen, tun Sie das. Umarmen Sie es, geben Sie ihm einen Kuss, sagen Sie freundliche Worte oder machen Sie ihm ein Geschenk. Dies ist eine Übung in der Imagination, weshalb Sie ihm alles geben können, was es will. Wenn das jüngere Ich nicht weiß, was es will, oder wenn es Ihnen nicht vertraut, sagen Sie ihm, dass das in Ordnung ist und dass es nichts sagen oder tun muss.

Sagen Sie ihm alles, was es hören muss, damit es begreifen kann, was geschehen ist – und wenn es sich daran selbst die Schuld gibt, helfen Sie ihm, das nicht mehr zu tun.

Sagen Sie ihm, dass Sie für es da sind, dass Sie sich um es kümmern und alles tun werden, um ihm zu helfen, die Situation durchzustehen.

Bringen Sie diesem jüngeren Ich auf jede Art und Weise, die Ihnen einfällt, weiter Anteilnahme und Freundlichkeit entgegen: mit Worten, Gesten, Taten – oder, wenn Ihnen das lieber ist, durch Magie oder Telepathie.

Sobald Sie das Gefühl haben, dass dieses jüngere Ich Ihre Anteilnahme und Freundlichkeit akzeptiert hat, ist es Zeit, sich von ihm zu verabschieden. Schenken Sie ihm etwas, das die Verbindung zwischen Ihnen beiden symbolisiert. Bei einem kleineren Kind kann das ein Spielzeug oder Plüschtier sein, bei einem etwas älteren Ich vielleicht ein Kleidungsstück, ein Buch, ein magisches Objekt oder etwas anderes, das Ihnen in den Sinn kommt.

Während Sie sich verabschieden, sagen Sie Ihrem jüngeren Ich, dass Sie es später wieder besuchen werden. Steigen Sie dann in Ihre Zeitmaschine und kehren Sie in die Gegenwart zurück.

Werfen Sie jetzt etwa eine Minute lang den Anker. Nehmen Sie wahr, was in Ihnen auftaucht. Nehmen Sie Verbindung mit Ihrem Körper auf, indem Sie sich schön lange dehnen und strecken. Widmen Sie sich dann der Welt, die Sie umgibt; nutzen Sie Augen und Ohren, um zu registrieren, wo Sie sind und was Sie gerade tun.

Ich hoffe, dass Sie diese Übung nützlich gefunden haben. Da Sie jetzt wissen, worum es geht, können Sie sie für Ihren letzten Realitätsschock anpassen. Wie Antonio und Emily können Sie zurückreisen und sich in den Stunden, Tagen, Wochen, Monaten oder auch Jahren nach dem Ereignis besuchen. Wie bei einer Trauerpraxis ist es gut, das regelmäßig zu tun, wobei Sie bei jeder Gelegenheit einen unterschiedlichen Zeitpunkt in der Vergangenheit wählen können.

Spielen Sie bitte mit den Übungen in diesem Kapitel, in denen sich Selbstmitgefühl ausdrückt. Verändern Sie sie nach Belieben, passen

Sie sie so an, dass sie zu Ihrer persönlichen Situation passen. Und wenn sie Ihnen nicht nützlich erscheinen, können Sie sie natürlich gern auslassen. Fahren Sie dann stattdessen damit fort, schmerzhafte Erinnerungen wahrzunehmen und zu benennen, sobald sie auftauchen, und den Anker zu werfen. Wie gesagt, das Gehirn ist nicht mit einer Löschtaste ausgestattet; es gibt keine Möglichkeit, solche Erinnerungen zu eliminieren. Aber wenn Sie sich freundlich behandeln und Ihre Erinnerungen zulassen, ohne dagegen anzukämpfen, werden Sie wahrscheinlich zweierlei bemerken: Diese Erinnerungen werden weniger oft auftauchen, und sie werden kontinuierlich an Wirkung verlieren.

Damit haben wir das Ende des ersten Teils erreicht. Bevor Sie zu Teil 2 übergehen, wollen Sie sich vielleicht einige Wochen Zeit nehmen, intensiv an den bisher erlernten Fertigkeiten zu arbeiten:

- Inmitten emotionaler Stürme Anker werfen
- Sich öffnen und Raum für schwierige Gefühle schaffen
- Sich von harscher Selbstkritik lösen
- Ihren Schmerz wahrnehmen und mit Freundlichkeit reagieren

Sich nach einem Realitätsschock wieder aufzurappeln, ist meist kein schneller und simpler Prozess. Je heftiger der Schock, desto härter stürzt man und desto tiefer sind die Wunden, die man erleidet. Tiefe Wunden aber heilen nun mal nicht schnell. Es werden daher weitere emotionale Stürme auftauchen. Ihr Kopf wird Ihnen weiterhin kontraproduktive Geschichten erzählen, und Sie werden oft alles vergessen, worum es in diesem Buch bisher gegangen ist. Aber … es wird Ihnen immer besser gelingen, sich daran zu erinnern. Und in dem Moment, in dem Sie sich erinnern, haben Sie eine Wahl. Wenn Sie wollen, können Sie den Anker werfen, Ihren Schmerz annehmen und mit Freundlichkeit auf sich reagieren. Jedes einzelne Mal, wenn Sie sich dafür entscheiden, findet ein bisschen Heilung statt.

Teil 2

Das Leben wiederaufbauen

13

Dem Leben Sinn verleihen

Ohne ein Gefühl der Sinnhaftigkeit fehlt es dem Leben an Farbe und Reichtum. Es ist, als würde man in Schwarz-Weiß leben, mit wenig oder ohne Freude und Befriedigung. Merkwürdigerweise kann ein Realitätsschock unser Leben entweder mit Sinn erfüllen, indem er uns daran erinnert, was uns wahrhaft wichtig ist, und indem er uns tief mit unserem Herzen verbindet. Er kann aber auch jede Sinnhaftigkeit versickern lassen, sodass wir uns leer und unzufrieden fühlen. Allzu oft ist eher Letzteres der Fall, zumindest in der Zeit gleich nach dem Schock.

In diesem Teil des Buchs wollen wir uns daher damit beschäftigen, ob wir das ändern können. Falls Ihr Kopf behaupten sollte, das sei unmöglich, ist das eine völlig natürliche Reaktion. Es ist tatsächlich so, dass es Zeit, Anstrengung und Mut braucht, das Leben nach einem Realitätsschock wiederaufzubauen. Eine Menge Geduld braucht es außerdem.

Das Problem ist: Je härter die Realität uns schockt, desto weniger sind wir motiviert, über den Wiederaufbau unseres Lebens auch nur nachzudenken. Oft sind wir so erschöpft und ausgelaugt, dass schon die Vorstellung, etwas zu unternehmen, Beklemmung oder Angst hervorruft. Es ist daher wichtig, langsam vorzugehen, sich nicht zu viel vorzunehmen und ganz kleine Schritte zu tun. Haben Sie schon mal eine Backsteinmauer gebaut? Nein? Ich auch nicht. Aber bestimmt haben Sie Maurer bei der Arbeit beobachtet, und dabei ist Ihnen wahrscheinlich aufgefallen, dass man beim Bau einer Mauer nicht gleichzeitig zwanzig Backsteine setzen kann. Man setzt sie nacheinander auf. Erst einen, dann den zweiten, den dritten und so weiter.

Dasselbe Prinzip gilt für den Wiederaufbau Ihres Lebens. Sie sollten nicht versuchen, gleichzeitig an jedem Aspekt zu arbeiten; das würde nur dazu führen, dass Sie sich überfordert und hoffnungslos fühlen. Es geht darum, sich jeweils auf einen kleinen Aspekt des Lebens zu konzentrieren. Fangen wir damit an, indem wir eine sehr wichtige Frage stellen …

Was ist der Sinn der Sache?

Alles, was wir tun, dient einem Zweck, ob wir nun die Wäsche waschen oder Eiscreme essen, ob wir heiraten oder die Steuererklärung machen, ob wir es uns spätabends vor dem Fernseher bequem machen oder am frühen Morgen joggen gehen. Hinter jeder einzelnen Handlung steht eine Absicht; wir treten in Aktion, damit etwas passiert. Aber wie oft sind wir uns dieser Absicht bewusst? Und wie oft dient das, was wir tun, *bewusst* einem übergeordneten Zweck, der eine persönliche Bedeutung für uns hat?

Im Allgemeinen lautet die Antwort auf beide Fragen: nicht allzu oft. Wir neigen dazu, wie auf Autopilot durchs Leben zu gehen, statt bewusst zu entscheiden, was wir tun und wie wir es tun. Das Problem daran ist, dass wir dadurch eventuell große Teile des Tages damit verbringen, Dinge zu tun, die nicht erfüllend für uns sind. Richten wir unser Handeln hingegen bewusst auf etwas aus, das für uns persönlich wichtig ist, ändert sich alles. Unser Leben ist von Sinn erfüllt. Wir entwickeln ein Gespür für die richtige Richtung und dafür, uns wie die Person zu verhalten, die wir sein wollen. Und wir erleben ein Gefühl der Lebendigkeit, das einem Leben auf Autopilot vollständig fehlt.

Im ACT-Modell wird der Prozess, dem eigenen Leben Sinn zu verleihen, als »nach den eigenen Werten leben« bezeichnet. Werte sind im Grunde unsere tiefsten Herzenswünsche, wie wir uns als Mensch verhalten wollen. Sie drücken aus, welche Art Person wir sein wollen, wie wir uns selbst und andere behandeln wollen und wie wir mit der Welt um uns herum umgehen wollen. Sie sind wie ein innerer Kompass, der uns auf der langen, gewundenen Reise des Lebens die Richtung anzeigen kann. Außerdem sind sie eine Quelle von Energie; sie können uns selbst dann, wenn wir keine Lust dazu haben, motivieren und inspirieren, das zu tun, was uns wichtig ist.

Es folgt eine kurze Übung, die Ihnen helfen soll, über Ihre Werte nachzudenken. Bevor Sie anfangen, machen Sie sich jedoch bitte klar, dass es keine »richtigen« oder »falschen« Werte gibt. Das ist so wie die Vorliebe für bestimmte Sorten Eiscreme. Wenn Ihr Lieblingsgeschmack Schokolade ist, jemand anders aber Vanille vorzieht, bedeutet das nicht, dass Sie den richtigen Geschmack hätten und die andere Person den falschen. Es bedeutet lediglich, dass Sie beide einen unterschiedlichen Geschmack haben. In ähnlicher Weise haben wir alle unterschiedliche Werte.

Werte

Bei dieser Übung geht es darum, einfach vierzig gängige Werte zu studieren, also nicht die »richtigen« oder die »besten«, sondern solche, die viele Leute teilen. Lesen Sie diese Zusammenstellung bitte durch und stellen Sie fest, wovon Sie sich angesprochen fühlen. Vielleicht sprechen alle Werte Sie an, vielleicht keiner; das ist kein Test, nur eine Übung, die Sie zum Nachdenken über Werte anregen soll. Bitte lesen Sie die Worte langsam und machen Sie nach jedem Begriff zwei Sekunden Pause, um zu überlegen, ob dieser Wert ausdrückt, wie Sie sich gegenüber sich selbst und gegenüber anderen Menschen gern verhalten würden, sofern Sie das entscheiden könnten.

Ich würde mich gern so verhalten:

achtsam	anerkennend	aufmerksam
aufrichtig	authentisch	dankbar
durchsetzungsfähig	ehrlich	engagiert
ernsthaft	experimentierfreudig	fair
freundlich	fürsorglich	großzügig
hilfreich	humorvoll	konzentriert
kooperativ	kreativ	lebensfroh
liebenswürdig	liebevoll	mitfühlend
mutig	neugierig	offen
respektvoll	selbstbeschützend	selbstfürsorglich
selbstunterstützend	spielerisch	tatkräftig
unterstützend	verantwortungsvoll	versöhnlich
verständnisvoll	vertrauensvoll	vertrauenswürdig
zuverlässig		

Falls einige von diesen Begriffen ausdrücken, wie Sie gern mit sich und mit den Menschen in Ihrer Umgebung umgehen würden, so würden wir das im ACT-Modell als Ihre »Werte« bezeichnen. Falls in der Übersicht jedoch Begriffe stehen, die *nicht* ausdrücken, wie Sie sich verhalten wollen, dann sind das auch nicht Ihre Werte – was völlig in Ordnung ist.

Auf dem großen Tisch unseres Leben finden wir viele verschiedene Speisen vor; manche sind extrem wohlschmeckend, andere ausgesprochen unangenehm. Wenn die Realität uns einen Schock versetzt, verschwinden die wohlschmeckenden Speisen und werden durch solche ersetzt, die uns Schmerz bereiten. Das wollen wir natürlich rückgängig machen. Wir wollen die ganzen unangenehmen Speisen loswerden, die ganzen schwierigen Probleme, mit denen wir jetzt umgehen müssen, und all die qualvollen Gedanken, Gefühle und Erinnerungen. Wir wollen sie vom Tisch fegen und all die wertvollen Dinge wiederhaben, die wir verloren haben. Leider sind wir dazu nicht in der Lage. Was also können wir tun?

An diesem Punkt erweisen sich Werte als nützlich. Wenn es darum geht, was Sie auf den Tisch des Lebens bringen wollen, können Sie an Ihre Werte denken. Wollen Sie Liebe, Mut, Freundlichkeit in Ihr Leben holen? Sollen es eine spielerische Einstellung, Offenheit und Neugier sein? Oder Aufrichtigkeit, Humor, Hilfsbereitschaft? Das alles können Sie durch Worte, Handlungen und Gesten auf den Tisch bringen. Sie können zwar nicht wie durch Zauberhand ändern, was das Leben Ihnen aufgetischt hat, aber Sie können zu dem, was auf dem Tisch steht, etwas hinzufügen. Indem Sie das tun, werden sich die bereits vorhandenen Speisen verwandeln.

Etwas Ähnliches haben Sie schon im ersten Teil dieses Buchs kennengelernt. Das Leben hat Ihnen viele schmerzhafte Gedanken, Gefühle und Erinnerungen vorgesetzt, denen Sie Freundlichkeit, Fürsorglichkeit und Mitgefühl hinzugefügt haben. Übrigens … drücken diese Begriffe – Freundlichkeit, Fürsorglichkeit, Mitgefühl – aus, wie Sie sich tief im Herzen wünschen, mit sich selbst und anderen umzugehen? Falls ja, können Sie auch sie als »Werte« betrachten.

Werte versus Ziele

Werte unterscheiden sich radikal von Zielen. Falls diese Aussage Sie verwirren sollte, stehen Sie damit gewiss nicht allein; sie verwirrt beinahe jeden und jede. Das liegt daran, dass wir in einer zielorientierten und nicht in einer werteorientierten Gesellschaft leben. So sehr, dass oft eigentlich »Regeln« oder »Ziele« gemeint sind, wenn der Begriff »Werte« benutzt wird. Daher möchte ich den Unterschied gern klären. Werte drücken aus, *wie wir uns verhalten wollen,* Ziele hingegen, *was wir haben wollen.* Wenn Sie also eine tolle Arbeitsstelle finden, ein großes Haus kaufen, einen Partner oder eine Partnerin finden, heiraten und Kinder haben wollen – das sind alles Ziele. Man kann sie abhaken: »Erledigt!« Werte hingegen drücken aus, wie Sie sich bei jedem Schritt des Wegs verhalten wollen, während Sie auf Ihre Ziele zugehen. Und wie Sie sich verhalten wollen, wenn Sie Ihre Ziele erreicht haben, und ebenso, wie Sie sich verhalten wollen, wenn Sie Ihre Ziele *nicht* erreichen!

Falls Ihre Werte also darauf hinauslaufen, liebevoll, freundlich und fürsorglich zu sein, dann können Sie sich gleich jetzt und für immer so verhalten – selbst wenn Sie nie das Ziel erreichen, Partner oder Partnerin zu finden oder Kinder zu bekommen. (Natürlich erreichen manche Leute solche Ziele auch, ohne freundlich, liebevoll und fürsorglich zu sein.) Dasselbe gilt für Ihre Arbeitsstelle. Wenn es Ihren Werten entspricht, sich produktiv, effizient, kollegial, aufmerksam und verantwortungsbewusst zu verhalten, dann können Sie das gleich jetzt tun, selbst wenn Ihr Job »das Letzte« ist. (Und ja, manche Leute haben einen tollen Job und vernachlässigen die erwähnten Werte allesamt.)

Nehmen wir nun einmal an, Sie wollen geliebt und respektiert werden. Sind das Werte? Nein, das sind Ziele! Da geht es nämlich darum, etwas zu bekommen, in diesem Fall Liebe und Respekt von anderen. Ihre Werte sagen aus, wie *Sie* sich verhalten wollen, während Sie diese Ziele verfolgen, egal, ob Sie sie erreichen oder nicht. Wenn *Sie* selbst liebevoll und respektvoll sein wollen, dann sind das Werte; es sind erwünschte eigene Verhaltenseigenschaften, und Sie können sich und andere liebevoll und respektvoll behandeln, wann immer Sie wollen. Geliebt und respektiert zu werden, sind jedoch Ziele (manchmal spricht man auch von »Bedürfnissen«), und die befinden sich außerhalb unserer Kontrolle, denn wir können niemanden zwingen, uns zu lieben und zu respektieren. Im Gegenteil – je mehr wir das versuchen, desto geringer ist die Wahrscheinlichkeit, dass man uns tatsächlich Liebe und Respekt entgegenbringt. Handeln wir jedoch liebevoll und respektvoll uns selbst und anderen gegenüber, besteht eine gute Chance, dass wir das auch zurückbekommen. Garantieren kann ich das natürlich nicht.

Werte und Ziele sind gleichermaßen von Bedeutung, aber wir müssen den Unterschied im Blick behalten, da wir beides auf unterschiedliche Weise verwenden. Am leichtesten merken kann man es sich so:

Ziele drücken aus, was ich haben, bekommen oder erreichen will; Werte drücken aus, wie ich mit mir selbst, anderen Menschen und der Welt um mich herum umgehen will.

Was hat das alles nun aber mit unseren Realitätsschocks zu tun? Nun, sobald wir uns wieder aufgerappelt haben, indem wir den Anker geworfen und uns Mitgefühl entgegengebracht haben, treten wir beim nächsten Schritt in Aktion und nehmen angesichts unseres Schmerzes eine Haltung ein. Schließlich bringt es nichts, am Leben zu verzweifeln, selbst wenn die meisten von uns das manchmal tun. Wenn das Leben uns daher die Frage stellt: »Wofür stehst du angesichts dieses großen Leidens?«, können wir die Antwort in unseren Werten finden: »Ich stehe dafür, der Mensch zu sein, der ich sein will. Ich stehe dafür, so zu handeln, wie es mir tief im Herzen wichtig ist.« Durch eine solche Antwort schenken wir uns etwas, wofür es sich zu leben lohnt, wir schenken uns einen Grund und einen Zweck. Wir verleihen unserem Leben buchstäblich Sinn und Bedeutung.

Falls Ihnen das noch nicht recht einleuchtet, oder falls es das prinzipiell tut, Sie aber nicht recht wissen, was Ihre eigenen Werte sind, dann ... tja, Sie haben es erraten, dann ist das völlig normal. Wenn ich anfange, mit Klientinnen oder Klienten über Sinn, Zweck oder Werte zu sprechen, sind sie oft nervös, verwirrt oder verständnislos. Daher mache ich ein paar Übungen mit ihnen, um ihnen zu vermitteln, worum es geht. Bei der ersten wird die »verborgene Weisheit« ans Licht geholt, die meist unter harscher Selbstkritik vergraben liegt.

Wie versucht der Kopf zu helfen?

Nehmen Sie sich am Anfang etwas Zeit, den Anker zu werfen.
Rufen Sie sich jetzt einige Beispiele für harsche Selbstvorwürfe ins Gedächtnis, die Ihr Kopf Ihnen immer wieder vorsetzt.
Nehmen Sie sich einen Moment Zeit, die entsprechenden Geschichten oder Muster zu benennen, zum Beispiel »Selbstkritik«,

»Die Geschichte, dass ich nicht gut genug bin« oder »Der innere Kritiker«.

Überlegen Sie jetzt: Wenn der Kopf ständig solche Urteile produziert, wie versucht er dann zu helfen?

Versucht er, Ihnen zu helfen, aus der Vergangenheit zu lernen?

Versucht er, ein Problem zu lösen, Sie auf etwas vorzubereiten oder einen Plan zu schmieden?

Versucht er, Sie vor etwas in der Zukunft zu retten oder zu beschützen oder Sie auf etwas dort vorzubereiten?

Versucht er, den Kontakt zwischen Ihnen und etwas herzustellen, was wichtig ist, einer Person oder etwas anderem?

Erinnert er Sie daran, dass Sie sich um sich selbst oder einen anderen Menschen kümmern sollten?

Versucht er, Ihnen zu helfen, etwas anders oder besser zu machen? Was könnte das sein?

Welche persönlichen Eigenschaften versucht er, in Ihnen zum Vorschein zu bringen?

Natalie stellte fest, dass Ihr Kopf sich völlig festgefahren hatte. Er bezeichnete sie unablässig auf jede nur mögliche Weise als »schlechte Mutter«. Am Morgen des Tages, als ihr Sohn ums Leben gekommen war, hatte es einen Streit gegeben, bei dem sie ihn scharf angegangen hatte. Sie hatte ihn als egoistisch und faul bezeichnet. Das waren die letzten Worte, die sie zu ihm gesagt hatte. Seit vielen Jahren war sie mit verschiedenen Versionen der Geschichte von der »schlechten Mutter« konfrontiert gewesen, aber jetzt legte ihr Kopf erst richtig los. Er erinnerte sie an jedes einzelne Mal, wenn sie ihren Sohn enttäuscht oder unfreundlich behandelt hatte. Sie hatte den Anker geworfen, die Geschichte benannt, Raum geschaffen, freundliche Selbstgespräche geführt, die Übung mit der freundlichen Hand gemacht und ihr regelmäßiges Trauerritual durchgeführt, was alles sehr nützlich gewesen war – aber trotzdem nahm ihr Kopf sie gnadenlos unter Beschuss.

Als ich mit Natalie die Fragen aus der letzten Übung durchging, stieß sie auf allerhand interessante Antworten. Offensichtlich erinnerte ihr Kopf sie an die tiefe Liebe für ihren Sohn und wollte, dass sie eine »gute« und keine »schlechte« Mutter war. »Was«, fragte ich, »sind denn laut Ihrem Kopf die Eigenschaften einer ›guten Mutter‹?« Mit ein wenig Unterstützung identifizierte Natalie Eigenschaften wie liebevoll, freundlich, versöhnlich, unterstützend, zuverlässig. »Und das ist alles wichtig für Sie? So ist tief in Ihrem Herzen die Mutter, die Sie sein wollen?«

»Ja!«, rief sie, »aber dafür ist es zu spät! Er ist ja tot.«

Indem Natalie über die Fragen aus der Übung nachdachte, war sie auf einige sehr wichtige Werte gestoßen. Abgesehen davon hatte sie natürlich recht. Ihr Sohn war tot, und es gab keine Möglichkeit, in die Vergangenheit zurückzukehren und sie zu ändern. Daher fragte ich: »Die Werte, die Sie haben – liebevoll, freundlich, versöhnlich, unterstützend, zuverlässig sein –, gelten die denn nur für diese eine Beziehung zu Ihrem Sohn? Oder gibt es in Ihrem Leben andere Menschen, mit denen Sie ebenso umgehen wollen?«

»Natürlich«, sagte Natalie. »Da sind mein Mann, meine Tochter, meine Freundinnen, meine Eltern …«

»Versucht Ihr Kopf also, Ihnen zu helfen, mehr von diesen Werten in Ihre anderen Beziehungen einzubringen? Dadurch kommt Ihr Sohn natürlich nicht wieder zurück; die Vergangenheit ändert sich nicht und Ihr Schmerz bleibt bestehen – aber könnte darin nicht etwas liegen, das Bedeutung für Sie hat?« Auf Natalies Gesicht trat ein Hoffnungsschimmer.

Bei Rada war der Prozess heikler. Aufgrund ihrer chronischen Fibromyalgie hatte sie viele Aktivitäten aufgegeben, die ihr Freude machten, darunter lateinamerikanischer Tanz und Aerobic. Aber der größte Verlust war ein ziemlich ungewöhnliches Hobby: Am Wochenende schuf sie abstrakte Skulpturen aus Holz, Ton und Stahl und hatte sogar versucht, davon zu leben, allerdings ohne Erfolg. Eine solche Tätigkeit ist leider körperlich anstrengend, weshalb die Schmerzen in Armen, Rücken und Hals sie praktisch unmöglich machten. Deshalb wurde Rada von ihrem Kopf ständig als »jämmerlich«, »schwach«, »zu nichts zu gebrauchen« und »wertlos« bezeichnet.

»Ich kann mir wirklich nicht vorstellen, wie mein Kopf mir zu helfen versucht«, sagte sie.

Wir hatten bereits über die beiden Methoden gesprochen, einen Esel zu motivieren – Karotte und Stock –, weshalb ich sagte: »Ich glaube, Ihr Kopf benutzt gerade den Stock dazu, Sie zu verprügeln, damit Sie irgendwas Bestimmtes tun. Was könnte das wohl sein?«

»Dass ich wieder tanze und Skulpturen mache und alles andere, was ich früher gemacht hab.«

»Ja, das glaube ich auch.«

»Aber das kann ich ja alles nicht mehr!«, rief Rada.

»Das stimmt. Vorläufig können Sie das nicht mehr. Also versucht Ihr Kopf zwar, Ihnen zu helfen, kommt Ihnen stattdessen aber in die Quere. Einerseits benutzt er den Stock und andererseits versucht er, Sie zu Sachen zu drängen, die momentan nicht machbar sind. Wie wäre es also, wenn Sie den Stock weglegen und wir uns dann realistisch anschauen, was Sie trotz aller gesundheitlichen Einschränkungen tun können?«

Damit war Rada einverstanden, weshalb wir uns als Nächstes auf die Suche nach den Werten machten, die Aktivitäten wie Tanzen und Bildhauern zugrunde lagen. Rada sollte erkennen, dass sie zu solchen Dingen zwar momentan nicht in der Lage war, aber doch nach den damit verbundenen Werten leben konnte. Daher fragte ich: »Wenn jemand sich intensiv damit beschäftigen wollte, Skulpturen zu machen, und zwar gute, was für Eigenschaften wären dann wohl nützlich?«

»Hm, tja … ich glaube, Hingabe … der Wunsch, etwas Neues auszuprobieren … Konzentration … Beharrlichkeit … Kreativität. Außerdem muss man sich entwickeln und verbessern wollen … authentisch sein … sich erlauben, Fehler zu machen und daraus zu lernen.«

»Sind diese Eigenschaften wichtig für Sie? Drücken sie aus, wie Sie an Skulpturen arbeiten wollen?«

»Ja! Aber das kann ich nicht mehr!«

»Stimmt, und das tut natürlich sehr, sehr weh.« An diesem Punkt brach Rada, von Traurigkeit und Groll überwältigt, in Tränen aus, weshalb wir gemeinsam den Anker warfen und die Übung mit der freundlichen Hand machten. Während man sich an die schmerzhafte Arbeit macht, das Leben wiederaufzubauen, sind immer wieder emotionale Stürme zu erwarten, weshalb es wichtig ist, weiterhin alle Methoden aus Teil 1 anzuwenden, die Achtsamkeit und Selbstmitgefühl entstehen lassen.

Nach der Übung nahmen wir unser Gespräch wieder auf. »Was Sie vorhin aufgezählt haben«, sagte ich, »Beharrlichkeit, Kreativität, Hingabe, Konzentration, Entwicklung und so weiter, scheinen mir alles wichtige Werte zu sein.«

»Ja«, sagte Rada, »das sind sie auch.«

»Deshalb frage ich mich, ob sie nur für diese eine Tätigkeit gelten, für das Bildhauern nämlich. Oder gibt es noch andere Aktivitäten in Ihrem Leben – solche, die Ihnen trotz aller Einschränkungen durch Ihre Krankheit heute noch möglich sind und bei denen Sie manche von diesen Werten ins Spiel bringen könnten? Offensichtlich wäre das nicht dasselbe, und Ihren Schmerz würden Sie dadurch auch nicht los. Aber finden Sie da vielleicht etwas, das Bedeutung für Sie hat?«

Rada schwieg lange; offenbar dachte sie sehr sorgfältig nach. Dann nickte sie ganz langsam.

Falls Sie die Übung »Wie versucht der Kopf zu helfen?« noch nicht gemacht oder nur durchgelesen haben, ohne über die enthaltenen Fragen nachzudenken, schlagen Sie sie bitte noch einmal nach, nehmen sich Zeit dafür und stellen fest, ob Sie einige Werte zutage fördern können.

Und wenn Ihr Kopf ein bisschen so wie der von Rada ist, indem er versucht, Sie zu etwas zu drängen, was momentan unrealistisch oder unmöglich ist, suchen Sie bitte nach den Werten, die der betreffenden Aktivität zugrunde liegen. Dazu können Sie sich fragen: »Wenn jemand diese Aktivität genießen, schätzen oder tun wollte, welche persönlichen Eigenschaften wären dann nützlich?«

Vielleicht erinnern Sie sich an Kapitel 6, wo es darum ging, dass viele Leute sich nach einem großen Verlust die Frage »Wer bin ich?« stellen: »Wer bin ich ohne meine Arbeit?« »Wer bin ich ohne eine Partnerin/einen Partner?« »Wer bin ich ohne meine Gesundheit?«, »Wer bin ich ohne meine Eltern?«, »Wer bin ich ohne ein Kind?« Falls Ihr Kopf das tut, will er Ihnen im Grunde helfen, intensiv darüber nachzudenken, welche Art von Person Sie sein wollen, nach welchen Werten Sie leben wollen, wofür Sie angesichts Ihres Verlusts stehen wollen. Ich hoffe, dass die Übungen in diesem Kapitel Ihnen helfen werden, diese Fragen zu beantworten.

Denken Sie daran: Momentan geht es einfach darum, ein Gefühl dafür zu bekommen, was Ihre Werte sind. Im nächsten Kapitel werden wir uns damit beschäftigen, wie Sie sie in Ihr Handeln einfließen lassen können; außerdem werden Sie erfahren, was Natalie und Rada als Nächstes getan haben. Zunächst aber folgt eine weitere Übung, die Ihnen helfen soll, mehr Klarheit über Ihre Werte zu erhalten. Inspiriert ist sie von einer ähnlichen Übung von Kelly Wilson, von dem ich viel gelernt habe. Probieren Sie sie bitte aus.

Beziehung und Werte

Teil 1: Beziehung

Beginnen Sie die Übung, indem Sie einige Momente den Anker werfen.

Denken Sie jetzt an eine Person, die in Ihrem *heutigen* Leben eine Rolle spielt – die Ihnen wichtig ist, die Sie regelmäßig sehen und mit der Sie gern schöne Stunden verbringen. Und erinnern Sie sich an eine nicht lange zurückliegende Gelegenheit, bei der Sie mit ihr zusammen waren und etwas getan haben, das Sie wirklich mögen.

Lassen Sie die Erinnerung so lebendig wie möglich werden, so als wäre es hier und jetzt.

Lassen Sie den Moment wiederaufleben. Spüren Sie ihn emotional.

Blicken Sie mit eigenen Augen auf die Szene. Wo befinden Sie sich? Zu welcher Tageszeit? Drinnen oder draußen? Wie ist das Wetter? Die Umgebung? Die Temperatur? Wie fühlt die Luft sich an? Was können Sie sehen? Was können Sie hören? Was können Sie berühren ... schmecken ... riechen?

Nehmen Sie jetzt die andere Person wahr: Wie sieht sie aus? Was sagt oder tut sie? Wie ist ihr Tonfall, ihr Gesichtsausdruck, ihre Körperhaltung, wie bewegt sie sich?

Was denken Sie in dieser Erinnerung? Was fühlen Sie? Und was tun Sie? Was tun Sie mit den Armen ... den Beinen ... dem Mund? Bewegen Sie sich oder nicht? Spüren Sie in der Erinnerung in Ihren Körper hinein; wie fühlt er sich an?

Versuchen Sie, sich die Emotion dieser Erinnerung zu erschließen; wie fühlt die sich an? Nehmen Sie das in sich auf und lassen Sie es durch sich hindurchströmen; öffnen Sie sich und schaffen Sie Raum dafür. Während Sie das tun, kann es sein, dass Sie auf etwas Traurigkeit, Sehnsucht oder Bedauern stoßen. Das muss Sie nicht überraschen, denn alles, was uns wertvoll ist, verursacht uns normalerweise auch Schmerz. Seien Sie also, während Sie sich dieser Erinnerung widmen, offen und schaffen Sie Raum für alles, was auftaucht: das Vergnügen *und* den Schmerz.

Kosten Sie den Moment aus. Machen Sie das Beste daraus. Genießen Sie ihn voll und ganz.

Nun, wie war das? Haben Sie es als angenehm empfunden? Sind Traurigkeit oder andere schmerzhafte Emotionen aufgetaucht? Falls ja, haben Sie sich geöffnet, Raum dafür geschaffen und Mitgefühl für sich selbst praktiziert?

Das war nur der erste Teil der Übung. Im zweiten Teil kehren Sie zu derselben Erinnerung zurück, werfen einen intensiven Blick auf sich … und denken nach.

Beziehung und Werte

Teil 2: Werte

Treten Sie nun einen Schritt zurück und betrachten Sie die Erinnerung, als würden Sie sie auf einem Fernsehbildschirm sehen.

Konzentrieren Sie sich auf sich selbst. Was sagen und tun Sie? Wie kommunizieren Sie mit der anderen Person? Wie behandeln Sie sie? Wie reagieren Sie auf sie?

Welche Eigenschaften haben Sie in dieser Erinnerung? Sind Sie zum Beispiel offen, präsent, interessiert, liebevoll, freundlich, lebensfroh, spielerisch, zugänglich, verständnisvoll, aufrichtig, authentisch, mutig, zugewandt?

Was sagt Ihnen das über die persönlichen Eigenschaften, die Sie verkörpern wollen?

Was sagt es Ihnen darüber, wie Sie mit sich und anderen umgehen wollen?

Was sagt es darüber, welche Art Beziehungen Sie aufbauen und wie Sie Ihre Zeit verbringen wollen?

Ich nehme an, dass Sie sich bei dieser Übung an eine tiefe persönliche Verbindung erinnert haben. Denken Sie jetzt bitte einen Moment nach: Was bringen Sie in die Verbindung ein? Sind das zum Beispiel Liebe, Begeisterung, Neugier, Offenheit, Aufmerksamkeit, Wertschätzung, Dankbarkeit, Sinnlichkeit, Freundlichkeit, Interesse, Verspieltheit, Humor, Wärme, Zuneigung, Zärtlichkeit, Aufrichtigkeit, Vertrauen?

Suchen Sie drei oder vier Begriffe, die am besten ausdrücken, wie

Sie sich in dieser Erinnerung verhalten haben. Überlegen Sie dann: Sind das Eigenschaften, die Sie ganz allgemein ins Leben einbringen wollen? Sind es Eigenschaften, die Sie durch Worte, Gesten und Handlungen in Ihren Beziehungen ausdrücken wollen? Falls ja, dann gehören auch sie zu Ihren Werten.

Machen wir jetzt noch eine letzte Übung.

Rückblick in einem halben Jahr

Nehmen Sie sich zuerst einige Momente Zeit, den Anker zu werfen. Stellen Sie sich dann vor, dass Sie in einem halben Jahr auf Ihr Leben heute zurückblicken und überlegen, wie Sie auf Ihren Realitätsschock reagiert haben.

Beantworten Sie aus dieser Perspektive einige oder alle der folgenden Fragen. Tun Sie das bitte nicht eilig; nehmen Sie sich Zeit und denken Sie wirklich darüber nach.

Wofür haben Sie angesichts des Realitätsschocks gestanden?

Wie sind Sie mit sich selbst umgegangen, während Sie den Schock durchgemacht haben?

Wie sind Sie dabei mit den Menschen umgegangen, die Ihnen wichtig sind?

Welche Eigenschaften haben Sie eingebracht, während Sie mit all Ihren Schwierigkeiten umgegangen sind?

Ich hoffe, Sie haben inzwischen ein Gefühl für mindestens einige Ihrer Werte bekommen. Manchmal erschwert unser Kopf diesen Prozess sehr, nach dem Motto: »Woher soll ich wissen, ob das meine *wahren* Werte sind? Wähle ich die womöglich nur aus, weil ich meine, ich *sollte* solche Werte haben?« Wenn Sie merken, dass Ihr Kopf diesen Trick anwendet, benennen Sie das: »Aha, da analysiert mein Kopf wieder zu sehr«, »Ich habe Selbstzweifel«, »Ich nehme wahr, dass ich meine Gedanken hinterfrage«. Wählen Sie, statt sich in einer lähmenden Analyse zu verfangen, einige Werte aus, um sie spielerisch zu erkunden. Wenn Sie diese Werte so anwenden wie im nächsten Kapitel beschrieben, werden Sie viel über sich lernen. Normalerweise wird Ihnen dabei schnell klar werden, ob Sie Ihre »wahren« Werte gefunden haben oder nicht.

Werte, Beziehungen und Sinn

Stellen wir uns unser Leben einmal als riesiges, komplexes Netzwerk aus Beziehungen vor. Wenn ich den Begriff »Beziehungen« verwende, meine ich die Art und Weise, wie wir mit anderen Menschen oder Dingen interagieren. In diesem Sinne haben wir Beziehungen zu uns selbst, zu unseren Gedanken, Gefühlen und Erinnerungen, zu unserem Körper, zu unseren Angehörigen, Freunden und Nachbarn, zu unserer Arbeit und unserer Freizeit, zu unserer physischen Umwelt und zu einer gewaltigen Zahl an unbelebten Gegenständen wie unserem Mobiltelefon, unserem Computer, unserer Nahrung, dem Wasser, das wir trinken, dem Bett, in dem wir schlafen, unserem Haus oder unserer Wohnung und so weiter.

Wenn wir unser Leben wiederaufbauen, müssen wir einen Blick auf unsere Beziehungen werfen und alles tun, sie so gesund wie möglich zu gestalten. Manchmal kann es vorkommen, dass wir auf kontraproduktive Geschichten verfallen wie »Das Leben hat doch keinen Sinn«, »Ich weiß nicht, was ich mit meinem Leben anfangen soll« oder »Ist das wirklich alles?«. Dabei müssen wir in jedem beliebigen Moment nur eines tun, um unser Leben mit Sinn und Zweck zu erfüllen – eine wichtige Beziehung mit irgendjemand oder irgendetwas wählen und etwas tun, das diese Beziehung besser, gesünder und erfüllender macht. Wie stellen wir das an? Indem wir wahrnehmen, was das Leben uns in diesem Augenblick vorsetzt, und unsere Werte ins Spiel bringen.

Wenn es zum Beispiel eine Person in Ihrem Leben gibt, die sich zerstörerisch, beleidigend, verletzend, gefühllos oder herzlos verhält, können Sie Werte wie Durchsetzungsvermögen, Mut, Fairness, Selbstachtung, Selbstschutz und Standfestigkeit zum Einsatz bringen. Geleitet von diesen Werten, schützen Sie sich, kümmern sich um sich selbst und reduzieren oder stoppen den Schaden, den die andere Person anrichtet. Das könnte bedeuten, dass Sie den Kontakt zu ihr einschränken oder sie ganz aus Ihrem Leben verbannen. Und wenn Sie selbst etwas Kontraproduktives tun (zum Beispiel sich von den Menschen in Ihrer Nähe zurückziehen oder mit ihnen streiten) oder wenn Sie etwas konsumieren, das im Übermaß schädlich ist (wie Tabak, Alkohol und Junkfood), können Sie Eigenschaften wie Selbstwahrnehmung und Selbstfürsorge aktivieren, um das Muster zu durchbrechen.

Gibt es aber Menschen in Ihrem Leben, die warm und fürsorglich sind, stehen Ihnen Eigenschaften wie Wertschätzung, Dankbarkeit, Liebe, Freundlichkeit und Vertrauen zur Verfügung. Und wenn etwas Ihr Leben bereichert oder verbessert (wie Kontakt zu lieben Menschen, Spaß haben, Musik hören, Bücher lesen, Hobbys und andere Interessen verfolgen), können Sie sich entscheiden, dabei aufmerksam, konzentriert, interessiert, offen, neugierig, engagiert oder anerkennend zu sein.

Viele Selbsthilfemethoden konzentrieren sich auf Ziele, also auf das, was wir vom Leben und unseren Beziehungen bekommen wollen. Unsere Werte lassen eine ganz andere Einstellung entstehen; sie öffnen uns den Blick auf das, was wir aktiv zum Leben und zu unseren Beziehungen beitragen wollen. Mit Zielen werden wir uns später beschäftigen, weil sie sehr wichtig sind; schließlich wollen wir nicht so tun, als würden wir nichts vom Leben brauchen oder wollen. Vorläufig aber wollen wir uns mit unseren Werten beschäftigen und überlegen, was geschieht, wenn wir sie aktiv einsetzen. Nehmen wir als Beispiel Ihre Beziehung zu diesem Buch. Bringen Sie Eigenschaften wie Offenheit, Begeisterung, Neugier, Konzentration und Interesse in die Lektüre ein? Und macht das einen Unterschied? Hatten Sie schon mal eine Beziehung zu einem Buch, bei der Sie die genannten Eigenschaften *nicht* eingebracht haben? Falls ja, war die Lektüre bereichernd und erfüllend – oder ist sie Ihnen wie reine Zeitverschwendung vorgekommen?

Wenden wir uns noch einmal der Übung »Beziehung und Werte« zu. Die Werte, die Sie eingebracht haben, haben die betreffende Beziehung aktiv bereichert. Aber wie oft bringen wir ganz andere Eigenschaften in unsere Beziehungen zu den Menschen ein, die wir am meisten lieben, zum Beispiel Aggression, Unfreundlichkeit, Unfairness, Desinteresse und innere Abwesenheit? Und was macht so etwas mit einer Beziehung?

Werfen wir als letztes Beispiel einen Blick auf das, worum es im ersten Teil dieses Buchs geht. Wie wirkt es sich auf unsere Beziehung zu uns selbst aus, wenn wir Eigenschaften wie Härte, Unfreundlichkeit, Abwertung und Lieblosigkeit wirken lassen? Und was passiert, wenn wir ganz andere Eigenschaften wie Freundlichkeit und Fürsorglichkeit ins Spiel bringen?

Wenn wir unsere Werte kennen, hat das einen großen Vorteil: Wir können sie *auf der Stelle* nutzen, um unserem Leben mehr Sinn zu verleihen. Wir müssen nicht warten, bis wir irgendeine edle Aufgabe entdecken, für die wir uns einsetzen; wir können einfach hier und jetzt unsere Werte in jede Beziehung – zu irgendjemand oder irgendetwas – einbringen. Im nächsten Kapitel werden wir uns damit beschäftigen, wie man das tut, aber zum Abschluss dieses Themas möchte ich Ihnen etwas zum Nachdenken schenken, einige Worte des kanadischen Dichters Henry Drummond: »Wenn ihr auf euer Leben zurückblickt, werdet ihr feststellen, dass die Momente, in denen ihr wirklich gelebt habt, jene sind, in denen ihr etwas im Geiste der Liebe getan habt.«

14

Ein kleiner Schritt

Haben Sie schon mal den Spruch gehört: »Was zählt, ist der Gedanke«?

Denken wir darüber einen Augenblick nach. Was bedeutet Ihnen mehr: Wenn jemand den Gedanken hat, ein Geburtstagsgeschenk für Sie zu kaufen, oder wenn er sich tatsächlich auf die Socken macht und eines kauft? Wodurch geraten Sie mit dem Gesetz in Konflikt: Wenn Sie daran denken, ein Verbrechen zu begehen, oder wenn Sie tatsächlich eines begehen? Was zählt für Ihre Kinder am meisten: Wenn Sie darüber nachdenken, liebevoll und unterstützend zu sein, oder wenn Sie sich tatsächlich liebevoll und unterstützend verhalten?

Kein Kind hat später je gesagt: »Wirklich bewundert an meinem Papa hab ich, dass er zwar total egoistisch und nie für mich da war, wenn ich ihn brauchte, aber er hat oft darüber *nachgedacht*, liebevoller und fürsorglicher zu sein!«

Machen wir uns also nichts vor: Was zählt, sind unsere Taten, nicht unsere Gedanken. Das ist auch gut so, sonst säßen wir alle ganz schön in der Tinte. Denken Sie nur an all die zornigen, rachsüchtigen Gedanken, die Sie im Leben schon hatten, an all die Male, als Sie daran gedacht haben, einem anderen Menschen wehzutun, zum Beispiel durch üble Beleidigungen, herabsetzende Bemerkungen oder gar Racheakte. Und haben Sie nicht schon mal daran gedacht, Ihren Partner oder Ihre Partnerin zu verlassen, Ihre Arbeit zu kündigen oder vor Ihrem Leben davonzulaufen? Wir alle haben massenhaft Gedanken, die wir nie öffentlich zugeben würden, so peinlich sind sie. In welchem Zustand wäre unser Leben also, wenn solche Gedanken tatsächlich mehr zählen würden als das, was wir tun?

Wir erschaffen unser Leben durch unser Handeln, nicht durch unsere Gedanken. Einer meiner derzeitigen Klienten denkt ernsthaft darüber nach, seinen langweiligen, öden, anspruchslosen Job aufzugeben und eine Ausbildung als Psychologe zu machen. Das Problem ist, er denkt schon seit mehr als zehn Jahren ernsthaft darüber nach – und hat immer noch kein bisschen gehandelt! Sind wir nicht auch ein wenig so wie er? Meistens verbringen wir viel zu viel Zeit damit, darüber nachzudenken, was wir mit unserer Zeit auf der Erde anfangen wollen, und bei Weitem nicht genügend Zeit damit, es tatsächlich zu tun.

Wenn wir sagen: »Was zählt, ist der Gedanke«, dann dient das natürlich einem bestimmten Zweck: Wir wollen, dass sich jemand anderes besser fühlt. Wir vermuten nämlich, dass sich diese Person schlecht fühlt, weil sie etwas, das sie für wichtig hält – zum Beispiel den Kauf des besagten Geburtstagsgeschenks –, nicht durchgezogen hat, und wir wollen ihr aus der Patsche helfen.

Wie wäre es also, wenn Sie in einer solchen Situation das nächste Mal etwas sagen, das demselben Zweck dient, aber ein bisschen aufrichtiger und mitfühlender ist, zum Beispiel: »Komm, du bist auch nur ein Mensch. Mir passiert so was auch mal. Es ist wirklich nicht so schlimm.«

Und wenn Sie das nächste Mal über einen wichtigen Bereich Ihres eigenen Lebens nachdenken, könnten Sie sich wohl diese Fragen stellen: »Welchen winzigen Schritt kann ich tun? Was ist das Kleinste und Leichteste, das ich unternehmen könnte, um an diesem Aspekt meines Lebens etwas zu ändern?« Wenn es darum geht, das Leben zu erschaffen, das Sie führen wollen, zählt nämlich selbst das Geringfügigste, was Sie tun, mehr als viele hundert Stunden Nachdenken.

Dabei können uns unsere Werte tatsächlich von großer Hilfe sein. Wir können uns zwei einfache Fragen stellen:

- Welche Beziehung ist für mich in diesem Augenblick am wichtigsten?
- Was will ich dazu beitragen?

Betrachten wir einige Beispiele, um uns das zu verdeutlichen. Nehmen wir an, die Beziehung, die Ihnen in diesem Augenblick am wichtigsten ist, ist die zu Ihrem Körper. Können Sie dazu Offenheit und Neugier beitragen? Können Sie wahrnehmen, was Ihr Körper gerade tut? Wie er sich bewegt? Wo er angespannt ist und wo entspannt? Wo er stark und wo er schwach ist? Wodurch er besser funktioniert und wodurch schlechter? Können Sie mit Ihrem Körper freundlich und fürsorglich umgehen, indem Sie sich dehnen, Sport treiben, gut essen und gut schlafen, ihm Ruhe gönnen, ihm eine neue Fertigkeit beibringen oder mit ihm im Park spazieren gehen?

Falls die wichtigste Beziehung momentan die zu Ihrem Kopf ist, können Sie auch da Offenheit und Neugier einbringen? Nehmen Sie wahr, womit er sich gerade beschäftigt: Tut er etwas Nützliches? Fantasiert er, erinnert er sich, macht er sich Sorgen, denkt er nach oder plant er? Wenn Sie fürsorglich und hilfreich mit ihm umgehen wollen, können Sie ihm dann etwas Ruhe gönnen? Können Sie ihm eine neue Fertigkeit beibringen? Oder können Sie ihm etwas Interessantes präsentieren, zum Beispiel neue Bücher, Musikstücke oder Filme?

Und falls die wichtigste Beziehung momentan jene zu einer künstlerischen Betätigung, einer Sportart, einem Hobby, Ihrer Arbeit oder Ihrem Studium ist, was geschieht dann, wenn Sie sich dem mit Interesse und Aufmerksamkeit widmen, wenn Sie sich voll und ganz darauf einlassen, wenn Sie mit Begeisterung, Neugier, Mut, Kreativität, Sorgfalt, Überlegung oder Geduld zur Sache gehen?

Falls es sich um eine Beziehung zu einer Person handelt, gilt dieselbe Frage, egal, ob es sich um Ihre Partnerin oder Ihren Partner, Ihr Kind, Vater oder Mutter, eine Freundin, einen Nachbarn, eine Lehrerin, einen Schüler, eine Mentorin, einen Kunden, Ihre Chefin oder einen Kollegen handelt. Was wollen Sie einbringen? Wollen Sie engagiert, neugierig, aufmerksam, offen, fürsorglich sein – oder gleichgültig, desinteressiert, unaufmerksam, verschlossen, gefühllos? Im ersten Fall gibt es Möglichkeiten, das an Ort und Stelle zu tun. Sie können der anderen Person mehr Aufmerksamkeit schenken – ihrem Gesicht, ihrem Tonfall, ihrer Körperhaltung und dem, was sie sagt. Sie können sich für ihre Emotionen, ihre Gedanken und Überzeugungen, ihre Standpunkte und Annahmen interessieren. Sie können versuchen, die Welt und die Bedürfnisse dieser Person zu verstehen, oder ihr kleine Akte der Freundlichkeit und Fürsorge zukommen lassen.

Falls die Person Sie schlecht behandelt, müssen Sie innerhalb dieser Beziehung allerdings andere Prioritäten setzen. Zuallererst müssen Sie sich um *Ihre eigene* Gesundheit und Ihr eigenes Wohlbefinden kümmern; Sie müssen tun, was nötig ist, um sich zu schützen, um für sich zu sorgen und Ihre eigenen Bedürfnisse zu erfüllen. Falls die schlechte Behandlung andauert, wollen Sie vielleicht darüber nachdenken, die Beziehung zu beenden. Natürlich ist das nicht immer möglich, und selbst wenn, ist es unter Umständen nicht die beste Option, zum Beispiel, wenn Sie für ein Familienmitglied sorgen, das sich aufgrund einer Krankheit aggressiv verhält. Solange die Beziehung besteht, sollte es dennoch Ihre Priorität sein, für sich selbst zu sorgen.

Im letzten Kapitel haben Sie Kontakt zu Ihren Werten aufgenommen. Jetzt besteht die Herausforderung darin, diese in die Tat umzusetzen. Was können Sie sagen – schweigend zu sich selbst oder laut zu anderen –, um Ihre Werte ins Spiel zu bringen? Was können Sie mit Armen und Beinen, mit Händen und Füßen, mit Ihrem Gesichtsausdruck, Ihrer Körperhaltung und Ihrem Tonfall tun?

Ein Stein nach dem anderen

Im letzten Kapitel ging es unter anderem darum, dass man eine Mauer baut, indem man einen Backstein neben und auf dem anderen aufschichtet. Es ist gut, dieselbe schrittweise Methode zu nutzen, wenn wir unser Leben nach einem Verlust wiederaufbauen, sonst überfordern wir uns womöglich. In diesem Sinne können Sie Ihr Leben in vier übergeordnete Bereiche einteilen: Arbeit und Bildung; Familie und Freundeskreis; Entspannung und Freizeit; Gesundheit und Wohlbefinden. Ich empfehle, dass Sie jede Woche *nur einen* von diesen vier Bereichen auswählen, um aktiv daran zu arbeiten.

Zum Bereich »Arbeit und Bildung« gehören bezahlte Arbeit, ehrenamtliche Tätigkeiten und alle Formen von Studium, Ausbildung und Lernen. Zu »Familie und Freundeskreis« gehören Kinder, Eltern, Partnerin oder Partner, Verwandte, Freunde und alle anderen Menschen, die Ihnen wirklich wichtig sind. »Entspannung und Freizeit« bezieht sich auf Hobbys, andere Interessen, kreative Tätigkeiten, aktiven und passiven Sport und alles, was Sie gern tun, um sich auszuruhen und zu entspannen. »Gesundheit und Wohlbefinden« schließt alles ein, was Sie tun, um aktiv zu Ihrer körperlichen, emotionalen, spirituellen und psychischen Gesundheit und zu Ihrem Wohlbefinden beizutragen. Natürlich überschneiden sich diese Bereiche; im Grunde sind sie nicht wirklich voneinander getrennt. Es ist nur eine praktische Methode, sich mit verschiedenen Aspekten des Lebens zu beschäftigen. Erfreulicherweise ergibt sich durch den engen Zusammenhang der Bereiche oft ein Dominoeffekt – während man an einem arbeitet, hat das positive Wirkungen auf einen anderen.

Sobald Sie einen Bereich ausgewählt haben, suchen Sie zwei oder drei Werte aus, die Sie einbringen wollen. Wenn es unbedingt nötig ist, können Sie auch vier bis fünf Werte nehmen, aber dann wird es schwerer, sich an alle zu erinnern. Überlegen Sie nun, wie Sie diese Werte aktiv in dem gewählten Bereich zum Ausdruck bringen wollen. Welche neuen Aktivitäten könnten Sie ausprobieren? Wie können Sie das, was Sie bereits tun, modifizieren? Was könnten Sie unternehmen? Was könnten Sie sagen? Wie würden Sie mit sich selbst, mit anderen und mit Ihrer Umwelt umgehen?

Antonio hat sich entschieden, zuerst an dem Bereich »Familie und Freundeskreis« zu arbeiten, mit einem besonderen Fokus auf seiner

Beziehung zu Cathy. Als Werte hat er Freundlichkeit, Verständnis und Offenheit gewählt. Er hörte auf, zu viel zu trinken, vor dem Fernseher herumzugammeln und Streit anzuzetteln. Stattdessen hat er Cathy mit echter Freundlichkeit zugehört und sie in die Arme genommen, wenn sie weinte. Er hat mit ihr lange Abendspaziergänge gemacht, bei denen die beiden offen und aufrichtig über ihren Kummer sprechen konnten. Sein Kummer und sein Leiden sind dadurch nicht verschwunden, aber er hatte das Gefühl, sich selbst treu und der Partner zu sein, der er tief im Herzen wirklich sein wollte.

Shanti wählte denselben Bereich und die Werte Mut, Offenheit und Aufrichtigkeit. Schritt für Schritt begann sie, die Verbindung mit ihrem Freundeskreis und ihrer Familie wiederaufzubauen, was an sich schon sehr mutig war, da es ein gewaltiges Gefühl von Scham und Beklemmung in ihr auslöste. Außerdem entschied sie sich, ihre Gefühle ehrlich und offen zum Ausdruck zu bringen, statt sie zu verbergen und so zu tun, als wäre sie glücklich und zufrieden. Zu ihrer Überraschung stellte sie fest, dass die meisten Menschen aus ihrem Umkreis freundlich und verständnisvoll reagierten. Allerdings waren manche leider nicht in der Lage, ihr die nötige Unterstützung zukommen zu lassen, und ausgerechnet ihre Mutter machte sie für die Affäre ihres Mannes verantwortlich: »Wenn du ihm eine bessere Ehefrau gewesen wärst, hätte er nicht nach jemand anderem Ausschau gehalten!« In diesem Fall brachte Shanti weitere Werte ein, nämlich Mitgefühl und Schutz für sich selbst. Sie verbrachte nur noch so viel Zeit mit ihrer Mutter wie unbedingt nötig, und wenn diese sich gemein verhielt, ging sie selbst freundlich mit sich um. Statt mit ihrer Mutter zusammen zu sein, verbrachte sie mehr Zeit mit Menschen, die wirklich auf liebevolle und unterstützende Weise für sie da sein konnten. Ihre Traurigkeit, ihre Wut und die ganzen schmerzhaften Erinnerungen lösten sich dadurch zwar nicht in Luft auf, aber sie hatte das Gefühl, ihr Leben wiederzugewinnen.

Da Dave seinen Job verloren hatte, lag es nahe, dass er den Bereich »Arbeit und Bildung« wählte. Als Werte suchte er sich Geduld, Beharrlichkeit und Verantwortung aus. Er nahm sich vor, täglich acht Stunden damit zu verbringen, entweder aktiv eine neue Stelle zu suchen oder sich Fertigkeiten und Informationen anzueignen, die ihm dabei helfen würden. Die unangenehme Aufgabe, seinen Lebenslauf zu schreiben, Angebote zu studieren, sich zu bewerben und zu Bewerbungsgesprächen zu gehen, gab ihm viele Gelegenheiten, nach seinen Werten zu leben. Während er sich jeden Morgen auf die unangenehmen (und unbezahlten) Dinge vorbereitete, die er erledigen musste, warf er den Anker und wiederholte schweigend seine Werte wie ein Mantra: »Geduld, Beharrlichkeit, Verantwortung.« Dadurch wurden seine Aufgaben nicht leicht oder erfreulich, aber er bekam ein Gefühl der Handlungsfähigkeit. Er hatte nicht die Macht, den Unannehmlichkeiten der Jobsuche zu entkommen oder dafür zu sorgen, dass er die Beschäftigung fand, die er haben wollte. Aber er hatte die Macht, seine eigene Einstellung zu wählen und sich zu entscheiden, was er angesichts seiner Schwierigkeiten ins Spiel bringen wollte.

Natalie beschloss, sich auf »Gesundheit und Wohlbefinden« zu konzentrieren. Als Werte wählte sie Selbstfürsorge und Freundlichkeit gegenüber sich selbst aus. Sie machte täglich die Übung mit der freundlichen Hand und arbeitete hart daran, sich von der Geschichte zu lösen, sie sei eine »schlechte Mutter«. Seit dem Tod ihres Sohnes hatte sie stark abgenommen und war nun ungesund mager. Obwohl sie keinen Appetit hatte, fing sie im Sinne der Selbstfürsorge an, Proteinshakes zu trinken, um ihre Kalorienzufuhr zu erhöhen. Natürlich brachte das weder ihren Sohn zurück, noch linderte es ihren Kummer über seinen Tod, aber es verlieh ihr das Gefühl, inmitten des ganzen Chaos ein bisschen Kontrolle wiederzugewinnen. Und es half ihr, Zugang zu den fürsorglichen Instinkten zu finden, die sie als Mutter immer gehabt hatte.

Rada beschäftigte sich mit dem Bereich »Entspannung und Freizeit«. Als Werte wählte sie Kreativität, Beharrlichkeit und Offenheit (Offenheit dafür, etwas Neues auszuprobieren, Fehler zu machen und daraus zu lernen). Skulpturen schaffen oder Tanzen konnte sie nicht mehr, deshalb fand sie andere Möglichkeiten, diese Werte zum Ausdruck zu bringen. Unter anderem experimentierte sie mit ihren Dehn- und Kräftigungsübungen, die sie im Rhythmus ganz langsamer und beruhigender Musik ausführte wie einen minimalistischen Tanz in Zeitlupe. Das war zwar etwas ganz anderes als die gewohnten lateinamerikanischen Tänze, aber doch eine Chance, Kreativität, Offenheit und Beharrlichkeit zu praktizieren, ganz zu schweigen davon, dass es ihre physiotherapeutischen Übungen wesentlich interessanter machte. Außerdem nahm sie eine neue kreative Aktivität auf, mit der sie sich seit ihrer Schulzeit nicht mehr beschäftigt hatte: Bleistiftzeichnen. Auch das war etwas ganz anderes als Bildhauern, und sie hatte kein natürliches Talent dafür, aber es schenkte ihr die Befriedigung, kreativ und offen dafür zu sein, etwas zu lernen.

Kommen wir jetzt wieder zu Ihnen zurück. Ich schlage Ihnen vor, wenigstens einen Monat lang jede Woche einen Lebensbereich auszuwählen, auf den Sie sich konzentrieren. Wenn Sie wollen, kann das jede Woche derselbe Bereich sein; Sie müssen nicht wechseln. Wählen Sie außerdem zwei oder drei Werte (höchstens fünf), mit denen Sie spielerisch experimentieren wollen, und bringen Sie diese aktiv in das ein, was Sie tun.

Falls Sie sich nicht im Klaren darüber sind, was Sie verändern wollen, machen Sie einfach weiter das, was Sie bereits tun – aber suchen Sie dabei nach Gelegenheiten, diese Aktivitäten mit Ihren Werten zu »würzen«. Nehmen wir zum Beispiel an, Sie wählen den Bereich »Familie und Freundeskreis« und als Werte Wärme und Verspieltheit. Halten Sie dann, während Sie mit den Menschen aus Ihrer Nähe zusammen sind, nach Gelegenheiten Ausschau, ein bisschen Wärme und Freundlichkeit in den Umgang einzubringen, durch das, was Sie sagen und tun oder auch nur durch Ihren Gesichtsausdruck und Ihren Tonfall.

Während Sie den Augenblick mit solchen Werten würzen, können Sie sich Zeit nehmen, ihn auszukosten. Nehmen Sie den Unterschied wahr, den Ihr Verhalten macht, und würdigen Sie ihn. Registrieren Sie, wie es ist, sich so zu verhalten, wie Sie es tief im Herzen wirklich tun wollen. Wie ist das für Sie? Wie ist es für die Menschen, die Ihnen etwas bedeuten? Wird das Leben dadurch sinnvoller und erfüllter? Ist es etwas, das Sie öfter tun möchten?

Würzen und auskosten

Egal, ob Sie etwas Neues anfangen – wie Rada mit ihrem Zeichnen und Dave mit seiner Jobsuche – oder ob Sie mehr oder weniger dasselbe tun wie bisher, können Sie Ihre Werte reichlich in Ihr Leben einbringen. Eine Methode, das zu tun, ist eine simple Übung, zu der man weniger als eine Minute braucht. Nehmen Sie sich ein oder zwei Mal pro Tag einige Momente Zeit, den Anker zu werfen und an zwei oder drei Werte zu denken, die Sie in den nächsten Stunden in Ihr Leben einbringen wollen. Das können jedes Mal dieselben Werte sein oder ab und zu andere. Halten Sie dann, während Sie weiter durch den Tag gehen, Ausschau nach Gelegenheiten, Ihre Aktivitäten mit diesen Werten zu würzen.

Seien Sie dabei flexibel. Sie können Ihre Werte in weitere Bereiche einbringen, statt sich an die zu halten, auf die Sie sich konzentrieren wollen. Wenn sich die Gelegenheit ergibt, andere Werte als die einzubringen, die Sie für diesen Zeitraum ausgewählt haben, sollten Sie sich nicht davon abhalten lassen. Würzen Sie das, was Sie erleben, mit Ihren Werten, und kosten Sie aus, was dann geschieht.

15

Die Herausforderungsformel

»Man kann das Meer nicht überqueren,
indem man dasteht und aufs Wasser starrt.«
Rabindranath Tagore

Das Leben ist freundlich und grausam zugleich, es teilt großzügig Wunder und Schrecken aus. In meinen Jahren als niedergelassener Arzt bin ich auf viele Menschen getroffen, die in ihrem Leben schrecklich gelitten hatten. Ich habe von Brandwunden entstellte Kinder gesehen und Säuglinge mit tödlichen Erkrankungen. Ich habe gesehen, wie starke, tüchtige Erwachsene zu Invaliden wurden und wie die Fähigkeiten brillanter Denker durch Demenz ausgelöscht wurden. Ich habe durch vielerlei Verletzungen entstellte Körper gesehen, Opfer von Gewalt und Katastrophen. Ich habe Flüchtlinge aus fernen Ländern gesehen, die sich bemühten, ihr Leben nach Vergewaltigung und Folter wiederaufzubauen oder nach dem Verlust fast aller Angehörigen neu anzufangen. Ich habe gesehen, wie Menschen vor Trauer heulten, nachdem sie jemanden verloren hatten, und wie verzweifelte Mütter ihr tot geborenes Baby in den Armen hielten. Ich habe Männer mit nässenden Wunden und mit von Blasen bedeckter Haut gesehen und Frauen mit gebrochenen Knochen und blutenden Arterien. Ich habe Blinde, Taube und Gelähmte gesehen, Schwerkranke und frisch Verstorbene.

Inmitten dieses ganzen Schmerzes habe ich jedoch auch Mut, Freundlichkeit und Mitgefühl gesehen. Ich habe gesehen, wie Menschen sich gegenseitig halfen, wie Familien in einer Krise enger zusammenrückten, wie sich Freunde und Nachbarn an der Hand hielten. Ich habe Männer und Frauen gesehen, die dem Tod mit Würde ins Auge blickten, und ich habe gesehen, wie Liebe und Zuneigung aus zerbrochenen Herzen strömten. Ich habe gesehen, wie Eltern langsam ihr zerstörtes Leben wiederaufbauten und die innere Kraft fanden, durchzuhalten und zu wachsen.

Eine schreckliche Krise kann uns dazu bringen, suchend unser Herz zu öffnen, in unser Inneres zu blicken und zu entdecken, woraus wir gemacht sind. Das kann allerdings eine Weile dauern und sich außerdem von Stunde zu Stunde, von Tag zu Tag, von Woche zu Woche ändern. Wahrscheinlich kommen Zeiten, in denen wir am Leben verzweifeln, Zeiten, in denen uns alles zu viel ist und wir einfach nur noch dichtmachen wollen.

Das ist zu erwarten, es ist eine natürliche Reaktion. Wir nutzen die uns bekannten Methoden für einen Fluchtversuch, ob das nun Filme und Musik oder Alkohol und Drogen sind. Selbst wenn uns die Flucht nur einen einzigen Moment lang gelingt, verspüren wir eine gewaltige Erleichterung. Ein Leben, in dem wir uns aus allem zurückziehen, ist jedoch nicht erfüllend. Und wenn wir unsere Tage mit einem ständigen Kampf gegen die Realität verbringen, sind wir bald völlig erschöpft. Wenn es uns angesichts eines großen Realitätsschocks also gut gehen soll, ist es am besten, uns dem Leben, wie es in diesem Moment ist, zu öffnen, und für etwas zu stehen, das uns tief im Herzen wichtig ist. Helfen kann uns bei dieser Aufgabe eine bestimmte Strategie, nämlich …

Die Herausforderungsformel

Egal, wie groß die Herausforderung ist, vor der wir stehen, wir sind nicht machtlos. Wir haben Alternativen. Selbst in den schwierigsten Situationen haben wir entweder zwei oder drei Optionen. Wir können:

1. die Situation verlassen.
2. bleiben, nach unseren Werten leben und alles tun, was möglich ist, um die Situation zu verbessern, Raum für den unvermeidlich damit verbundenen Schmerz zu schaffen und freundlich mit uns umzugehen.
3. bleiben und Dinge tun, die entweder nichts bewirken oder die Situation verschlimmern.

Die erste Option – die Situation zu verlassen – ist nicht immer verfügbar. Wenn man zum Beispiel im Gefängnis oder in einem Flüchtlingslager sitzt, kann man nicht einfach hinausmarschieren. Auch wenn es sich um eine schwere Erkrankung handelt oder wenn man ein Familienmitglied verloren hat, kann man die Situation nicht einfach verlassen; sie begleitet einen auf Schritt und Tritt. Gelegentlich jedoch ist es durchaus eine Option, und in diesem Fall sollte man sie ernsthaft in Betracht ziehen. Wenn man beispielsweise in einer destruktiven Beziehung, einem miserablen Job oder einem gefährlichen Wohnviertel feststeckt, lohnt sich die Frage: Würde mein Leben reicher, erfüllter, sinnvoller sein, wenn ich die Situation verlasse, statt darin zu verharren?

Wenn man die Situation jedoch nicht verlassen kann oder will, oder wenn man das nicht für die beste Entscheidung hält, bleiben nur die anderen beiden Möglichkeiten. Leider kommt den meisten Menschen die dritte Option ziemlich naheliegend vor: *bleiben und Dinge tun, die entweder nichts bewirken oder die Situation verschlimmern.* In einer kritischen Lage verfangen wir uns leicht in heiklen Gedanken und Gefühlen und verfallen in kontraproduktive Verhaltensmuster, durch die wir entweder steckenbleiben oder alles nur noch schlimmer machen. Wir verfallen in exzessiven Gebrauch von Suchtmitteln wie Alkohol, streiten mit den Menschen in unserer näheren Umgebung oder ziehen uns von ihnen zurück, vernachlässigen wichtige Aspekte des Lebens und vieles mehr. Ich jedenfalls bin oft in solche Muster verfallen, und ich bin ziemlich sicher, dass es Ihnen auch so geht.

Der Weg zu einem besseren Leben liegt also eindeutig in Option 2: *bleiben, nach unseren Werten leben und alles tun, was möglich ist, um die Situation zu verbessern.* Natürlich kann man nicht erwarten, in einer wirklich schwierigen Situation froh und glücklich zu sein; stattdessen hat man garantiert eine Menge schmerzhafte Gedanken und Gefühle. Daher ist der zweite Teil dieser Option – *Raum für den unvermeidlichen Schmerz zu schaffen und freundlich mit uns umzugehen* – ausgesprochen wichtig. Das ist der Grund, weshalb wir im ersten Teil dieses Buchs so viel Zeit damit verbracht haben zu lernen, wie man Raum für schmerzhafte Gedanken, Gefühle und Erinnerungen schafft, wie man ihnen Wirkung und Kraft nimmt, wie man sie zulässt, ohne sich von ihnen beuteln zu lassen, und wie man auf den vorhandenen Schmerz mit echter Freundlichkeit reagiert.

Das Leben von Nelson Mandela ist ein ausgezeichnetes Beispiel dafür, wie die Herausforderungsformel angewendet werden kann. Siebenundzwanzig Jahre lang wurde Mandela von der südafrikanischen Regierung eingesperrt. Weshalb? Weil er es wagte, für Freiheit und Demokratie zu kämpfen und sich gegen die Apartheid zu wehren, die offizielle Politik der Rassendiskriminierung. Option 1 der Formel kam für ihn daher eindeutig nicht infrage: Er konnte das Gefängnis nicht verlassen. Daher entschied er sich hauptsächlich für Option 2. Er schuf Raum für seine schmerzhaften Gefühle und lebte nach seinen Werten: Freiheit, Gleichheit und Frieden. Während der ersten siebzehn Jahre, als Mandela auf Robben Island eingekerkert war, musste er dort Zwangsarbeit im Steinbruch leisten. Dennoch nutzte er die Situation zu seinem Vorteil. In dem Bewusstsein, dass Bildung eine unerlässliche Grundlage für Gleichheit und Demokratie darstellt, veranstaltete er illegale Zusammenkünfte in den Stollen des Steinbruchs, bei denen sich die Gefangenen gegenseitig Unterricht gaben. Später bezeichnete man das als »Mandela University«.

Zu den bemerkenswertesten Aspekten von Mandelas Geschichte gehört, dass die südafrikanische Regierung ihm 1985, als er schon zweiundzwanzig Jahre im Gefängnis saß, anbot, ihn zu entlassen –

und er lehnte ab! Weshalb? Weil er sich als Bedingung für die Freilassung hätte verpflichten müssen, sich nicht mehr gegen die Apartheid zu äußern. Hätte er das getan, so hätte er sich gegen seine wichtigsten eigenen Werte gewandt, weshalb er sich entschied, im Gefängnis zu bleiben. Dadurch blieb er *weitere fünf Jahre* eingekerkert, bevor man ihn endlich entließ, ohne Bedingungen zu stellen. Trotz seines gewaltigen Realitätsschocks war er also in der Lage, Erfüllung zu finden, indem er für etwas eintrat, für Frieden, Demokratie und Gleichheit. Nun ist der Fall Mandela zwar außergewöhnlich, doch die Herausforderungsformel gilt für uns alle, egal, in welcher Situation wir uns befinden. Wenn wir diese nicht verlassen können oder wollen, können wir darin bleiben und nach unseren Werten leben. Wir können alles in unserer Macht Stehende tun, unsere Lage zu verbessern, und wir können Raum für den unvermeidlichen Schmerz schaffen.

Im ersten Kapitel habe ich ein ACT-Programm erwähnt, das ich im Auftrag der Weltgesundheitsorganisation für den Einsatz in Flüchtlingslagern überall auf der Welt entwickelt habe. Es besteht hauptsächlich aus Audioaufnahmen, die sich die Flüchtlinge in kleinen Gruppen anhören. Nachdem darin die Konzepte von ACT erklärt wurden, werden die Gruppenmitglieder aufgefordert, ähnliche Übungen wie die in diesem Buch zu machen. Die Herausforderungsformel kommt schon früh in der allerersten Sitzung zum Zug. Die Realität in einem Flüchtlingslager besteht bekanntlich darin, dass man nicht weggehen kann, weshalb Option 1 ausfällt. Damit hat man jedoch immer noch die Wahl zwischen den Optionen 2 und 3. Zum Beispiel kann man die Leute, mit denen man in einem Zelt wohnt, mit Freundlichkeit, Wärme und Offenheit behandeln – oder mit Aggressivität, Kälte und Feindseligkeit. Die Entscheidung, die man trifft, verändert das, was man im Zelt erlebt. Verlässt man das Zelt, gilt dasselbe. Man kann aufgeschlossen und freundlich mit den Nachbarn aus anderen Zelten umgehen oder abweisend und unfreundlich. Man kann an gemeinsamen Aktivitäten wie Singen und Beten teilnehmen, und man kann sich davon fernhalten. Je mehr man sich für Option 2 entscheidet, je mehr man also nach den eigenen Werten lebt und alles tut, was möglich ist, um die Situation zu verbessern, während man zugleich Raum für den unvermeidlichen Schmerz schafft und freundlich mit sich umgeht, desto besser ist die eigene Lebensqualität im Lager.

Realistisch sein

Was Option 2 angeht, ist es von großer Bedeutung, realistisch zu sein. Wenn man zum Beispiel im Gefängnis oder in einem Flüchtlingslager sitzt oder wenn man an einer schweren Erkrankung leidet, gibt es allerhand, was einfach nicht möglich ist. Beschäftigt man sich jedoch zu sehr damit, was man *nicht* tun kann, fühlt man sich garantiert miserabel. Deshalb ist es wesentlich klüger, sich darauf zu konzentrieren, was man *trotzdem* tun kann. Rada zum Beispiel wurde von ihrem Kopf ständig dazu gedrängt, Skulpturen zu schaffen und zu tanzen, obwohl beides nicht realistisch war, weshalb sie immer deprimierter wurde. Als sie sich jedoch darauf konzentrierte, wozu sie in der Lage war, und damit ihre Werte auf andere Weise lebte, wurde ihr Leben wesentlich erfüllter.

Unser Kopf erzählt uns oft von Dingen, die wir nicht haben oder nicht tun können, was völlig normal ist. Daran hindern können wir ihn nicht, aber wir können uns von solchen Gedanken lösen: »Aha, da ist ja die Geschichte, dass ich das nicht tun kann«, »Jetzt erinnert mein Kopf mich an alles, was mir fehlt«, »Ich nehme Gedanken über die Dinge wahr, die ich nicht tun kann«. Wir können akzeptieren, wie schmerzhaft das ist, wir können uns öffnen und Raum für schwierige Gefühle schaffen, wir können freundlich mit uns umgehen. Und wir können an unsere Werte denken und angesichts aller Herausforderungen in deren Sinne handeln.

Bisher ging es hauptsächlich um kleine Schritte und kleine Verhaltensänderungen. Wenn wir unser Leben nach einem Realitätsschock wiederaufbauen, geschieht das in erster Linie durch solche kleinen

Veränderungen. Setzen wir uns zu große Ziele, kann das leicht fehlschlagen; nur allzu oft haben wir nicht genügend Zeit, Energie und andere Ressourcen, um diese Ziele zu erreichen. Dann überfordert uns alles, und wir geben auf. Kleine Veränderungen sind wesentlich leichter zu erreichen und beizubehalten, und mit der Zeit haben sie oft eine dramatische Wirkung. Wenn es nun aber nötig wird, sich Ziele zu setzen, ist es wichtig, dass sie realistisch sind. Effizient Ziele zu setzen, ist eine beachtliche Fertigkeit, die von den meisten Menschen nicht von Natur aus gut beherrscht wird. Falls Sie dabei Hilfe brauchen, schlagen Sie bitte in Anhang C nach, wo Sie Schritt für Schritt durch den betreffenden Prozess geführt werden. Und sobald Sie sich Ziele gesetzt haben, besteht der nächste Schritt natürlich darin, zur Tat zu schreiten!

Leider wissen wir nicht im Voraus, ob wir unsere Ziele erreichen werden oder nicht, aber in Aktion treten können wir sofort. Sobald wir das tun, verspüren wir ein Gefühl von Kraft und Lebendigkeit. Es ist das Gefühl, dass wir das Leben annehmen und das Beste daraus machen, statt es an uns vorübergehen zu lassen.

Bereitschaft

Wenn ich meinen Klienten die Herausforderungsformel vorstelle, sind die meisten erleichtert, denn sie können dadurch erkennen, dass sie eine Wahl haben. Gelegentlich zeigt jemand allerdings eine starke negative Reaktion, meist eine Mischung aus Ärger und Beklemmung. Weshalb? Normalerweise liegt das daran, dass mein Vorschlag als zu konfrontativ empfunden wird. Die Herausforderungsformel konfrontiert uns mit der Realität, dass wir Wahlmöglichkeiten haben und deshalb dafür verantwortlich sind, wie wir handeln. Option 3 bietet nur kurzfristig Erleichterung, indem wir auf die Geschichte hereinfallen, wir könnten ohnehin nichts tun, weshalb wir genauso gut aufgeben könnten. Das kann erleichternd sein, weil es uns von jeder Verantwortung befreit. Auf lange Sicht nimmt es uns allerdings unsere Lebendigkeit. Die können wir nur erhalten, indem wir eine klare Haltung einnehmen und die erste oder zweite Option wählen. Erreichen werden wir diese Lebendigkeit dabei nur, wenn unsere Haltung eine Eigenschaft beinhaltet, die als »Bereitwilligkeit« bezeichnet wird.

Was bedeutet »Bereitwilligkeit«? Der Psychologe Hank Robb erklärt es so: Nehmen wir an, Sie bezahlen an der Kinokasse zwanzig Dollar für eine Eintrittskarte. Sie können sich von dem Geld ärgerlich und widerstrebend trennen oder bereitwillig, aber zahlen müssen Sie auf jeden Fall. Wenn Sie es bereitwillig tun, machen Sie eine wesentlich erfüllendere Erfahrung, als wenn Sie es ärgerlich tun.

Handeln wir daher bereitwillig, während wir eine klare Haltung einnehmen! Sobald sich in unser Handeln Aussagen einmischen wie »Ich habe keine Wahl«, »Das ist mir zuwider«, »Zu so was sollte ich eigentlich nicht gezwungen sein«, »Das ist mein Los im Leben« und »Ich muss mich so verhalten, weil es meine Pflicht ist«, fühlen wir uns belastet, entmündigt oder entkräftet. Ein Wert ist nämlich nicht mit Ausdrücken wie »muss«, »soll« oder »sollte« verbunden; so etwas verwandelt unsere Werte nur in Regeln, die uns die Lebendigkeit rauben.

Wie aber können wir Regeln von Werten unterscheiden? Nun, Regeln kann man normalerweise dadurch identifizieren, dass sie Ausdrücke wie »richtig«, »falsch«, »gut«, »schlecht«, »sollte«, »sollte nicht«, »muss«, »müsste«, »kann nicht, falls …«, »sollte nicht, weil …« und »nur wenn …« enthalten. Regeln sagen uns, wie wir unser Leben führen sollen; sie informieren uns über die richtige und falsche Weise, etwas zu tun. Werte tun das *nicht*, sie beschreiben einfach die Eigenschaften, die wir in unser tägliches Verhalten einbringen wollen. Das Gebot »Du sollst nicht töten« ist also eine Regel. Es sagt uns, was wir tun und lassen sollten, was richtig und was falsch ist. Die Werte hinter dieser Regel sind die Sorge um das menschliche Leben und der Respekt davor. Falls es also zu Ihren Werten gehört, liebevoll zu sein, dann ist das offenkundig etwas ganz anderes als eine Regel wie: »Du *musst* immer liebevoll sein, komme, was da wolle!« Wenn es zu Ihren

Werten gehört, freundlich zu sein, unterscheidet sich das deutlich von einer Regel wie: »Du *solltest* immer freundlich sein, selbst wenn man dich beleidigend behandelt.« Wenn Effizienz ein Wert für Sie ist, ist das etwas anderes als die Regel: »Du *musst* alles perfekt machen, sonst ist es zwecklos.«

Natürlich können wir unsere Werte verwenden, um Regeln zu entwickeln, die uns leiten, aber wir müssen uns darüber im Klaren sein, dass es sich nicht um dasselbe handelt. Werte vermitteln uns ein Gefühl der Freiheit, weil es viele unterschiedliche Möglichkeiten gibt, danach zu handeln. Regeln hingegen vermitteln uns oft ein Gefühl der Restriktion oder Verpflichtung; sie können uns belasten und unsere Optionen einschränken. Nehmen wir einmal an, wir helfen jemandem, weil wir bewusst in Kontakt mit unseren Werten sind: Wir wollen freundlich und großzügig sein. Vergleichen Sie das damit, jemandem zu helfen, weil wir mit starren Regeln verhaftet sind: »Es ist richtig, das zu tun«, wir »sollten es tun«, wir »sind es dem anderen schuldig«, oder wir »sind dazu verpflichtet«. Die erste Herangehensweise wirkt meist befreiend und belebend, während die zweite oft einschränkend, erschöpfend und belastend ist.

Sobald Sie sich also erschöpft, belastet oder verärgert fühlen, wenn Sie eine bestimmte Haltung einnehmen, sollten Sie einen Moment innehalten und nachspüren, welche kontraproduktive Geschichte Sie am Haken hat. Benennen Sie die Geschichte dann und werfen Sie den Anker, um sich davon zu lösen. Wenn Sie anschließend wieder an Ihre Werte denken, werden Sie erkennen, dass Sie eine Wahl haben. Sie können sich entscheiden, für etwas zu stehen – oder eben nicht. Auf jeden Fall *müssen* Sie das nicht tun. Die große Frage ist: Sind Sie *bereit* dazu? Fragen Sie sich daher: »Bin ich *bereit*, angesichts dieses Realitätsschocks eine Haltung einzunehmen? Bin ich *bereit*, Raum für meinen Schmerz zu schaffen und im Einklang mit meinen Werten zu handeln?«

16

Im Ärger gefangen

Verfangen Sie sich manchmal in Ärger und Groll? Viele Menschen tun das, vor allem nach einem heftigen Realitätsschock. Zum Beispiel ärgern wir uns über andere, weil sie uns enttäuscht oder schlecht behandelt haben, weil sie sich nicht um uns gekümmert oder mehr als wir erreicht haben, weil sie es »besser haben« als wir, und aus zahllosen anderen Gründen. Ärger ist eine besonders klebrige Version der Geschichte, wir seien »nicht gut genug«, eine Version, die getränkt ist mit Zorn, Selbstgerechtigkeit und dem deutlichen Gefühl, unfair behandelt worden zu sein.

Wenn wir uns in Ärger verstricken, zieht er uns fast immer in eine kontraproduktive Auseinandersetzung mit uns selbst hinein. Im Buddhismus heißt es: »Ärger ist, wie eine glühende Kohle festzuhalten, um sie nach jemand anderem zu werfen.« Und bei den Anonymen Alkoholikern sagt man: »Ärger ist, wie Gift zu schlucken und zu hoffen, dass jemand anders stirbt.« Gemeinsam ist diesen beiden Sprüchen die Vorstellung, dass wir uns nur noch mehr verletzen, wenn wir uns von Ärger einfangen lassen.

Jedes Mal, wenn wir uns über etwas aus der Vergangenheit ärgern, spüren wir unsere damalige Verletzung, unseren Zorn und unser Gefühl, unfair behandelt worden zu sein, von Neuem. Was geschehen ist, ist eigentlich vorbei, aber wenn wir in der Gegenwart darüber nachgrübeln, empfinden wir den ganzen Schmerz wieder. Und während wir in unserem Ärger und unserer Unzufriedenheit schmoren, versickert unsere ganze Lebendigkeit.

Eine relativ eng damit verwandte Geschichte sind Selbstvorwürfe, die wir uns auch als Ärger vorstellen können, den wir gegen uns selbst wenden. Wieder und wieder erinnert unser Kopf uns dabei an alles, was wir falsch gemacht haben, bis wir uns darüber ärgern und uns dann verurteilen oder bestrafen. Wir spüren erneut all unseren Schmerz, unser Bedauern, unsere Angst, unsere Enttäuschung und Beklemmung. Natürlich ändert das weder die Vergangenheit, noch ermöglicht es uns, aus unseren Fehlern zu lernen und uns zu entwickeln. Wir erreichen lediglich, dass wir uns noch mehr verletzen. Und obwohl wir das logisch und rational wissen, tun wir es trotzdem ständig.

Vergebung

Was also ist das Gegenmittel gegen Ärger und Selbstvorwürfe? Vergebung, aber nicht in dem Sinne, wie man sie sich normalerweise vorstellt. Im ACT-Modell bedeutet Vergebung *nicht*, zu vergessen. Sie bedeutet auch nicht, dass das, was geschehen ist, in Ordnung, entschuldbar oder unwichtig gewesen wäre. Außerdem geht es auch nicht darum, etwas zu einer anderen Person zu sagen oder etwas für diese zu tun.

In ACT bedeutet Vergebung einfach, dass wir uns selbst unser Leben so zurückgeben, wie es war, bevor uns der Ärger in die Finger bekommen hat. Irgendwann in der Vergangenheit – vielleicht vor relativ kurzer, vielleicht vor langer Zeit – ist etwas sehr Schmerzhaftes geschehen. Entweder haben *wir* etwas getan, das wir uns jetzt vorwerfen, oder *eine andere Person* hat etwas getan, wofür wir ihr Vorwürfe machen. Seit damals hat unser Kopf uns wiederholt zu diesem Ereignis zurückgezerrt und dazu gebracht, den ganzen Schmerz zu spüren, wieder und wieder, samt allen Vorwürfen, allen abwertenden Urteilen und allen Kämpfen.

Wie aber war unser Leben, *bevor* der Ärger uns in die Finger bekommen hat? Sind wir damit zurechtgekommen und haben das Beste daraus gemacht? Haben wir in der Gegenwart gelebt? Selbst wenn unser

Leben vorher *nicht* besonders gut war, waren wir doch zumindest nicht in einem erstickenden Smog aus Ärger und Selbstvorwürfen verloren. Wie wäre es also, wenn wir uns die Klarheit und Freiheit eines Lebens ohne den ganzen Smog zurückgeben? Im ACT-Modell hat Vergebung nämlich nichts mit irgendjemand anderem zu tun; sie ist etwas, das wir ausschließlich für uns selbst tun. Wir geben uns ein Leben zurück, das frei von der Bürde aus Ärger und Selbstvorwürfen ist.

Wie man diese Art Vergebung kultivieren kann? Nun, Sie haben bereits alle Informationen und Fertigkeiten, die Sie brauchen. Wenn unser Kopf Geschichten hervorbringt, die Ärger, Groll und Selbstvorwürfe nähren, bestehen unsere ersten Schritte darin, diese Geschichten wahrzunehmen und zu benennen. Zum Beispiel können wir etwas zu uns sagen wie: »Da prügelt mein Kopf wieder auf mich ein«, »Ich habe eine schmerzhafte Erinnerung«, »Jetzt verurteilt mein Kopf mich wieder« oder »Ich habe den Gedanken, dass ich ein schlechter Mensch bin«. Zugleich gehen wir freundlich mit uns um. Egal, ob die Verantwortung für das, was passiert ist, unserer Meinung nach bei uns selbst oder bei jemand anderem liegt, es ist unleugbar, dass wir leiden. Deshalb behandeln wir uns freundlich und mitfühlend und gehen behutsam mit uns um, während wir Raum für unsere Gefühle schaffen und präsent werden.

In vielen Fällen werden wir mehrfach den Anker werfen müssen. Unser Kopf wird uns immer wieder zu den alten Ereignissen zurückzerren, und dann müssen wir uns in die Gegenwart holen. Das heißt, wir widmen uns bewusst dem Hier und Jetzt. Sobald wir präsent sind, können wir im Einklang mit unseren Werten handeln und das, was wir tun, mit Sinn und Zweck erfüllen. Dadurch nehmen wir angesichts des betreffenden Realitätsschocks eine klare Haltung ein.

Wenn wir tatsächlich etwas »Falsches«, »Schlechtes« oder »Fahrlässiges« getan haben – und das nicht nur etwas ist, das unser allzu kritischer Kopf uns einredet –, dann können wir bewusst entscheiden, Wiedergutmachung zu leisten. Michael, ein Alkoholiker und Vietnamveteran, sagte mir, in seinem Falle sei das unmöglich. Im Krieg habe er mehrere Menschen getötet, und das sei nicht wiedergutzumachen. Dagegen war nur schwer etwas einzuwenden, weshalb ich es erst gar nicht versuchte. Stattdessen sagte ich: »Sich ständig Vorwürfe zu machen und zu Tode zu saufen, ändert die Vergangenheit definitiv nicht. Ja, es stimmt, Sie können den Tod dieser Menschen nicht wiedergutmachen. Für die Toten können Sie tatsächlich *gar nichts* tun. Aber dafür können Sie in der Gegenwart etwas Sinnvolles für die *Lebenden* tun. Wenn Sie Ihr Leben vergeuden, haben die Schrecken der Vergangenheit nichts Gutes bewirkt. Aber wenn Sie Ihr Leben dazu nutzen, etwas für andere zu tun und in der Welt etwas zu bewirken, dann ist aus diesen Schrecken doch etwas Gutes entstanden.«

Für Michael war das eine Offenbarung. Er brauchte viel Übung, aber letztendlich war er in der Lage, sich von seinen Selbstvorwürfen zu lösen und freundlich mit sich umzugehen. Innerhalb von neun Monaten ging er zu Treffen der Anonymen Alkoholiker, hörte auf zu trinken und begann, ehrenamtlich für zwei Hilfsorganisationen zu arbeiten, die sich um Obdachlose beziehungsweise Flüchtlinge kümmerten. Das war alles andere als leicht für ihn. Er musste hart an sich arbeiten und in sich Raum für einen gewaltigen Schmerz schaffen, doch es lohnte sich. Die Vergangenheit konnte er zwar nicht ändern, aber er konnte in der Gegenwart etwas Nützliches bewirken – und als er damit anfing, wurde sein Leben wesentlich erfüllter.

Die meisten von uns verstricken sich gelegentlich in Selbstvorwürfe, wenngleich unsere Geschichten wahrscheinlich nicht so dramatisch wie die von Michael sind; schließlich haben wir normalerweise niemanden umgebracht! Das ändert allerdings nichts daran, dass unsere Geschichten ebenso belastend sind. Entscheidend ist daher, dass wir üben, freundlich mit uns selbst umzugehen, auch wenn unser Kopf behaupten sollte, das würden wir nicht verdienen. Oft ist es nützlich, einige freundliche Worte an sich selbst zu richten, zum Beispiel: »Ich bin ein Mensch und daher fehlbar. Wie jeder andere Mensch auf der Welt mache ich Fehler, verbocke manches und verstehe manches falsch. Zum Menschsein gehört das eben dazu.« Legen

Sie sich dann mitfühlend eine Hand auf den Körper, atmen Sie in den Schmerz hinein und akzeptieren Sie, dass es wehtut. Erinnern Sie sich daran, dass es nichts bringt, sich selbst zu bestrafen; Ihre Lebendigkeit bewahren Sie nur, indem Sie Stellung beziehen. Wenn Sie etwas tun können, um den Schaden wiedergutzumachen oder die Situation zu wenden, dann ist es sinnvoll, es zu tun. Wenn Sie jedoch nichts in diesem Sinne tun können oder noch nicht dazu bereit sind, können Sie Ihre Energie dafür verwenden, Ihre anderen Beziehungen zu verbessern – durch Verbundenheit, Anteilnahme und Unterstützung. So zu handeln bedeutet bereits, sich selbst zu vergeben.

Aber was ist, wenn jemand anderes etwas »Schlechtes« getan hat? Je nach der Situation und dem Ergebnis, das wir uns wünschen, können wir auf sehr verschiedene Weise reagieren. Wir können entschieden handeln, um nach besten Kräften dafür zu sorgen, dass so etwas nicht wieder vorkommt: Wir können die betreffende Person verklagen, eine Beschwerde gegen sie vorbringen oder den Kontakt zu ihr abbrechen. Vielleicht wollen wir uns aber auch neue Fertigkeiten aneignen, um in Zukunft besser dafür gerüstet zu sein, mit solchen Leuten umzugehen. Dazu geeignet sind zum Beispiel ein Selbstverteidigungs- oder Selbstbehauptungstraining, die Entwicklung unserer Kommunikationsfähigkeit und ein Kurs, in dem man den Umgang mit schwierigen Menschen lernt. Wir können einer Organisation beitreten, Petitionen unterzeichnen, an Demonstrationen teilnehmen, Spenden sammeln, Initiativen zur Änderung von Gesetzen unterstützen oder auf andere Weise zur Entwicklung der Gesellschaft beitragen und die Welt zu einem besseren Ort machen. Wir können uns aber auch einfach entscheiden, die Sache »hinter uns zu lassen« und uns darauf zu konzentrieren, unser Leben hier und jetzt wiederaufzubauen.

Vergebung jedenfalls besteht aus diesen vier Schritten: den Anker werfen, sich von der Geschichte lösen, freundlich mit sich umgehen und eine klare Haltung einnehmen. Das Schöne daran ist: Dafür ist es nie zu spät.

17

Es ist nie zu spät

Ich hätte es nie für möglich gehalten. Mein Vater war ein ziemlich typischer Vertreter seiner Generation. Er kümmerte sich auf herkömmliche Weise um seine Familie, was hieß, dass er mit harter Arbeit das nötige Geld verdiente, damit seine sechs Kinder mit Nahrung und Kleidung versorgt waren, ein Dach über dem Kopf hatten und eine gute Schulbildung erhielten. Auf seine Art war er sehr freundlich und liebevoll, und wie die meisten Männer seiner Generation – und viele meiner eigenen – graute ihm vor Intimität. Damit meine ich nicht Sex, sondern emotionale und psychische Nähe.

Um emotionale und psychische Nähe zu einem anderen Menschen herzustellen, bedarf es zweierlei:

- Man muss sich öffnen und aufrichtig sein, den anderen an sich herankommen lassen und seine wahren Gedanken und Gefühle mitteilen, statt sie zu verbergen.
- Man muss Raum für den anderen schaffen, damit er sich ebenso verhalten kann. Das heißt, man muss so warm, offen und tolerant sein, dass der andere sich ebenfalls aufrichtig und offen geben kann.

Über sehr persönliche Dinge wollte mein Vater nie sprechen. Stattdessen genoss er intellektuelles Geplauder, bei dem man Fakten, Zahlen und Ideen austauschte und über Filme, Bücher und wissenschaftliche Erkenntnisse diskutierte. Das war alles gut und schön – wir führten viele unterhaltsame Gespräche –, aber es bedeutete, dass ich ihn nie besonders gut kennenlernte. Ich erfuhr nie etwas über die Gefühle, mit denen er kämpfte, über seine Hoffnungen und Träume, seine Rückschläge und Misserfolge, über seine wichtigsten Lebenserfahrungen und das, was er daraus gelernt hatte. Ich erfuhr nie, was ihm Angst einjagte, was ihn zornig, unsicher oder traurig machte und wann er sich schuldig fühlte. Kurz, ich wusste praktisch nichts über seine innere Welt.

Im Alter von achtundsiebzig Jahren bekam er Lungenkrebs, sagte mir jedoch nichts davon. Da ich keine Ahnung von der Diagnose hatte, ging ich auf eine sechswöchige Auslandsreise. Vor meiner Abfahrt hatte mein Vater dichtes weißes Haar, doch als ich zurückkam, war er völlig kahl. Es sagte mir nicht, dass alle seine Haare ausgefallen waren, weil man ihn einer Chemotherapie unterzogen hatte. Stattdessen erklärte er mir, er habe sich eine Glatze geschoren, weil das in Mode sei und er dadurch jünger aussehe. Ich glaubte ihm.

Als er kränker und gebrechlicher wurde, kam die Wahrheit natürlich ans Tageslicht. Aber selbst dann wollte er nicht über seinen Krebs, die Behandlung und seine Ängste sprechen. Jedes Mal, wenn ich versuchte, das Gespräch darauf zu lenken, wechselte er das Thema oder verstummte.

Da ich nicht wusste, wie lange er noch zu leben hatte, versuchte ich ihm zu sagen, was er mir als Vater bedeutete: wie sehr ich ihn liebte, welche Rolle er in meinem Leben gespielt und wie er mich inspiriert hatte. Ich wollte ihm mitteilen, was das Nützlichste war, das er mir beigebracht hatte, und was meine schönsten Erinnerungen an ihn waren. Nicht zuletzt, weil mir dabei normalerweise Tränen in die Augen traten, fühlte er sich bei diesen Gesprächen jedoch so unwohl, dass er sie umgehend wieder beendete.

Erstaunlicherweise genas er von seiner Krebserkrankung. Ich hoffte, die Begegnung mit dem Tod würde ihm helfen, sich ein wenig zu öffnen, aber darin wurde ich enttäuscht. Er blieb so verschlossen, wie er es immer gewesen war, vielleicht sogar noch mehr.

Drei Jahre später, inzwischen war er einundachtzig, hatte er einen

Herzinfarkt. Mehrere Herzkranzgefäße waren blockiert, was einen Eingriff am offenen Herzen erforderte. Die Operation war mit einem beträchtlichen Sterberisiko verbunden. Als ich kurz davor mit ihm sprach, versuchte ich wieder einmal, ihm zu sagen, was er mir als Vater bedeutete. Wie üblich traten mir Tränen in die Augen – Tränen der Liebe und der Traurigkeit –, worauf er sich sofort verschloss. Er wandte sich ab und sagte mit strenger Stimme: »Schluss jetzt! Und wisch dir die Tränen ab.«

Mein Vater überlebte die Operation, doch sie warf ihn völlig aus der Bahn. Er hatte eine Komplikation nach der anderen und verbrachte das folgende Jahr hauptsächlich im Krankenhaus. Gegen Ende dieses Jahres wurde er immer schwächer und mutloser. Dennoch erlaubte er mir immer noch nicht, mit ihm auf einer intimen Ebene zu sprechen. Schließlich befand er, dass er vom Leben genug hatte, und entschied sich, sämtliche Medikamente abzusetzen. Da er selbst Arzt war, wusste er genau, was das bedeutete – er brachte sich damit im Grunde um. Sobald die Wirkung der Medikamente nachließ, hatte er nur noch wenige Tage zu leben. Doch obwohl er das wusste, weigerte er sich weiterhin, sich von mir sagen zu lassen, wie sehr ich ihn liebte und was er mir bedeutete.

In den letzten Stunden seines Lebens begann mein Vater zu halluzinieren. Zwischen den Halluzinationen gab es jedoch lichte Augenblicke, in denen er jeweils mehrere Minuten lang vollständig bewusst, geistig wach und in Kontakt mit der Realität war. Während einer dieser Perioden versuchte ich ein letztes Mal, ihm zu sagen, was er mir bedeutete und wie sehr ich ihn liebte. Inzwischen war ich völlig aus den Fugen geraten. Tränen strömten mir übers Gesicht, aus meiner Nase floss der Rotz. Zu meinem größten Erstaunen wandte mein Vater mir den Kopf zu und blickte mir tief in die Augen. Ein strahlendes Lächeln voll Freundlichkeit und Mitgefühl trat auf sein Gesicht. Er ergriff meine Hände und hörte sich aufmerksam alles an, was ich zu sagen hatte, ohne sich auch nur ein einziges Mal abzuwenden oder mich zu unterbrechen.

Nachdem ich aufgehört hatte zu schluchzen, mir die Nase geputzt und ihm alles gesagt hatte, was ich ihm seit Jahren hatte mitteilen wollen, sagte er mit einer Stimme voll Zärtlichkeit und Liebe: »Danke.« Und dann fügte er hinzu: »Ich hab dich auch sehr lieb.«

Ich erzähle diese Geschichte, um vor dem Ende dieses Teils zwei wesentliche Punkte zu verdeutlichen. Der erste besagt, dass kleine Veränderungen eine tiefgreifende Wirkung haben können. Mein Vater hat damals seine Persönlichkeit nicht vollständig verwandelt, sondern nur eine kleine Veränderung vorgenommen: Er hat sich die Mühe gemacht, präsent und offen zu bleiben. Obwohl die ganze Episode innerhalb weniger Minuten vorüber war, ist durch diese eine kleine Veränderung eine wunderbare Erfahrung entstanden, an die ich mich bis an mein Lebensende erinnern werde.

Unsere Gesellschaft bombardiert uns mit der Vorstellung, um ein besseres Leben zu haben, müssten wir dramatisch jeden Aspekt davon ändern, radikal unsere Persönlichkeit verwandeln oder fundamental unsere Denkweise erneuern (oder das gar alles gleichzeitig tun). Wenn wir auf diese Vorstellung hereinfallen, hilft uns das normalerweise jedoch nicht. Stattdessen setzt es uns meist ungeheuer unter Druck. Wir bemühen uns immer angestrengter, anders und »besser« zu sein, als wir es sind, und wir geißeln uns, weil wir unsere eigenen Erwartungen nicht erfüllen. Deshalb baut uns so eine Strategie traurigerweise nicht auf, sondern drückt uns nur nieder.

Weshalb erleichtern wir uns das Leben also nicht einfach? Weshalb nehmen wir uns nicht den Druck? Rom wurde nicht an einem Tag erbaut, und ein erfülltes, sinnvolles Leben wird auch nicht an einem Tag geschaffen. Wieso entspannen wir uns nicht ein wenig? Machen Sie kleine Schritte. Gehen Sie langsam vor. Und denken Sie an die Moral von Äsops Fabel von der Krähe und dem Wasserkrug, bei der Ausdauer zum Ziel führt.

Der Versuch, innerhalb kurzer Zeit gewaltige Veränderungen zustande zu bringen, führt fast immer zum Misserfolg. Gelegentlich schafft man so etwas womöglich, aber weitaus häufiger ist das nicht der Fall. Kleine Veränderungen können im Lauf der Zeit jedoch tatsächlich eine enorme Wirkung haben. Oder wie Erzbischof Desmond Tutu gesagt hat: »Tut da, wo ihr seid, eure kleinen guten Taten; zusammengenommen sind sie es, was die Welt überwältigt.«

Der zweite wesentliche Punkt, auf den ich mit der Geschichte meines Vaters hinweisen will, lautet: Es ist nie zu spät, mit solchen kleinen Veränderungen anzufangen. Mit dieser Behauptung ist Ihr Kopf nun womöglich gar nicht einverstanden. Schließlich ist der menschliche Geist gewissermaßen eine Maschine zur Produktion von Einwänden. Äußerst geschickt erfindet er allerhand Gründe dafür, weshalb wir uns angeblich nicht ändern können, nicht ändern sollten oder es nicht nötig haben, uns zu ändern. Einer seiner Lieblingssprüche lautet: »Es ist zu spät! Jetzt kann ich mich nicht mehr ändern. So bin ich eben, und so bin ich immer gewesen.« Auf solche Gedanken müssen wir jedoch nicht hereinfallen. Anstatt zu meinen, wir seien wie in Stein gemeißelt, können wir erkennen, dass wir die nie endende Fähigkeit besitzen, zu lernen, zu wachsen und anders zu denken und zu handeln als bisher. Dazu müssen wir nur auf unser Herz hören und uns fragen: »Welche winzige Veränderung könnte ich vornehmen? Wie kann ich das, was ich sage und tue, minimal so ändern, dass ich mehr so bin, wie ich es sein will?«

Ich wünschte, mein Vater hätte seine Veränderung ein wenig früher vorgenommen, statt damit bis zum Sterbebett zu warten. Dennoch bin ich ungeheuer dankbar für sein wertvolles Abschiedsgeschenk: Er hat sich geöffnet, ist präsent geblieben und hat mir erlaubt, ihm meine wahren Gefühle mitzuteilen. Das hat er *bereitwillig* getan. Es ist so eine schöne Erinnerung, gleichermaßen herzerwärmend und herzzerreißend. Und es ist eine kraftvolle Erinnerung daran, dass es, solange wir noch atmen, nie zu spät ist, etwas Sinnvolles zu tun.

18 Schlechte Gewohnheiten ablegen

Mark Twain hat einmal gesagt: »Es ist kinderleicht, mit Rauchen aufzuhören. Das weiß ich, weil ich es schon tausend Mal getan habe.« Selbst wer nie geraucht hat, kann sich mit dieser witzigen Beobachtung identifizieren. Wie oft haben wir gesagt: »Das werde ich nie wieder tun!«, um es gleich am nächsten Tag natürlich doch wieder zu machen? Und wie oft haben wir gedacht: »Das nächste Mal werde ich das anders handhaben?«, nur um es beim nächsten Mal zu unserem Entsetzen wieder ganz genauso zu tun?

Selbst wenn es im Leben gut läuft, verfallen wir leicht in »schlechte Gewohnheiten«, aber wenn wir es mit einem wirklich heftigen Realitätsschock zu tun haben, neigen wir wesentlich mehr dazu. Mit »schlechten Gewohnheiten« meine ich jene Verhaltensmuster, die Option 3 der Herausforderungsformel entsprechen: *bleiben und Dinge tun, die entweder nichts bewirken oder die Situation verschlimmern.* Das kann der exzessive Gebrauch von Drogen und Alkohol sein, der Rückzug von Familienangehörigen und Freunden, Aggressivität und Neigung zu Konflikten, das Vermeiden wichtiger Aufgaben und mangelnde körperliche Betätigung.

Wir haben viele »schlechte Gewohnheiten«, und es wäre töricht, wenn wir versuchen würden, sie alle abzulegen. Wie in anderen Kapiteln erwähnt, besteht der Weg zum Erfolg daher darin, kleine Veränderungen vorzunehmen: einen Stein nach dem anderen. Wenn Sie gleichzeitig an mehreren »schlechten Gewohnheiten« arbeiten wollen, wird Sie das wahrscheinlich überfordern und zum Aufgeben bringen. Gibt es jedoch *eine* schlechte Gewohnheit, mit der Sie sich gern beschäftigen wollen, kann ich Ihnen versichern, dass Sie bereits über alle nötigen Fertigkeiten verfügen, sie abzulegen. Natürlich braucht das Zeit, Anstrengung und Engagement. Um noch einmal Mark Twain zu zitieren: »Gewohnheiten sind Gewohnheiten und können von niemandem einfach aus dem Fenster geworfen werden. Man muss sie Schritt für Schritt die Treppe herunterlocken.« Wenn Ihnen das wichtig ist, sind Sie dazu definitiv in der Lage.

Verhaltensmuster ändern

Wer ein kontraproduktives Verhaltensmuster ändern will, sollte sechs Fragen beantworten:

1. Was tue ich?
2. Wodurch wird es ausgelöst?
3. Worin bestehen die Belohnungen?
4. Was sind die Kosten?
5. Was ist die Alternative?
6. Welche Fertigkeiten kann ich nutzen?

Erforschen wir diese Fragen nacheinander.

1. Was tue ich?

Der erste Schritt zur Veränderung eines problematischen Verhaltensmusters besteht darin, es näher zu beschreiben: Was tun und sagen Sie genau? Zum Beispiel beschreibt der Ausdruck »etwas auf die lange Bank schieben« nicht, was man tut, sondern das, was man *nicht* tut. Wenn Sie also eine wichtige Aufgabe oder Aktivität aufschieben, müssen Sie identifizieren, was Sie stattdessen tun. Beschäftigen Sie sich mit Computerspielen, lesen Sie Zeitung, starren Sie an die Wand, futtern Sie Kekse, streicheln Sie den Hund, liegen Sie einfach im Bett?

Besteht die Gewohnheit darin, »Freunde zu meiden«, was sagen und tun Sie genau? Ignorieren Sie Textnachrichten, lehnen Sie Einladungen ab, machen Sie Ausflüchte, sagen Sie gesellige Zusammenkünfte im letzten Moment ab?

Antonio hat anfangs erklärt, zu seinen problematischen Verhaltensweisen gehöre, »zu viel zu trinken«. Daraufhin forderte ich ihn auf, das genauer zu beschreiben: »Wie viel trinken Sie eigentlich genau?« Es stellte sich heraus, dass das »sieben bis acht Flaschen Bier jeden Abend« waren.

2. Wodurch wird es ausgelöst?

Ebenso wichtig ist es zu identifizieren, was das betreffende Verhalten auslöst. Welche Situationen, Gedanken und Gefühle »triggern« es? Wann und wo tritt es wahrscheinlich auf? Gibt es bestimmte Leute, Orte, Situationen oder Ereignisse, die es auslösen? Welche Gedanken, Gefühle, Erinnerungen, Emotionen, Körperempfindungen oder Bedürfnisse treten direkt vor dem Moment auf, in dem Sie das Verhalten zeigen? Falls Sie nicht sicher sind, welche Gedanken und Gefühle dieses Verhalten auslösen, führen Sie am besten Tagebuch. Notieren Sie darin, wann und wo das Verhalten auftritt, und versuchen Sie zu identifizieren, was Sie direkt davor gefühlt und gedacht haben.

Antonio stellte fest, dass sein Verhalten ausgelöst wurde, wenn er nach der Arbeit heimkam. Die triggernden Gedanken und Gefühle waren Beklemmung, Schuldgefühle, Enge in der Brust, Knoten im Bauch, schmerzhafte Erinnerungen an die kleine Sophia und Gedanken wie: »O je. Jetzt geht es los; das wird wieder ein stressiger Abend.« Dazu kam natürlich der Drang, Bier zu trinken.

3. Worin bestehen die Belohnungen?

Jede Verhaltensweise ist sowohl mit Belohnungen als auch mit Kosten verbunden, also mit Folgen, die irgendeinen Gewinn vermitteln, und mit Folgen, die in irgendeiner Weise nachteilig sind. Es ist nicht unbedingt nötig zu wissen, was die Belohnungen sind, aber es ist oft nützlich, sie zu identifizieren. Weshalb? Weil es uns Einsichten darin verschafft, wieso wir etwas Bestimmtes ständig tun. Wenn wir mit nichts dadurch belohnt würden, dann würden wir das Verhalten einstellen. Im Grunde laufen die Belohnungen darauf hinaus:

- Wir kommen von etwas weg, das wir nicht wollen.
- Wir bekommen Zugang zu etwas, das wir wollen.

Zu den gängigsten Belohnungen für »schlechte Gewohnheiten« gehören diese:

- Wir entkommen Menschen, Orten, Situationen oder Ereignissen, die für uns eine Herausforderung darstellen, oder wir vermeiden sie.
- Wir entkommen unerwünschten Gedanken, Gefühlen, Erinnerungen, Körperempfindungen, Bedürfnissen, oder wir vermeiden sie.
- Wir fühlen uns besser.
- Unsere Bedürfnisse werden erfüllt.
- Wir erhalten Aufmerksamkeit.
- Wir machen einen guten Eindruck (in unseren Augen und in denen anderer).
- Wir haben das Gefühl, dass wir recht haben (und die anderen unrecht).
- Wir haben das Gefühl, erfolgreich wichtige Regeln zu befolgen.
- Wir haben das Gefühl, dass wir intensiv an unseren Problemen arbeiten.
- Wir haben das Gefühl, dass wir dem Leben, der Welt, uns selbst, anderen und so weiter Sinn verleihen.

Antonio war ohne Weiteres in der Lage zu erkennen, dass sein Bierkonsum ihm dabei half, a) schwierigen Gedanken und Gefühlen zu entkommen und b) sich entspannter zu fühlen. Aber: Wenn Sie nicht herausbekommen, was die Belohnungen Ihres Verhaltens sind, macht das nichts. Sie müssen sie nicht kennen, um Ihr Verhalten zu ändern. Es ist nützlich, aber nicht unbedingt erforderlich.

4. Was sind die Kosten?

Vermutlich sind Ihnen die Kosten Ihres Verhaltens bereits teilweise bewusst, sonst würden Sie es nicht ändern wollen. Es lohnt sich jedoch, ein bisschen eingehender über dieses Thema nachzudenken. Was kostet das Verhalten Sie im Hinblick auf Gesundheit, Wohlbefinden, Lebendigkeit, Beziehungen, Geld, vergeudete Zeit, versäumte Gelegenheiten? Welche wichtigen oder wertvollen Dinge verlieren oder versäumen Sie, wenn Sie so etwas tun? Und was bekommen Sie, obwohl Sie es nicht wollen? Achtung: Hier geht es nicht darum, sich Vorwürfe zu machen. Wenn Ihr Kopf den bekannten Rohrstock hervorholt und Ihnen die Geschichte einbläut, Sie seien »nicht gut genug«, werfen Sie bitte den Anker, lösen sich von der Geschichte und gehen freundlich mit sich um.

Antonio wusste Bescheid über die gesundheitlichen Kosten von exzessivem Alkoholgebrauch und über die negative Wirkung, die dieser auf seine Ehe hatte. Aber als er tiefer darüber nachdachte, wurden ihm weitere Kosten klar. Zum Beispiel schlief er schlecht, nachdem er viel getrunken hatte, was bedeutete, dass er lustlos aufwachte und bei der Arbeit weniger konzentriert und dafür mürrischer war. Abgesehen davon entfernte ihn sein Verhalten von seinen zentralen Werten, als Partner liebevoll und unterstützend zu sein, was wiederum Schuldgefühle und Beklemmung in ihm auslöste.

5. Was ist die Alternative?

Es fällt leicht zu sagen: »Ich will XYZ nicht mehr machen.« Wesentlich schwerer ist die Aussage: »Stattdessen will ich ABC machen.« Das ist jedoch ein entscheidender Schritt, wenn ein Verhalten abgelegt werden soll. Was werden wir tun, sobald die Auslöser kommen, also alle schwierigen Situationen, Gedanken und Gefühle, die wir mit Frage 2 identifiziert haben? Wenn wir auf das in Frage 1 festgestellte Verhalten verzichten, was werden wir stattdessen tun? Hier greifen wir auf unsere Werte zurück und fragen: Wie werden wir so handeln, dass es diesen Werten entspricht?

Antonio beschloss, dass er maßvoll statt viel trinken wollte, konkret zwei statt acht Flaschen Bier pro Abend. Sein neues Verhalten bestand daher darin, diese zwei Flaschen langsam zu trinken und sich dafür zwei Stunden Zeit zu nehmen. Den restlichen Abend über trank er Kräutertee oder Wasser.

6. Welche Fertigkeiten kann ich nutzen?

Wir können Verhaltensweisen nicht ablegen, indem wir lediglich darüber nachdenken. Die bei der Beantwortung der Fragen 1 bis 5 gesammelten Informationen sind nützlich, doch die eigentliche Veränderung tritt erst ein, wenn wir aktiv unsere ACT-Fertigkeiten einsetzen. Überlegen Sie daher bitte: Welche Fertigkeiten können Sie nutzen, um mit den ganzen auslösenden Gedanken, Gefühlen, Erinnerungen, Körperempfindungen und Bedürfnissen umzugehen? Können Sie den Anker werfen, sich von Ihren Gedanken lösen, Raum für Gefühle schaffen, Mitgefühl für sich selbst praktizieren, Kontakt mit Ihren Werten aufnehmen?

Antonio hat das alles als Hilfsmittel eingesetzt. Während er von der Arbeit nach Hause fuhr, erinnerte er sich an seine Werte als Ehepartner: Liebevoll, fürsorglich, unterstützend, geduldig, verständnisvoll wollte er sein. Wenn er ankam, wartete er drei Minuten, bevor er aus dem Wagen stieg. In dieser Zeit warf er den Anker, löste sich von seinen Gedanken und ging noch einmal seine Werte durch. Dann öffnete er sich, schuf Raum für seine Gefühle (darunter der Drang, Alkohol zu trinken) und wandte Selbstmitgefühl an. Den Abend über nutzte er diese Fertigkeiten immer wieder, sooft es nötig war. So brachte er seine Werte ein: für sich selbst zu sorgen sowie liebevoll und unterstützend zu sein, indem er vernünftig trank und schöne Stunden mit seiner Frau verbrachte. Während er das tat, genoss er bewusst den Unterschied, den das in seinem Leben machte.

Hat Antonio diese Veränderungen über Nacht vorgenommen? Sind sie ihm perfekt gelungen? Hat er sich ohne Ausnahme daran gehalten? Keineswegs. Das hat er eindeutig nicht getan. Wieso nicht? Weil Antonio wie wir alle ein Mensch ist. Menschen aber sind unvollkommen; wir haben alle unsere Fehler und Mängel. Wir vermasseln leicht etwas und handeln anders, als wir es vorhatten. Und wenn das passiert, tut es weh! Weshalb wir alle etwas mehr Mitgefühl für uns selbst brauchen.

Es ist nun einmal so, dass es Zeit, Anstrengung und Energie braucht, »schlechte Gewohnheiten« zu ändern, und es läuft nur selten glatt. Wenn wir unsere ACT-Fertigkeiten anwenden, klappt das manchmal gut und manchmal nicht so gut, weil eben nichts perfekt ist. Außerdem wird es Momente geben, in denen wir völlig vergessen, sie anzuwenden, sie nicht anwenden können oder es gar nicht wollen (eben weil wir menschlich sind). Zu erwarten sind daher Höhen und Tiefen, Durchbrüche und Rückschläge, gute und schlechte Zeiten. Das liegt in der Natur einer Verhaltensänderung.

Abgesehen davon kann es lange dauern, bevor uns unsere neuen Muster zur Gewohnheit werden, unter Umständen viele Monate. Glauben Sie es daher nicht, wenn Ihnen irgendwelche Bücher versprechen, man bräuchte nur einundzwanzig Tage, um eine neue Gewohnheit zu bilden! Solchen Behauptungen entbehrt es an jeder wissenschaftlichen Grundlage. Zum Beispiel habe ich in meinen jungen Jahren extrem viel Alkohol getrunken, während ich inzwischen kaum mehr etwas trinke. »Exzessiver Alkoholkonsum« war also eine Gewohnheit, die ich erfolgreich »abgelegt« habe. »Ungesundes Essen« – mit einer besonderen Vorliebe für Schokolade, Kuchen und Eiscreme – ist jedoch eine Gewohnheit, mit der ich noch immer gelegentlich kämpfe. Es gibt Zeiten, in denen ich erfolgreich alle Techniken in diesem Buch anwende und es schaffe, mich ziemlich gesund zu ernähren. Dann kommen jedoch Phasen, in denen ich es versäume, ACT auf dieses Problem anzuwenden, und dann verfalle ich wieder in ungesunde Ernährungsmuster und gehe in die Breite. Anders gesagt: Manche Gewohnheiten sind leichter abzulegen als andere.

Neue Gewohnheiten beibehalten

Ein neues Verhalten zu beginnen, das unser Leben verbessert, ist das eine. Dieses Verhalten weiterzuführen, etwas ganz anderes. Wie können wir also neue Muster unterstützen, bis sie wirklich zu neuen Gewohnheiten werden? Nun, es gibt zahllose Hilfsmittel, um diese Herausforderung zu meistern; zusammengefasst werden können sie jedoch mehr oder weniger zu sieben zentralen Punkten: Erinnerungen, Notizen, Belohnungen, Routinen, Beziehungen, Reflexion, Umstrukturierung.

Sehen wir sie uns nacheinander an.

Erinnerungen

Wir können allerhand einfache Mittel erfinden, die uns an unser neues Verhalten erinnern. Zum Beispiel können wir auf unserem Computer oder Smartphone ein Pop-up oder einen Bildschirmschoner mit etwas – einem wichtigen Wort, einem Satz oder einem Symbol – installieren, das uns daran erinnert, uns achtsam zu verhalten oder einen bestimmten Wert anzuwenden. Eine altbekannte Methode ist es, einen Merksatz auf ein Kärtchen zu schreiben, das wir am Kühlschrank, am Badezimmerspiegel oder am Armaturenbrett unseres Autos befestigen. Oder wir notieren etwas in einem Tagebuch, einem Kalender oder der Notizen-App im Telefon. Es kann sich um ein einzelnes Wort handeln wie »Atmen«, »Pause« und »Geduld« oder um einen Satz wie »Lass los« oder »Sei fürsorglich und hab Mitgefühl«. Alternativ können wir einen farbigen Sticker aufs Uhrarmband, die Rückseite des Handys oder die Computertastatur kleben, damit er uns jedes Mal, wenn wir das betreffende Gerät verwenden, an unsere neue Verhaltensweise erinnert.

Notizen

Wir können den Tag über Protokoll über unser Verhalten führen, indem wir uns notieren, wo und wann wir die neue Gewohnheit anwenden und was der Nutzen ist. Außerdem notieren wir, wann und wo wir in das alte Verhalten verfallen und was die Kosten dafür sind. Jede Art Tagebuch oder Notizbuch auf Papier oder dem Computer ist dazu geeignet.

Belohnungen

Wenn wir ein neues Verhalten anwenden, bei dem wir im Sinne unserer Werte handeln, ist das hoffentlich an sich schon belohnend. Durch zusätzliche Belohnungen können wir es jedoch noch verstärken. Eine Möglichkeit ist ein freundliches, ermutigendes Selbstgespräch wie etwa: »Gut gemacht. Du hast's geschafft!« Wir können unseren Erfolg und Fortschritt auch mit einer uns nahestehenden Person teilen, die erfahrungsgemäß positiv reagiert. Vielleicht ist es Ihnen aber auch lieber, sich auf materiellere Weise zu belohnen. Nachdem Sie das neue Verhalten eine ganze Woche beibehalten haben, können Sie sich etwas gönnen, das Ihnen richtig guttut, zum Beispiel eine Massage oder ein neues Buch.

Routinen

Wenn Sie jeden Morgen zur selben Zeit aufstehen, um Sport zu treiben oder Yoga zu machen, wird das mit der Zeit zu einer regelmäßigen Routine werden, die Ihnen leichtfällt. Dann müssen Sie nicht mehr angestrengt daran denken, so etwas zu tun; es wird weniger »Willenskraft« brauchen und zum Teil Ihres normalen Tagesablaufs werden. Experimentieren Sie daher damit und stellen Sie fest, ob Sie Ihr neues Verhalten mit einer regelmäßigen Routine oder einem Ritual verknüpfen können, sodass es Teil Ihrer neuen Lebensweise wird. Zum Beispiel können Sie jeden Abend nach der Heimfahrt von der Arbeit noch zwei Minuten im Auto sitzen bleiben, um den Anker zu werfen und darüber nachzudenken, nach welchen Werten Sie leben wollen, wenn Sie durch Ihre Haustür treten.

Beziehungen

Es ist leichter, etwas zu lernen, wenn man eine Lernpartnerschaft eingeht, und man übt leichter, wenn man einen Übungspartner oder eine Übungspartnerin hat. Bei den Anonymen Alkoholikern bekommt man einen Sponsor, der einem helfen kann, nüchtern zu bleiben, wenn es kritisch wird. Können Sie also eine freundliche, fürsorgliche, ermutigende Person finden, die Sie bei Ihrer neuen Verhaltensweise unterstützt? Bei ihr können Sie sich (wie unter »Belohnungen« erwähnt) regelmäßig melden und erzählen, wie es gelaufen ist, oder Sie schicken ihr per E-Mail die Notizen, die Sie gemacht haben. Die Person kann aber auch als »Erinnerung« dienen, indem Sie sie daran erinnert, in welchen Situationen das neue Verhalten nützlich wäre. Zum Beispiel können Sie zu Ihrer Partnerin oder Ihrem Partner sagen: »Wenn ich laut werde, erinnerst du mich dann bitte daran, den Anker zu werfen?«

Reflexion

Nehmen Sie sich regelmäßig Zeit, darüber nachzudenken, wie Sie sich verhalten und welche Wirkung das auf Ihr Leben hat. Das können Sie schriftlich tun (siehe »Notizen«) oder im Gespräch mit einer anderen Person (»Beziehungen«). Möglich ist es jedoch auch als Mentalübung tagsüber, kurz bevor Sie zu Bett gehen oder morgens gleich nach dem Aufwachen. Dazu nehmen Sie sich einfach einige Momente Zeit, Fragen wie diese zu reflektieren: »Wie läuft es?«, »Was von den Dingen, die ich tue, funktioniert?«, »Was von den Dingen, die ich tue, funktioniert nicht?«, »Was kann ich mehr, weniger oder anders tun?«

Denken Sie auf jeden Fall über die Momente nach, in denen Sie in die alte Gewohnheit zurückfallen. Registrieren Sie, was solche Rückschläge auslöst und was es Sie kostet, wenn das geschieht. Anders gesagt: Auf welche Weise leiden Sie dann? Wieder bedeutet das nicht, dass Sie sich Vorwürfe machen sollten; Sie reflektieren lediglich, welche tatsächlichen Kosten es für Ihre Gesundheit und Ihr Wohlbefinden hat, in alte Gewohnheiten zu verfallen. Mit dem Bewusstsein für dieses Leiden können Sie sich motivieren, wieder in die Spur zu kommen.

Umstrukturierung

Oft können wir unsere Umgebung so umstrukturieren, dass unser neues Verhalten leichter wird, was die Chancen, es beizubehalten, steigert. Falls es zum Beispiel darum geht, gesund zu essen, kann die Küche entsprechend angepasst werden. Entsorgen Sie den ungesunden Kram oder verstecken Sie ihn, und bestücken Sie Kühlschrank und Speisekammer mit gesunden Nahrungsmitteln. Wenn Sie gleich morgens ins Fitnessstudio gehen wollen, können Sie am Vorabend die Sporttasche packen und neben das Bett oder an einen anderen auffälligen Ort stellen, damit beim Aufstehen alles schon bereit ist. Wenn Sie die Sporttasche da stehen sehen, dient sie natürlich auch als Erinnerung.

Das wären sie also, die sieben Methoden: Erinnerungen, Notizen, Belohnungen, Routinen, Beziehungen, Reflexion und Umstrukturierung. Jetzt geht es darum, kreativ zu sein. Kombinieren Sie die Methoden nach Lust und Laune, um damit Ihren eigenen Werkzeugkasten für eine bleibende Veränderung zusammenzustellen. Viel Glück dabei!

In alte Gewohnheiten zurückfallen

Angeblich macht Übung den Meister, aber perfekt macht sie keineswegs. Etwas wie Perfektion gibt es überhaupt nicht. Durch entsprechende Übung erwerben Sie bessere lebenspraktische Fähigkeiten, doch das heißt nicht, dass Ihre ganzen kontraproduktiven Verhaltensweisen für immer verschwunden wären. Daher werden Sie (wie ich und alle anderen Menschen auf der Erde) weiterhin Mist bauen, Fehler machen und gelegentlich in alte Verhaltensweisen zurückfallen. Das wird immer und immer wieder geschehen. Weil man als Mensch so oft Mist baut, stelle ich meinen Klientinnen und Klienten gern zwei Fragen:

1. Wenn Sie das nächste Mal etwas vermasseln, was könnten Sie dann idealerweise sagen oder tun, um erfolgreicher mit dieser Sache umzugehen?
2. Wenn Sie sich oder andere verletzt haben, was könnten Sie dann tun, um den Schaden wiedergutzumachen?

Bevor Sie diese Fragen selbst beantworten, nehmen Sie bitte Kontakt zu Ihren Werten auf und überlegen Sie, welche Art Person Sie sein wollen. Wenn Sie achtsam reagieren und im Sinne Ihrer Werte handeln können, was würden Sie dann sagen und tun, wenn Sie merken, dass Sie etwas vermasselt haben? Sind Sie bereit, sich zu vergeben und das, was passiert ist, hinter sich zu lassen? Sind Sie bereit, Raum für Ihre schmerzhaften Gefühle zu schaffen, sich von kontraproduktiven Gedanken zu lösen, freundlich zu sich zu sein und konstruktiv mit dem Problem umzugehen – nämlich so, dass Sie mit Ihrem Leben fortfahren, statt in Selbstvorwürfen zu versinken?

Das alles bedeutet nicht, dass Sie aufgeben würden, sondern nur, dass Sie realistisch sind. Mit entsprechender Übung gelingt es uns wesentlich besser, nach unseren Werten zu leben, uns voll und ganz dem Leben zu widmen, Vergebung und Selbstmitgefühl zu praktizieren, uns von schwierigen Gedanken zu lösen und Raum für schwierige Gefühle zu schaffen. Je mehr wir also üben, desto besser sind die Aussichten für die Zukunft. Zugleich müssen wir uns jedoch von unrealistischen Erwartungen lösen und den Versuch aufgeben, perfekt zu sein. Tatsache ist, dass wir *nicht* immer tun werden, was am sinnvollsten ist. Wir werden uns *nicht* in Heilige oder Superhelden verwandeln. Wir sind Menschen, was bedeutet, dass wir niemals perfekt sein können. Egal, wie gut wir die Prinzipien von ACT anwenden, und egal, wie sehr sie uns in Fleisch und Blut übergehen, es wird immer Momente geben, in denen wir alles vergessen und in alte Muster zurückfallen.

Wenn ich mit Klientinnen und Klienten arbeite, spreche ich mit ihnen daher immer über das Thema »Rückfall«. Dabei sage ich etwa: »Gut, Sie haben sich also fest entschlossen, dass Sie von nun an Ihre Frau und Ihre Kinder nicht mehr anbrüllen, sondern ruhig und geduldig erklären werden, weshalb Sie sich ärgern. Ich habe den Eindruck, dass Sie das absolut aufrichtig meinen; auf jeden Fall scheinen Sie wirklich entschlossen zu sein, daran zu arbeiten. Daher lautet meine Frage: Wie wahrscheinlich ist es, dass Sie Ihre Familie nie wieder anbrüllen werden, nicht ein einziges Mal?« Indem ich das sage, will ich die vorhandene Entschlossenheit nicht untergraben, sondern nur etwas Realismus ins Spiel bringen. Wie ich festgestellt habe, schätzen die meisten Leute eine solche Aufrichtigkeit. Sie hilft ihnen, sich aus dem Klammergriff der Geschichte zu lösen, sie müssten nach Perfektion streben.

So oder so, es ist schwer, Veränderungen zu erzielen. Wir sind alle fähig dazu, aber es fällt uns nicht leicht. Um Erfolg zu haben, denken Sie bitte daran: kleine Veränderungen, winzige Schritte, einen Stein nach dem anderen. Und falls Sie in alte Gewohnheiten zurückfallen (was zu erwarten ist), können Sie den Anker werfen, den Schmerz annehmen und freundlich mit sich umgehen.

Teil 3

Neue Lebenskraft gewinnen

19
Die Bühnenshow des Lebens

»Sag mir, was hast du vor mit deinem einzigen, wilden und kostbaren Leben?«

Mary Oliver

Ich habe einmal erlebt, wie ein Comedian einen pöbelnden Zuhörer mit dem Satz zum Schweigen brachte: »Zweihundert Millionen Samenzellen – und ausgerechnet Sie sind durchgekommen!« Wenn man sich klarmacht, dass es nur eine von zweihundert Millionen Spermien braucht, um eine Eizelle zu befruchten, dann erkennt man, wie viel Glück man hat, am Leben zu sein. Und wenn wir das aus einer noch breiteren Perspektive betrachten und sehen, welche Kette von Ereignissen ablaufen musste, damit wir hier sein können – wie unsere Mutter und unser Vater aufeinandertreffen mussten, wie deren Mütter und Väter sich begegnen mussten und so weiter bis hin zum Anbeginn des Lebens auf der Erde –, dann ist es fast ein Wunder, dass wir überhaupt existieren. Anders gesagt, ist es ein Privileg, am Leben zu sein.

Ein »Privileg« ist ein Vorrecht, das einer bestimmten Person oder Gruppe gewährt wird. Und ein Vorrecht bedeutet Bedingungen oder Umstände, die uns in eine günstige Lage versetzen oder uns eine wertvolle Gelegenheit bieten. Wir gehören alle zu einer bestimmten Gruppe, die in der Wissenschaft als *Homo sapiens* bezeichnet wird, und die Tatsache, dass wir am Leben sind, während so viele Mitglieder unserer Spezies tot sind, versetzt uns in eine günstige Lage. Sie bietet uns die wertvolle Gelegenheit, miteinander in Verbindung zu treten, Anteil zu nehmen und etwas beizutragen, zu lieben, zu lernen und zu wachsen. Das Leben als Privileg zu behandeln bedeutet, diese Gelegenheit zu ergreifen, sie zu würdigen und zu genießen. In Kapitel 6 habe ich erwähnt, dass oft böse Vorahnungen auftreten, wenn ein Realitätsschock damit zu tun hat, dass jemand gestorben ist oder dass jemand oder wir selbst dem Tod ins Auge geblickt haben. In solchen Fällen wird uns deutlich bewusst, dass der Tod für uns alle unvermeidlich ist, was oft ein Gefühl von Beklemmung, Verletzlichkeit oder Unsicherheit auslöst. Erforschen wir solche Gedanken und Gefühle aber, statt sie wegzuschieben, so entdecken wir, dass sie uns etwas Wichtiges mitteilen. Sie erinnern uns daran, dass das Leben kostbar ist und dass wir alle verletzlich sind. Wir wissen nie, wie lange wir noch zu leben haben, daher müssen wir die uns geschenkte Zeit so gut wie möglich nutzen. Wir müssen das Beste aus unserem einzigen wilden und kostbaren Leben machen.

Das ist natürlich leicht gesagt, aber wie stellen wir es wirklich an? Nun, wenn Sie die Prinzipien in diesem Buch in letzter Zeit angewendet haben, sind Sie schon auf dem richtigen Weg. Stellen Sie sich jetzt einmal vor, das Leben sei wie eine Bühnenshow. Auf der Bühne befinden sich alle Ihre Gedanken, Emotionen, Erinnerungen, Körperempfindungen und Bedürfnisse, außerdem alles, was Sie sehen, hören, berühren, schmecken und riechen können. Die Show verändert sich beständig, von einem Moment zum anderen. Und ein bestimmter Teil von Ihnen kann sich davon lösen und alles beobachten; er kann die Einzelheiten heranzoomen oder die ganze Szene betrachten, er kann auf einer Seite der Bühne die Lichter dimmen oder einen Scheinwerfer auf eine bestimmte Stelle richten.

Für diesen Teil von Ihnen gibt es in der Alltagssprache keinen so richtig passenden Ausdruck. Wenn ich in poetischer Stimmung bin, nenne ich ihn das »beobachtende Selbst«, aber meistens spreche ich von dem »Teil von uns, der wahrnimmt«. Sie haben ihn bei jeder Achtsamkeitsübung im Buch verwendet, indem Sie Ihre Gedanken, Ihre Gefühle, Ihren Körper, Ihr Handeln und Ihre Umgebung wahrgenommen haben. Er ist immer vorhanden, immer verfügbar, und Sie können in jedem beliebigen Moment auf ihn zurückgreifen, um jene Aspekte der Bühnenshow zu beleuchten, die Sie erforschen wollen. Die Show wiederum verändert sich die ganze Zeit; keine zwei Momente davon sind gleich. Manchmal scheint die Bühne voll Vergnügen und Freude zu sein, zu anderen Zeiten ist sie von Kummer und Leid beherrscht.

Wenn wir einen Realitätsschock erleben, richtet sich der Scheinwerfer auf unseren Schmerz, während die restliche Bühne in Dunkelheit versinkt. Deshalb kommt es uns so vor, als würde das Leben aus nichts anderem bestehen als aus unserem Leiden. Was aber geschieht, wenn wir die restliche Show ebenfalls in Licht tauchen? Was, wenn wir die *ganze* Bühne beleuchten? Wenn wir *sowohl* unseren Schmerz wahrnehmen *als auch* das ganze Leben darum herum? Denn egal, wie groß der Schmerz auch sein mag, unser Leben ist immer größer. Was, wenn wir vom Raum eines weiten Gewahrseins aus das erkennen, woran es uns in unserem Leben *nicht* mangelt? Und was, wenn wir dabei etwas sehr Kostbares entdecken? Wenn wir einen verborgenen Schatz finden, der uns selbst inmitten unseres großen Schmerzes ein Gefühl der Erfüllung verschafft?

Natürlich behauptet unser Kopf womöglich: »Solange ich mich mit diesem Problem, diesem Verlust herumschlagen muss, ist alles andere belanglos«, »Ohne X, Y oder Z ist mein Leben leer/sinnlos« oder »Alles andere ist unwichtig für mich«. Wenn wir uns von solchen Gedanken vereinnahmen lassen, verlieren wir uns im Smog; wir stolpern durch die Gegend und können kaum atmen. Um uns dann Erleichterung zu verschaffen, können wir den Anker werfen und präsent werden. Das heißt, wir lösen uns von solchen Gedanken, kultivieren unser Gewahrsein und nehmen die Gesamtheit unseres Lebens wahr, nicht nur die schmerzhaften Anteile.

Was könnte wohl in Ihrem Leben geschehen, wenn Sie all jene

Dinge wahrnehmen, die die meisten Menschen für selbstverständlich halten? Und wenn Sie diese Dinge nicht nur wahrnehmen, sondern auch *würdigen, genießen* und *zu schätzen wissen*? Wenn Sie gleich jetzt, in diesem Augenblick, echte Wertschätzung für Ihren Atem, Ihr Augenlicht, Ihr Gehör und die Verwendungsmöglichkeiten Ihrer Arme und Beine empfinden? Wenn Sie die nächste Begegnung mit Freunden, Familienmitgliedern oder Nachbarn ganz genießen?

Waren Sie beim Spazierengehen nicht schon einmal ganz beglückt von der Schönheit ringsum? Haben Sie nicht schon einmal die Luft eingesogen und sich an ihrer Frische erfreut? Haben Sie nicht schon einmal die Wärme eines offenen Feuer oder eines bequemen Betts genossen, eine köstliche Mahlzeit geschmeckt, begeistert in frisch gebackenes Brot gebissen oder sich genüsslich einer langen, heißen Dusche hingegeben? Haben Sie nicht schon einmal Freude über eine Umarmung, einen Kuss, ein Buch, einen Film, einen Sonnenuntergang, eine Blume, ein Kind oder ein Tier verspürt?

Nun sagt Ihr Kopf vielleicht: »Tja, das ist alles gut und schön, aber was ist mit Menschen, die in wirklich furchtbaren Umständen feststecken? Für die kann das doch wohl nicht ernsthaft gelten?«

Meine Antwort lautet: Alles der Reihe nach. Wenn uns die Realität einen Genickschlag verpasst, müssen wir zuerst den Anker werfen und freundlich mit uns umgehen. Als Nächstes müssen wir einen Standpunkt einnehmen: Wenn wir die Situation nicht verlassen können oder wollen, dann ändern wir, was geändert werden kann, akzeptieren, was nicht geändert werden kann, und leben im Einklang mit unseren Werten. Wenn wir das alles getan haben und die Situation weiterhin furchtbar ist, dann ist es wahrscheinlich tatsächlich sehr schwer, etwas zu finden, das wir würdigen, schätzen und genießen können. Unmöglich ist es jedoch nicht.

Zum Beispiel erzählt Nelson Mandela in seiner Autobiografie *Der lange Weg zur Freiheit*, wie er während seiner vielen Jahre im Gefängnis auf Robben Island in der Lage war, den morgendlichen Marsch zum Steinbruch zu genießen, die frische Meeresbrise und die wilden Tiere, die er sah. Ein anderes Beispiel ist Primo Levi, ein italienischer Jude, der elf Monate in Auschwitz verbrachte. In seinem bewegenden Bericht, der den Titel *Ist das ein Mensch?* trägt, erzählt er, wie er tagein, tagaus im eisigen polnischen Winter Schwerstarbeit verrichten musste, kaum geschützt durch seine dünne Kleidung. Als die ersten Frühlingstage kamen, war er dennoch fähig, die Wärme der Sonne wirklich zu genießen. Und Viktor Frankl, ein anderer jüdischer Auschwitz-Überlebender, berichtet in seinem Buch mit dem Titel ... *trotzdem Ja zum Leben sagen*, wie er selbst angesichts des ganzen Grauens dennoch in der Lage war, sich an den schönen Erinnerungen an das Zusammenleben mit seiner Frau zu freuen.

Achtung: Ich schlage *nicht* vor, wir sollten versuchen, uns abzulenken oder so zu tun, als hätte sich kein Realitätsschock ereignet. Ich sage *nicht*, dass wir nur die anderen Teile der Bühnenshow betrachten und das, was uns nicht gefällt, ignorieren sollten. Ich will *nicht* darauf hinaus, dass wir versuchen sollten, positiv zu denken und uns einzureden, schließlich habe alles auch sein Gutes. Wenn Sie wollen, können Sie diese Strategien gern ausprobieren, aber sie funktionieren normalerweise nicht besonders gut, zumindest nicht auf lange Sicht. Und ich behaupte definitiv *nicht*, dass Sie so etwas von Ihrem Schmerz befreien und Ihnen Glücksgefühle verschaffen wird.

Was ich vorschlage, ist einfach dies: Richten wir das Licht auf die *gesamte* Bühnenshow. Nehmen wir sowohl die ganzen Schwierigkeiten, die ganzen schmerzhaften Gedanken und Gefühle wahr – aber *auch* alles Schöne und Staunenswerte, was das Leben uns schenkt. Freuen wir uns über das Privileg, am Leben zu sein und diese erstaunliche Bühnenshow betrachten zu dürfen, und finden wir darin etwas, das wir wertschätzen können.

Natürlich ist das – wie vieles in diesem Buch – wesentlich leichter gesagt als getan. Weshalb? Weil der menschliche Geist von Natur aus darauf ausgerichtet ist, sich auf das zu konzentrieren, was wir *nicht* haben, was *nicht gut genug* ist, was repariert, gelöst oder geändert werden muss, bevor wir das Leben genießen können. Wenn man uns also vorschlägt, wir sollten wertschätzen, was wir haben, reagiert unser Kopf darauf oft zynisch. Sollte auch Ihr Kopf jetzt protestieren, behandeln Sie ihn bitte wie eine laute Stimme in der hinteren Ecke eines Cafés. Lassen Sie ihn reden, ohne sich in seinen Kommentaren zu verfangen oder sich in eine Diskussion hineinziehen zu lassen. Überlegen Sie stattdessen lieber: Wie können Sie wertschätzen, was Sie haben?

Die Kunst der Wertschätzung

Eigentlich ist es recht einfach, Wertschätzung für die Dinge, die wir haben, zu entwickeln. Wir müssen dazu nur auf bestimmte Weise aufmerksam sein, mit Offenheit und Neugier. Versuchen wir das jetzt gleich einmal. Nehmen Sie, während Sie diesen Satz lesen, wahr, wie Ihr Blick über die Seite gleitet, wie er sich ohne bewusste Anstrengung Ihrerseits von Wort zu Wort bewegt und dabei genau die richtige Geschwindigkeit wählt, damit Sie die Informationen aufnehmen können.

Stellen Sie sich nun vor, wie schwierig Ihr Leben wäre, wenn Sie das Augenlicht verlieren würden. Wie viel würden Sie da wohl verpassen? Stellen Sie sich vor, Sie könnten keine Bücher mehr lesen, sich keine Filme ansehen, das Mienenspiel Ihnen nahestehender Menschen nicht mehr beobachten, sich nicht mehr im Spiegel betrachten, keinen Sonnenuntergang mehr bewundern und nicht mehr Auto fahren.

Fünf Dinge

Hören Sie, wenn Sie das Ende dieses Absatzes erreicht haben, einige Sekunden auf zu lesen, blicken Sie sich um und nehmen Sie intensiv fünf Dinge wahr, die Sie sehen können. Lassen Sie den Blick mehrere Sekunden auf jedem dieser Objekte ruhen, um dessen Form, Farbe und Beschaffenheit zu registrieren, als wären Sie ein neugieriges Kind, das so etwas noch nie gesehen hat. Achten Sie darauf, ob sich auf der Oberfläche dieser Gegenstände Muster oder Markierungen befinden. Nehmen Sie wahr, wie sich das Licht in ihnen spiegelt und ob sie einen Schatten werfen. Registrieren Sie die Konturen und Umrisse der Gegenstände und ob sie sich bewegen oder nicht. Öffnen Sie sich der Erfahrung, etwas Neues zu entdecken, selbst wenn Ihr Kopf hartnäckig behauptet, das wäre sicher langweilig.

Nehmen Sie sich, sobald Sie fertig sind, einen Moment Zeit, darüber nachzudenken, wie viel Ihre Augen zu Ihrem Leben beitragen. Überlegen Sie, was die Gabe zu sehen Ihnen bietet. Wie wäre das Leben, wenn Sie blind wären? Wie viel würden Sie wohl verpassen?

Diese kurze Übung verknüpft zwei wichtige Achtsamkeitsfertigkeiten: Teilnehmen und Genießen. Wenn wir etwas mit Offenheit und Neugier wahrnehmen, dann nehmen wir voll und ganz teil an dem, was wir tun. Anders gesagt, sind wir tief in unser Erleben involviert. Und wenn wir wahrhaft Wertschätzung für unsere Augen und das Wunder des Sehens empfinden, entsteht ein Gefühl von Dankbarkeit und Erfüllung. Das heißt, wir *genießen* die Erfahrung.

Wertschätzung für die Hände

Nehmen Sie nun, während Sie weiterlesen, wahr, wie mühelos Ihre Hände dieses Buch halten. Heben Sie es, wenn Sie zum Ende des Absatzes kommen, hoch, drehen Sie es um, werfen Sie es behutsam in die Luft und fangen Sie es auf. Verbringen Sie eine gute Minute damit, auf verschiedene Weise mit dem Buch zu spielen. Werfen Sie es von einer Hand in die andere und zurück, blättern Sie sämtliche Seiten durch, heben Sie es in die Höhe, um es fallen zu lassen und aufzufangen, bevor es den Boden erreicht. Achten Sie, während Sie das tun, auf die Bewegungen Ihrer Hände. Seien Sie neugierig, wie diese sich verhalten. Nehmen Sie wahr, dass die Hände genau wissen, was sie tun müssen, und wie mühelos die Finger und Daumen zusammenarbeiten. Seien Sie offen für diese Erfahrung, offen dafür, daraus zu lernen, selbst wenn Sie das eigentlich gar nicht wollen.

Na, sind Ihre Hände nicht etwas ganz Erstaunliches? Wie schwierig wohl das Leben wäre, wenn Sie die nicht hätten? Verwenden Sie Ihre Hände, wenn Sie das Ende dieses Absatzes erreicht haben, nun dazu, sich etwas Angenehmes zu gönnen. Streichen Sie sich sanft über die Kopfhaut, massieren Sie sich die Schläfen, legen Sie die Fingerspitzen vorsichtig auf die Augenlider oder massieren Sie sich eine Schulter. Tun Sie das langsam und sanft etwa eine Minute lang, mit kindlicher Neugier und Offenheit. Nehmen Sie wahr, wie Ihre Hände sich bewegen, welche Empfindungen sie hervorrufen und wie Ihr Körper darauf reagiert.

Denken Sie, sobald Sie das getan haben, darüber nach, wie viel Ihre Hände zu Ihrem Leben beitragen und wie viel Sie damit tun können. Probieren Sie dann eine weitere Übung aus, die sich diesmal mit dem Atem beschäftigt.

Wertschätzung für den Atem

Lassen Sie, während Sie weiterlesen, den Atem langsamer werden. Tun Sie ein paar ruhige tiefe Atemzüge und lassen Sie dabei die Schultern sinken. Denken Sie, während Sie das einfache Vergnügen des Atmens genießen, darüber nach, welche Rolle Ihre Lunge in Ihrem Leben spielt. Überlegen Sie, wie sehr Sie davon abhängig sind und wie viel sie zu Ihrem Wohlbefinden beiträgt. Millionen Menschen auf der ganzen Welt leiden an Herz- und Lungenerkrankungen, die das Atmen stark erschweren – und wenn Sie je Asthma oder eine Lungenentzündung hatten, wissen Sie, wie schwierig und beängstigend das sein kann. Vielleicht haben Sie ja auch schon einmal jemanden, der an einer schlimmen Herz- oder Lungenerkrankung litt, im Krankenhaus oder im Pflegeheim besucht. Dann war seine Lunge mit Flüssigkeit gefüllt, und atmen konnte er nur, indem er durch eine Maske Sauerstoff bekam. Stellen Sie sich vor, Sie wären an der Stelle dieser Person. Stellen Sie sich vor, in einer solchen Lage zu sein, auf Ihr Leben zurückzublicken und sich daran zu erinnern, wie gut Ihre Lunge früher funktioniert hat und wie viel leichter das Leben damals war. Sind wir von unserer Lunge und unserer Atmung nicht ungeheuer abhängig? Und halten wir deren Funktion nicht allzu oft für selbstverständlich? Können Sie einen Moment lang wahrnehmen, wie Ihre Lunge arbeitet und wie der Atem rhythmisch ein- und ausströmt – und diese Erfahrung genießen?

Wenn wir uns während des Tages immer wieder Zeit nehmen, einen Gang herunterzuschalten und zu würdigen, was wir haben, entwickeln wir bald ein Gefühl größerer Zufriedenheit. Wir können das zu jeder Zeit und an jedem Ort tun, indem wir einfach einige Sekunden dafür verwenden, mit Offenheit und Neugier etwas wahrzunehmen, was wir sehen, hören, berühren, schmecken oder riechen können.

Vielleicht ist es das Lächeln auf dem Gesicht eines geliebten Menschen, vielleicht sind es in einem Sonnenstrahl tanzende Stäubchen, die Empfindung des ein- und ausströmenden Atems, die Stimme eines lachenden Kindes, der Geruch frisch gebrühten Kaffees oder der Geschmack von Butter auf Toast.

Nun will ich absolut nicht behaupten, so etwas würde alle Ihre Probleme lösen. Ebenso wenig fordere ich Sie auf, so zu tun, als wäre alles in Ihrem Leben in bester Ordnung und als hätten Sie keine Bedürfnisse, Wünsche und Sehnsüchte. Der Zweck dieser Übung besteht schlicht darin, sich erfüllter zu fühlen. Wertschätzung zu empfinden, ist ein psychischer Zustand, der sich radikal von unserer üblichen Einstellung unterscheidet, die von Mangel, Unzufriedenheit und der Fixierung darauf geprägt ist, die Kluft zwischen dem, was wir haben, und dem, was wir wollen, zu schließen oder zu leugnen.

Wie wäre es also, ein wenig innezuhalten, wenn Sie das nächste Mal ein Glas Wasser trinken, und den ersten Schluck zu kosten? Bewegen Sie ihn ein- oder zweimal im Mund hin und her, um wahrzunehmen, wie er sofort die Trockenheit lindert.

Und wie wäre es, sich beim nächsten Spaziergang einige Augenblicke Zeit zu nehmen, die Bewegung Ihrer Beine zu beobachten, deren Rhythmus, Kraft und Koordination? Und die Aufgabe zu würdigen, die Ihre Beine erfüllen, indem sie Sie von einem Ort zum anderen bringen.

Und wenn Sie das nächste Mal etwas Leckeres essen, können Sie den ersten Bissen kosten und darüber staunen, wie Ihre Zunge fähig ist, das Essen zu schmecken, wie Ihre Zähne fähig sind zu kauen und wie Ihr Hals fähig ist zu schlucken.

Wir neigen alle dazu, das Leben für selbstverständlich zu halten und die vielen Wunder außerhalb eines Realitätsschocks zu vergessen. So muss es jedoch nicht sein. Wir müssen nicht warten, bis wir beinahe an Durst sterben, um das einfache Vergnügen eines Schlucks Wasser zu genießen. Wir müssen nicht warten, bis unsere Beine nicht mehr funktionieren, um zu würdigen, dass sie uns durch die Welt tragen. Wir müssen nicht warten, bis unsere Augen und Ohren versagen, um das Geschenk unseres Seh- und Hörvermögens zu schätzen. Wir können gleich hier und jetzt Wertschätzung für all diese Gaben empfinden.

20

Die ganze Erfahrung

Nehmen wir an, Sie befinden sich in einem hübschen, kühlen, klimatisierten Hotelzimmer. Sie blicken durchs Fenster und betrachten bewundernd den unberührten weißen Strand und den klaren blauen Ozean, der sich bis zum Horizont erstreckt. Die Wellen glitzern im Sonnenlicht, Palmen wiegen sich sanft im Wind. Es ist ein wirklich spektakuläres Panorama. Aber … Sie können weder das Rauschen der Wellen hören noch das Sonnenlicht auf dem Gesicht spüren, Sie können nicht spüren, wie der sanfte Wind Ihr Gesicht liebkost, und Sie können die frische Seeluft weder einatmen noch riechen. So ist es, wenn man nur »halb präsent« ist. Man nimmt das, was man erlebt, zwar teilweise auf, verpasst jedoch eine Menge.

Nehmen wir nun an, Sie verlassen Ihr Zimmer und treten auf den Balkon. Sogleich fühlen Sie sich wesentlich lebendiger. Sie spüren, wie das Sonnenlicht Ihre Haut wärmt, wie der Wind Ihnen sanft das Haar zerzaust, wie die frische, salzige Luft in Ihre Lunge strömt. So ist es, ganz präsent zu sein: sich dem Leben zu widmen, wie es in diesem Moment ist, und seinen Reichtum aufzusaugen und zu kosten. In den früheren Teilen dieses Buchs haben wir Achtsamkeit hauptsächlich als Mittel betrachtet, mit unserem Leiden umzugehen, indem wir den Anker werfen, Raum für schmerzhafte Emotionen schaffen, uns von schwierigen Gedanken lösen und so weiter. Jetzt werden wir einen anderen Aspekt von Achtsamkeit erkunden – wie man sie verwendet, um voll und ganz am Leben teilzunehmen, statt es für selbstverständlich zu halten.

Ganz bei dem sein, was man tut

Momente, in denen wir ganz bei der Sache – oder präsent – sind, ereignen sich auf natürliche Weise. Wenn wir Menschen, die wir bewundern oder anziehend finden, zum ersten Mal begegnen, sind wir wahrscheinlich sehr präsent. Wir schenken ihnen unsere volle Aufmerksamkeit und hängen ihnen an den Lippen. Und wenn wir sagen, jemand habe eine starke Präsenz, so meinen wir damit, er ziehe ganz natürlich unsere Aufmerksamkeit auf sich. Aber was ist mit unseren Freundinnen und Freunden, Familienmitgliedern, Kolleginnen und Kollegen, die wir Tag für Tag sehen – halten wir deren Anwesenheit nicht oft für selbstverständlich und hören ihnen nur halb zu? Womöglich klagen wir sogar darüber, wie schwer es sei, bei der Sache zu bleiben, wenn sie »immer alles breittreten«. Worauf wir sie als »langweilig« bezeichnen.

Auch wenn wir im Restaurant den ersten Bissen eines köstlichen Menüs kosten, ein interessantes neues Parfüm riechen oder den Blick auf einen spektakulären Regenbogen richten, widmen wir dem einige Momente unsere volle, bewusste Aufmerksamkeit. Nur allzu bald schwindet diese Aufmerksamkeit jedoch. Nach drei oder vier Bissen der Mahlzeit halten wir sie für selbstverständlich. Klar, wir schmecken sie noch, aber wir kosten sie nicht mehr aus, indem wir die Nuancen des Geschmacks und die Beschaffenheit dessen erforschen, was wir da kauen. Stattdessen essen wir wie Roboter und zeigen wesentlich mehr Interesse an der Unterhaltung mit unseren Tischgenossen als an den Empfindungen in unserem Mund. Dasselbe gilt für den erwähnten neuen Duft. Innerhalb weniger Minuten tritt er in den Hintergrund, bis wir ihn kaum mehr wahrnehmen.

Erschaffen wir doch gleich jetzt einige Augenblicke, in denen wir ganz bei der Sache sind! In der folgenden Übung geht es darum, jede Anweisung fünf bis zehn Sekunden lang zu befolgen, bevor man zur nächsten übergeht.

Achtsamkeit auf Geräusche

Öffnen Sie zuerst die Ohren und lassen Sie sich einige Momente Zeit, einfach wahrzunehmen, was Sie hören können.

Achten Sie auf alle Geräusche, die von Ihnen stammen, zum Beispiel auf die Bewegung Ihres Körpers auf dem Stuhl und auf Ihren Atem.

»Spitzen« Sie nun die Ohren, um die Geräusche in der Nähe wahrzunehmen.

Dehnen Sie Ihre Hörweite dann allmählich aus, bis Sie selbst die entferntesten Geräusche hören. Können Sie die Geräusche des Wetters und des in der Ferne rauschenden Verkehrs hören?

Sitzen Sie inmitten all dieser Geräusche still und nehmen Sie deren unterschiedliche Ebenen wahr, ihr Vibrieren, Pulsieren und ihre Rhythmen.

Nehmen Sie wahr, wie manche Geräusche aufhören, während neue auftauchen. Versuchen Sie jetzt, ein kontinuierliches Geräusch wahrzunehmen, zum Beispiel ein elektrisches Summen oder das Surren eines Ventilators, und lauschen Sie ihm, als wäre es ein wunderschönes Musikstück. Achten Sie auf seine Tonhöhe, Lautstärke und Klangfarbe.

Bleiben Sie bei diesem Geräusch und nehmen Sie wahr, dass es sich nicht nur um einen einzigen Ton handelt. Es enthält verschiedene Ebenen, Rhythmen innerhalb von Rhythmen und Zyklen innerhalb von Zyklen.

Achten Sie nun auf den Unterschied zwischen dem, was Sie hören können, und den Worten und Bildern, die Ihr Kopf diesen Geräuschen anzuheften versucht.

Wie ist es Ihnen ergangen? Waren Sie in der Lage, ganz bei den Geräuschen zu bleiben, oder hat Ihr Kopf Sie aus der Übung herausgezogen? In den meisten Fällen geschieht Letzteres. Hat Ihr Kopf Sie vielleicht mit Gedanken abgelenkt wie: »Das ist langweilig«, »Das kann ich nicht«, »Wieso lasse ich diese Übung nicht einfach aus, die ist doch eigentlich nicht nötig« oder »Was gibt es eigentlich zum Abendessen?« Vielleicht hat Ihr Kopf auch Bilder der Geräusche, die Sie hören konnten, heraufbeschworen, zum Beispiel Bilder von Menschen, Autos, Vögeln oder Wetterphänomenen. Oder hat er Sie dazu gebracht, die Geräusche zu analysieren (»Was wohl einen solchen Krach verursacht?«) oder sie zu identifizieren und zu benennen (»Das ist ein Lastwagen«)? Es kann auch sein, dass er Sie einfach zu Ihrem Realitätsschock zurückgezerrt und dazu gebracht hat, über Ihre Probleme nachzugrübeln, darüber, wie schlecht Sie sich fühlen und ob so eine Übung Ihnen wohl überhaupt helfen könnte. Egal, was Ihr Kopf getan hat, es ist ganz in Ordnung so; nehmen Sie diese Reaktion einfach wahr und lassen Sie sie los.

Lisa und die Frösche

»Das halte ich nicht mehr aus«, sagte Lisa. »Wenn ich diese verfluchten Frösche noch eine einzige Nacht hören muss, flippe ich aus!« Eine Woche zuvor war Lisa in ein wunderhübsches neues Haus gezogen. Leider hatten die Nachbarn in ihrem Garten einen großen Teich angelegt, in dem eine Schar extrem lauter Frösche hauste. So wie Lisa es darstellte, erzeugten die Frösche ein Geräusch, das sich anhörte wie zwei aneinanderknallende Holzklötze, und das taten sie die ganze Nacht lang. Lisa fand dieses Geräusch ausgesprochen irritierend, weshalb sie stundenlang wach blieb. Sie probierte vergeblich drei unterschiedliche Sorten Ohrstöpsel aus, und sie gestand mir – ganz schuldbewusst –, dass sie sich sogar überlegt hatte, die Frösche zu vergiften.

Ich machte mit ihr die oben vorgestellte Übung »Achtsamkeit auf Geräusche«, und als wir kurz vor deren Ende waren, bat ich Lisa, die Aufmerksamkeit auf das etwas irritierende Geräusch eines Rasenmähers zu richten, der in dem Garten auf der anderen Straßenseite lärmte. Ich forderte sie auf, es ganz bewusst wahrzunehmen, indem sie ihren Kopf vor sich hinplappern ließ wie ein im Hintergrund spielendes Radio und sich nur auf das Geräusch konzentrierte. Sie sollte mit großer Neugier all seine unterschiedlichen Elemente wahrnehmen – die Rhythmen und Vibrationen, die hohen und tiefen Töne, die Veränderungen der Tonhöhe und der Lautstärke –, als würde sie der Stimme eines fantastischen Sängers lauschen. Anschließend berichtete sie, das Geräusch habe sich rasch aus etwas Ärgerlichem in etwas ziemlich Interessantes verwandelt. Es sei erstaunlich, dass sie schon unzählige Male das Geräusch von Rasenmähern gehört hätte, ohne wahrzunehmen, dass es so viele Aspekte hatte. Daraufhin schlug ich ihr vor, diese Übung nachts im Bett zu machen, indem sie achtsam den quakenden Fröschen nebenan lauschte. Eine Woche später berichtete sie mir strahlend, sie habe die Übung tatsächlich jede Nacht gemacht und würde das Geräusch der Frösche jetzt genießen. Es wirke beruhigend und entspannend, und es helfe ihr sogar beim Einschlafen!

Nun will ich auf keinen Fall unrealistische Erwartungen wecken. Solche Übungen haben nicht immer derart dramatische Ergebnisse, vor allem nicht, wenn Sie sich gerade erst damit vertraut machen und wenn Ihre Achtsamkeitsfertigkeiten noch relativ unentwickelt sind. Außerdem sollten wir nicht vergessen, dass es schwer ist, lange präsent zu bleiben, weil unser Kopf über so viele schlaue Methoden verfügt, uns abzulenken. Wenn wir also gut darin werden wollen, gibt es keine andere Möglichkeit, als zu üben. Deshalb möchte ich Ihnen zwei rasche, einfache Übungen vorschlagen, die Sie leicht in Ihren Tagesablauf einbauen können.

Achtsamkeit auf andere Menschen

Wählen Sie jeden Tag eine andere Person aus und nehmen Sie deren Gesicht wahr, als hätten Sie es noch nie zuvor gesehen: die Farbe von Augen, Zähnen und Haaren, das Muster der Fältchen in der Haut und die Art und Weise, wie die Person spricht. Achten Sie darauf, wie sie sich bewegt und geht, auf ihr Mienenspiel, ihre Körpersprache und ihren Tonfall. Versuchen Sie auch, ihre Emotionen zu erraten und in das hineinzuspüren, was sie fühlt. Seien Sie, wenn diese Person mit Ihnen spricht, so aufmerksam, als würde es sich um die faszinierendste Rede handeln, die Sie je gehört haben, und als hätten Sie viel Geld fürs Zuhören bezahlt. Ganz wichtig ist es, wahrzunehmen, was als Folge dieser besonders achtsamen Interaktion geschieht. Ein Tipp: Wählen Sie die Person, an der Sie üben wollen, bereits am Vorabend aus und denken Sie gleich nach dem Aufwachen an sie. Dadurch werden Sie sich besser an die Übung erinnern.

Präsent sein für etwas Angenehmes

Wählen Sie jeden Tag eine einfache Aktivität aus, die Ihnen Vergnügen bereitet – am besten etwas, das Sie sonst für selbstverständlich halten oder automatisch tun –, und versuchen Sie, intensiv jedes angenehme, vergnügliche Gefühl wahrzunehmen, das dabei entsteht. Was Sie wählen, bleibt ganz Ihnen überlassen: einen geliebten Menschen umarmen, Ihre Katze streicheln, mit dem Hund spazieren gehen, mit Ihren Kindern spielen, ein Glas kühles Wasser oder eine Tasse warmen Tee trinken, zu Mittag oder zu Abend essen, Ihre Lieblingsmusik anhören, ein heißes Bad oder eine Dusche nehmen, im Park spazieren gehen. Versuchen Sie es allerdings nicht mit Aktivitäten, bei denen Sie sich in Gedanken verlieren müssen wie etwa beim Lesen, beim Schachspielen und beim Lösen von Sudokus oder Kreuzworträtseln. Setzen Sie, während Sie mit der gewählten Aktivität beschäftigt sind, alle fünf Sinne ein, um ganz präsent zu sein. Nehmen Sie wahr, was Sie sehen, hören, berühren, schmecken und riechen können, und genießen Sie jeden Aspekt davon.

Es gibt natürlich eine unbegrenzte Zahl an Übungen, mit denen wir die Fähigkeit entwickeln können, ganz bei dem zu sein, was wir tun, und es zu genießen. Wie wäre es, wenn Sie selbst welche erfinden? Im Grunde müssen Sie dazu nur etwas auswählen – einen Gegenstand, eine Aktivität oder ein Ereignis – und ihm volle, offene, neugierige Aufmerksamkeit zuwenden. Machen Sie sich zugleich bewusst, wie es zu Ihrem Leben beiträgt.

Achten Sie dabei übrigens immer auf die alte Geschichte vom »nicht gut genug«, denn die lauert immer im Hintergrund. Wenn sie uns an den Haken nimmt, ist das wie ein Expresslift in die Hölle. Im einen Augenblick genießen wir noch das Leben hier und jetzt, und im nächsten stecken wir schon tief im Untergrund. Glücklicherweise gibt es allerdings auch einen Aufzug in den Himmel. Sobald wir uns von kontraproduktiven Geschichten lösen, Raum für unsere schwierigen Gefühle schaffen und uns fest in der Gegenwart verankern, steigen wir aus der Tiefe hoch ins Licht. Und wenn wir einen Schritt weitergehen und bewusst wertschätzen, was wir haben, werden wir feststellen, dass unsere Realität sich verwandelt. Unser Schmerz verschwindet zwar nicht, befindet sich jedoch nicht mehr im Zentrum unserer Aufmerksamkeit. Dadurch können wir nicht nur würdigen, was wir verloren haben, sondern auch wahrnehmen und genießen, was wir besitzen.

21

Freude und Leid

Als man bei Chloe, einer meiner Klientinnen, Brustkrebs diagnostizierte, trat sie einer sogenannten Selbsthilfegruppe bei. Sie hoffte, dort eine mitfühlende und reflektierte Gemeinschaft zu finden, in der man realistisch sah, wie schmerzhaft, beängstigend und schwierig es ist, Krebs zu haben, in der man aber auch unterstützt und ermutigt wurde. Stattdessen fand sie etwas vor, das sie als »einen Haufen fanatischer Positivdenkerinnen« bezeichnete. Es waren Frauen, die nichts von Chloes Schmerz und Angst hören wollten, sondern ihr stattdessen erklärten, sie solle positiv denken – und ihren Krebs als »Geschenk« sehen. Chloe solle sich glücklich schätzen, weil ihre Krankheit ihr die Chance gegeben habe, »aufzuwachen« und ihr Leben zu schätzen. Er sei die Chance, zu lernen, zu wachsen und wahrhaft zu lieben.

Nun finde ich persönlich es zwar toll, wenn man lernt, zu wachsen und wahrhaft zu lieben, und in diesem ganzen Buch geht es darum, aufzuwachen und das Leben zu schätzen. Allerdings ist es von da aus ein großer Sprung bis zu der Idee, die eigene Krebserkrankung als Geschenk zu betrachten oder sich glücklich zu schätzen, weil man daran leidet. Das wird deutlich, wenn man sich vorstellt, statt Krebs habe jemand mit dem Tod des eigenen Kindes, einem verheerenden Wohnungsbrand, einer Vergewaltigung, dem Leben in einem Flüchtlingslager oder einer Amputation zu tun. Wäre es nicht extrem gefühllos, so etwas als »Geschenk« zu bezeichnen und der betroffenen Person zu erklären, sie habe »Glück« gehabt, weil es geschehen sei? Ein derartiges Verhalten wäre das völlige Gegenteil von Anteilnahme und Mitgefühl.

Wir alle haben viele Gelegenheiten, zu lernen, zu wachsen, zu erwachen und unser Leben zu schätzen, dazu muss uns nicht erst etwas Schreckliches zustoßen. Und falls doch etwas Schreckliches geschieht, sollten wir definitiv daraus lernen und dadurch wachsen, jedoch nicht so tun, als wäre das etwas Wunderbares und eine glückliche Fügung des Schicksals.

Nichtsdestotrotz werden Sie von Zeit zu Zeit auf Leute treffen, die behaupten, eine Erkrankung, ein Unfall oder eine Nahtoderfahrung sei das Beste, was ihnen je zugestoßen sei, weil es ihr Leben auf derart positive Weise verwandelt habe. Ich habe selbst einige solcher Leute kennengelernt und von einigen anderen gehört. Diejenigen unter ihnen, die wirklich aufrichtig sind, können sehr inspirierend wirken, aber ich habe den Eindruck, dass es nur wenige solche Menschen gibt, während die meisten von uns nie so empfinden werden. Weshalb sollten wir dann nicht ehrlich uns selbst gegenüber sein? Wenn etwas Schlimmes geschieht, sollten wir uns eingestehen, wie schmerzhaft das ist, und freundlich mit uns umgehen. Dann – und erst dann – sollten wir darüber nachdenken, wie wir aus dieser Erfahrung lernen und durch sie wachsen können.

Wenn Sie also Ihren Schmerz zur Kenntnis genommen, sich freundlich behandelt und alles Machbare getan haben, um die Situation zu verbessern, könnte es jetzt an der Zeit sein, über einige Fragen nachzudenken. Offensichtlich haben Sie sich Ihren Realitätsschock nicht herbeigewünscht, sondern das Leben hat ihn Ihnen ohne Ihre Zustimmung vorgesetzt. Da das aber nun schon geschehen ist, kann es nützlich sein, wenn Sie sich fragen:

- Wie kann ich aus dieser Erfahrung lernen und durch sie wachsen?
- Welche ganz persönlichen Eigenschaften könnte ich dadurch entwickeln?
- Welche praktischen Fertigkeiten könnte ich lernen oder verbessern?
- Welche Stärken kann ich entwickeln?
- Welche Beziehungen kann ich vertiefen?

Jeder Realitätsschock lädt uns ein, durch ihn zu wachsen. Das ist zwar keine Einladung, die wir uns gewünscht haben, aber wenn wir sie ablehnen, wird unser Leben definitiv nur schlechter. Wie wäre es daher, wenn wir sie annehmen und das Beste daraus machen? Wenn wir sie zum Anlass nehmen, Achtsamkeit und Mitgefühl für uns selbst zu entwickeln, Kontakt zu unseren Werten herzustellen und entschlossen zu handeln?

Zum Privileg des Lebens gehört die Gelegenheit, zu lernen und zu wachsen, und wir können diese Gelegenheit jederzeit und überall nutzen, wenn wir das wollen, bis hin zu unserem letzten Atemzug. Seien wir daher neugierig darauf, wie wir unser Leben als Reaktion auf Notlagen vertiefen können! Sind wir vielleicht in der Lage, dann mehr Geduld oder Mut zu entwickeln? Oder Mitgefühl, Beharrlichkeit und Versöhnlichkeit?

Kennen Sie die alte Weisheit: »Wenn der Schüler bereit ist, erscheint der Lehrer?« Früher haben sich mir die Haare gesträubt, wenn ich sie hörte. Ich hielt sie für New-Age-Gewäsch, denn ich dachte, sie solle ausdrücken: Sobald man für das Geheimnis der Erleuchtung bereit sei, werde aus heiterem Himmel irgendein Guru vor der Tür stehen. Inzwischen deute ich sie jedoch ganz anders, nämlich so: Wenn wir bereit sind zu lernen, dann können wir das an praktisch allem tun, was das Leben uns vorsetzt. Egal, wie schmerzhaft oder beängstigend es sein mag, wir können immer etwas Nützliches daraus lernen.

Stellen Sie sich nun einmal vor, ich würde Ihnen erklären, ich hätte etwas für Sie, und dann würde ich ein kleines, silbern glänzendes Kästchen mit einem roten Knopf hervorziehen. »Das ist ein wirklich interessanter Apparat«, sage ich. »Sie brauchen nur diesen roten Knopf drücken, dann lösen sich Ihre Angst, Ihre Wut, Ihre Schuldgefühle, Ihre Einsamkeit und Traurigkeit vollständig in Luft auf. Ihre ganzen schmerzhaften Erinnerungen ebenfalls; Sie werden sogar nie wieder Schmerz verspüren. Es gibt nur eine Nebenwirkung. Wenn Sie den Knopf da drücken, wird Ihnen nichts und niemand mehr etwas bedeuten. Ihre Freunde, Ihre Partnerin oder Ihr Partner und Ihre Familienmitglieder werden Ihnen egal sein; es wird Sie nicht kümmern, ob diese Menschen glücklich oder traurig sind, ob sie leben oder sterben. Ihr Beruf, Ihr Zuhause, Ihr Wohnort, Ihr Land, ja die ganze Erde, nichts davon wird Ihnen mehr etwas bedeuten, und es wird Sie auch nichts mehr kümmern, was passiert. Sie werden keine Ziele, keine Sehnsüchte, keine Wünsche haben. Ihrem Leben wird jeder Sinn und Zweck fehlen, weil Ihnen ja absolut nichts mehr etwas bedeuten wird. Aber dafür werden Sie keinen Schmerz mehr spüren.«

Würden Sie den Knopf drücken?

Das ist es, was das Leben uns schenkt. Wenn wir Anteil an anderen Menschen oder überhaupt an etwas nehmen, dann werden wir früher oder später auf eine Kluft zwischen dem stoßen, was wir wollen, und dem, was wir haben. Je größer die Kluft, desto größer ist unser Schmerz. *Was wirklich wichtig im Leben ist, tut auch weh.*

Können wir also Raum für diese schmerzhaften Gefühle schaffen und sie als einen wertvollen Teil von uns betrachten? Können wir erkennen, dass sie uns etwas Wichtiges zu sagen haben: dass wir lebendig sind, ein Herz haben und wirklich Anteil nehmen?

Können wir unseren Schmerz als Brücke zum Herzen anderer Menschen sehen? Das wäre eine Brücke, die unsere individuellen Unterschiede überspannt und uns in der Gemeinschaft des menschlichen Leidens vereint. Erst wenn wir wissen, was es bedeutet zu leiden, können wir eine echte Beziehung zu anderen herstellen, die ebenfalls leiden, erst dann begreifen wir die wahre Bedeutung von Empathie. Können wir also erkennen, dass Schmerz uns dabei hilft, fruchtbare Beziehungen aufzubauen – uns mit dem Schmerz von anderen zu verbinden, aktiv Anteil an ihnen zu nehmen und bereitwillig Freundlichkeit beizutragen, wenn sie leiden?

Unsere Emotionen gehören genauso zu uns wie unsere Arme und Beine. Müssen wir sie also wirklich meiden, vor ihnen fliehen oder sie bekämpfen? Wenn unsere Arme und Beine verletzt, gebrochen oder infiziert sind, verursachen sie naturgemäß Schmerzen. Deshalb bekämpfen wir sie jedoch nicht. Wir wünschen uns nicht, wir könnten ohne sie durchs Leben gehen. Wir schätzen, was sie zu unserem Leben beitragen.

Denken wir nun an den Teil von uns, der Anteil nimmt. Was, wenn wir diesen Teil wahrhaft schätzen und dankbar für alles sein könnten, was er uns im Leben bringt? Klar, wenn wir an nichts Anteil nehmen würden, hätten wir keine Schmerzen, aber es gäbe für uns auch keine Freude, keine Liebe, kein Lachen. Wir würden wie Zombies durchs Leben gehen; alles wäre sinn- und bedeutungslos. Wir wären nicht enttäuscht und frustriert, aber auch nicht erfüllt und zufrieden. Durch unsere Fähigkeit, Anteil zu nehmen, können wir unserem Leben einen Zweck geben, fruchtbare Beziehungen aufbauen, uns motivieren, die Schätze des Lebens finden und genießen. Können wir also dankbar dafür sein, obwohl es uns so viel Schmerz bringt?

Denken wir schließlich auch an unsere Fähigkeit, Emotionen zu empfinden. Können wir die erstaunliche Fähigkeit des Gehirns würdigen, Milliarden vom ganzen Körper ausgesendete elektrochemische Signale zu empfangen, zu entziffern, blitzschnell zu interpretieren und uns dadurch zu ermöglichen, dass wir fühlen, was wir gerade fühlen?

Stellen Sie sich einmal vor, dieses System würde nicht funktionieren. Stellen Sie sich vor, wir würden nie wieder etwas fühlen. Wie viel wir da doch verpassen würden! Wie leer das Leben wäre!

Wenn wir den Anker geworfen und eine klare Haltung eingenommen haben, können wir dann mit Mitgefühl für uns selbst einen Blick auf die schmerzhaften Gefühle in unserem Körper werfen und sie mit Freundlichkeit und Respekt behandeln? Können wir ihnen Raum geben, ihnen Frieden und aufmerksame Fürsorge schenken? Können wir uns klarmachen, dass sie uns daran erinnern, was uns wichtig ist? Können wir Abstand davon nehmen, solche Gefühle als »schlecht« zu verurteilen, und stattdessen darüber staunen, dass sie überhaupt existieren?

Ich habe dieses Kapitel bis zum Ende aufgespart, weil es darin um das Schwerste geht, was ich in diesem Buch vorschlage. Schmerz zu ertragen, ist schwierig; ihn anzunehmen, ist noch viel schwieriger;

aber Wertschätzung dafür zu empfinden, ist die allergrößte Herausforderung.

Dennoch ist es möglich. Je länger wir über das Privileg der menschlichen Emotion nachdenken, also darüber, dass wir auf so unterschiedliche Art und Weise Anteil nehmen und fühlen können, desto mehr können wir *alle* unsere Emotionen schätzen. Ja, dieses Privileg hat seinen Preis. Leidenschaft bringt Schmerz mit sich, Anteilnahme wird von Verlust begleitet, die Fähigkeit zu staunen von Furcht und Angst. Das alles hat der Dichter Khalil Gibran wunderbar in seinem Buch *Der Prophet* ausgedrückt. Eine Passage darin lautet:

Freude und Leid

Eure Freude ist euer Leid, das sich ohne Maske zeigt.
Und derselbe Brunnen, aus dem euer Lachen aufsteigt, war oft von euren Tränen erfüllt.
Wie könnte es wohl anders sein?
Je tiefer das Leid sich in euer Wesen eingräbt, desto mehr Freude könnt ihr fassen.
Ist nicht der Becher, der euren Wein enthält, dasselbe Gefäß, das im Ofen des Töpfers gebrannt wurde?
Und ist die Laute, die euren Geist besänftigt, nicht Holz, das mit Messern ausgehöhlt wurde?
Wenn ihr voll Freude seid, schaut tief in euer Herz, dann werdet ihr sehen, dass nur das, was euch Leid bereitet hat, euch Freude schenkt.
Seid ihr voll Kummer, so schaut wieder in euer Herz, dann werdet ihr sehen, dass ihr in Wahrheit um das weint, was euch zuvor erfreut hat.
Manche von euch sagen: »Die Freude ist größer als das Leid«, während andere sagen: »Nein, das Leid ist größer.«
Ich aber sage euch, beides ist untrennbar.
Beides erscheint gemeinsam, und wenn das eine alleine mit euch am Tisch sitzt, dann denkt daran, dass das andere auf eurem Bett schläft.

Das Leben ist ein großes Privileg, und es stellt uns alle vor die Herausforderung, das Beste daraus zu machen. Können wir uns von unseren Werten leiten lassen, können wir freundlich mit uns umgehen, Raum für unser Leid und unsere Freude schaffen und vollständig an der großen, sich ständig verändernden Bühnenshow des Lebens teilnehmen? Das können wir gewiss. Zugleich müssen wir realistisch sein, denn es ist eine unbequeme Wahrheit, dass wir oft vergessen werden, uns so zu verhalten. Das Schöne ist: Immer, wenn wir uns daran erinnern, haben wir eine Wahl. Wir können freundlich mit uns umgehen, den Anker werfen und eine klare Haltung einnehmen. Genau dann, in diesem Augenblick, werden wir einen Schatz finden, denn der ist immer da, selbst wenn das Leben gerade schmerzt.

Anhang

Anhang A
Neutralisierung

Unsere Gedanken zu neutralisieren bedeutet, sie in einen neuen Zusammenhang zu stellen, in dem wir ohne Weiteres erkennen können, dass sie Konstrukte von Wörtern und Bildern sind. Dadurch wird die Macht, die sie über uns haben, neutralisiert.

Bei Neutralisierungstechniken geht es üblicherweise darum, entweder die visuellen Eigenschaften von Gedanken hervorzuheben (das heißt, sie zu »sehen«), die auditiven Eigenschaften zu betonen (das heißt, sie zu »hören«) oder beides. Ich möchte Ihnen raten, mit den folgenden Techniken zu experimentieren und neugierig darauf zu sein, was passiert. Im Voraus kann man nicht sagen, welche Techniken individuell am besten geeignet sind. Womöglich funktionieren einige bei Ihnen ausgezeichnet, andere hingegen überhaupt nicht. Unter Umständen kann eine bestimmte Technik sogar das Gegenteil bewirken und dazu führen, dass Sie sich noch mehr in Ihren Gedanken verstricken als vorher; das ist zwar ungewöhnlich, kommt gelegentlich aber durchaus vor.

Bitte denken Sie immer daran, dass es *nicht* darum geht, unerwünschte Gedanken loszuwerden oder unangenehme Gefühle zu reduzieren. Das Ziel ist es, Sie zu befähigen, voll und ganz am Leben teilzunehmen, statt sich in Ihren Gedanken zu verlieren oder von ihnen gebeutelt zu werden. Wenn wir uns von kontraproduktiven Gedanken lösen, stellen wir oft fest, dass sie tatsächlich rasch »verschwinden« oder dass unangenehme Gefühle rasch abnehmen. Ein solches Ergebnis ist jedoch nur eine Art Bonus, nicht das Hauptziel. Freuen Sie sich also, falls so etwas geschieht, aber erwarten Sie es nicht, sonst werden Sie bald enttäuscht sein.

Ich lade Sie nun ein, die folgenden Techniken auszuprobieren und neugierig darauf zu sein, was sich ergibt. Wenn Sie feststellen, dass eine oder auch zwei Techniken Ihnen wirklich dabei helfen, sich von Ihren Gedanken zu lösen, spielen Sie in den nächsten Wochen doch ein wenig damit herum und beobachten Sie, was das bewirkt. Sollten Sie jedoch den Eindruck haben, dass eine bestimmte Technik Ihnen das Gefühl vermittelt, Ihre Gedanken würden bagatellisiert oder verspottet, verwenden Sie die betreffende Methode bitte *nicht*!

Visuelle Neutralisierungstechniken

Notieren Sie sich zuerst auf einem Blatt Papier mehrere Gedanken, in denen Sie sich besonders häufig verfangen und die Sie quälen. Wählen Sie für jede Technik einen oder mehrere dieser Gedanken aus, machen Sie Schritt für Schritt die Übung und achten Sie dabei neugierig und offen auf alles, was passiert.

Gedanken auf Papier

Schreiben Sie zwei oder drei quälende Gedanken auf ein großes Blatt Papier. Falls Sie Papier und Bleistift momentan nicht bei der Hand haben, können Sie versuchen, die Übung in Ihrer Vorstellung zu machen.

Halten Sie sich das Blatt Papier vors Gesicht und versenken Sie sich einige Sekunden in die quälenden Gedanken, die darauf stehen.

Legen Sie sich das Blatt dann auf den Schoß, sehen Sie sich um und nehmen Sie wahr, was Sie sehen, hören, berühren, schmecken und riechen können.

Erkennen Sie, dass die Gedanken immer noch bei Ihnen sind. Diese Gedanken haben sich überhaupt nicht verändert, und Sie wissen genau, worin sie bestehen, aber haben sie nicht eine etwas geringere Wirkung, wenn Sie sie auf den Schoß legen, statt sie sich vors Gesicht zu halten?

Nehmen Sie sich das Blatt nun wieder vor und zeichnen Sie unter die Gedanken ein Strichmännchen oder, falls Sie eine künstlerische Ader haben, eine Comicfigur. Zeichnen Sie eine Denkblase um die Wörter, so als kämen diese aus dem Kopf des Strichmännchens. Betrachten Sie Ihren kleinen Comic nun. Verändert sich dadurch die Beziehung, die Sie zu diesen Gedanken haben?

Probieren Sie das einige Male mit unterschiedlichen Gedanken und Strichmännchen (oder Comicfiguren) aus. Versehen Sie die Figuren mit verschiedenen Gesichtern – zum Beispiel einem lachenden, einem traurigen, einem mit großen Zähnen oder struppigen Haaren. Zeichnen Sie statt des Männchens eine Katze, einen Hund oder eine Blume und lassen Sie die Denkblase daraus aufsteigen. Wie verändert sich dadurch die Wirkung, die diese Gedanken haben? Hilft es Ihnen dabei, sie als Ansammlung von Wörtern zu sehen?

Computerbildschirm

Diese Übung können Sie entweder in der Vorstellung oder auf dem Computer machen; meist wirkt Letzteres stärker. Schreiben Sie den ausgewählten Gedanken zuerst ganz normal in Schwarz und der gewohnten Schriftart hin (oder stellen Sie sich das vor). Spielen Sie dann mit dem Schriftbild herum, indem Sie mehrere unterschiedliche Farben, Schriftarten und Größen verwenden, und nehmen Sie wahr, welche Wirkung jede Veränderung hat. Ein Hinweis: Fette rote Großbuchstaben führen bei den meisten Leuten dazu, eher mit dem Gedanken zu verschmelzen, blassrosa Kleinbuchstaben bewirken eher, dass man sich davon löst.

Nehmen Sie dann wieder schwarze, gewohnte Buchstaben und spielen Sie diesmal mit dem Abstand. Lassen Sie Abstände zwischen den einzelnen Buchstaben oder große Lücken zwischen den einzelnen Wörtern.

Fügen Sie die Wörter lückenlos so zusammen, dass ein einziges langes Wort entsteht.

Ordnen Sie die Wörter auf dem Bildschirm senkrecht untereinander an.

Machen Sie dann wieder einen normalen Satz daraus.

Wie hat sich Ihre Beziehung zu dem Gedanken jetzt entwickelt? Fällt es Ihnen leichter zu erkennen, dass es sich um eine Kombination von Wörtern handelt? Übrigens geht es nicht darum, ob ein Gedanke wahr oder falsch ist; wir wollen ihn nur als das sehen, was er ist.

Karaoke-Ball

Stellen Sie sich vor, dass Ihr Gedanke der Text auf einem Karaoke-Bildschirm ist. Auf diesem Bildschirm hüpft ein kleiner Ball von Wort zu Wort. Wiederholen Sie das mehrmals.

Wenn Sie mögen, können Sie sich auch vorstellen, dass Sie auf einer Bühne stehen und die Worte auf dem Bildschirm mitsingen.

Wechselnde Orte

Stellen Sie sich den Gedanken an mehreren unterschiedlichen Orten vor. Nehmen Sie sich jeweils fünf bis zehn Sekunden Zeit für jeden Ort, bevor Sie zum nächsten übergehen. Sehen Sie den Gedanken in schriftlicher Form

- in verspielten, farbigen Lettern auf dem Umschlag eines Kinderbuchs
- als elegante Grafik auf der Speisekarte eines Restaurants
- als Verzierung eines Geburtstagskuchens
- mit Kreide auf eine Schultafel geschrieben
- als Slogan auf dem T-Shirt eines Läufers oder einer Läuferin.

Blätter auf einem Fluss oder Wolken am Himmel

Stellen Sie sich Laubblätter vor, die langsam auf einem Fluss dahinschwimmen, oder Wolken, die am Himmel schweben. Nehmen Sie Ihre Gedanken, legen Sie sie auf die Blätter oder Wolken und beobachten Sie, wie sie gemächlich vorübertreiben.

Auditive Neutralisierungstechniken

Diese auditiven Techniken bieten Ihnen weitere Gelegenheiten, Ihre Gedanken in unterschiedliche Zusammenhänge zu stellen. Experimentieren Sie damit und stellen Sie fest, was passiert.

Alberne Stimmen

Sprechen Sie den Gedanken mit alberner Stimme aus, entweder stumm oder laut. Es wirkt im Allgemeinen besser, wenn man es laut macht, aber offensichtlich müssen Zeit und Ort dafür geeignet sein; bei einer geschäftlichen Besprechung käme so etwas nicht gut an. Sie können zum Beispiel die Stimme einer Zeichentrickfigur nehmen, die eines Filmstars, eines Sportreporters oder einer Person, die einen auffälligen Akzent hat. Probieren Sie unterschiedliche Stimmen aus und beobachten Sie, was geschieht.

Langsam und schnell

Sagen Sie sich den Gedanken vor, entweder stumm oder laut, und zwar zuerst in extremer Zeitlupe und dann extrem schnell (so wie die Stimmen von A-Hörnchen und B-Hörnchen).

Singen

Singen Sie sich Ihre Gedanken zur Melodie von »Happy Birthday to You« vor, entweder stumm oder laut. Probieren Sie dann ein paar andere Melodien aus.

Erfinden Sie eigene Neutralisierungstechniken

Denken Sie sich nun eigene Neutralisierungstechniken aus. Es geht dabei lediglich darum, den betreffenden Gedanken in einen neuen Kontext zu stellen, indem Sie ihn »sehen« oder »hören« können (oder beides). Zum Beispiel können Sie sich bildlich vorstellen, dass der

Gedanke auf eine Leinwand gemalt oder auf eine Postkarte gedruckt ist, dass er die Brust eines Comic-Superhelden oder den Schild eines Ritters schmückt, dass ein Flugzeug ihn auf einem Banner hinter sich herzieht, dass er auf den Rücken eines Motorradrockers tätowiert ist oder dass er zwischen den Streifen eines Zebras steht. Sie können sich vorstellen, wie Sie ihn malen, zeichnen oder eine Skulptur daraus machen. Er kann auch tanzen, springen oder Fußball spielen, oder Sie stellen sich vor, dass er über einen Fernsehbildschirm läuft wie der Abspann eines Films. Vielleicht wollen Sie aber auch lieber »hören«, wie Ihr Gedanke von einem Theaterschauspieler deklamiert, im Radio ausgestrahlt, von einem Roboter gesprochen oder von einem Rockstar gesungen wird. Grenzen setzt Ihnen nur Ihre eigene Kreativität, also spielen Sie ein wenig mit dieser Idee herum und freuen Sie sich daran.

Anhang B
Achtsamkeit auf den Atem

Diese Übung ist sehr nützlich, um die eigenen Achtsamkeitsfertigkeiten zu entwickeln. (Ein Hinweis: Die englische Version können Sie in *The Reality Slap: Extra Bits* kostenlos von meiner Website *www.thehappinesstrap.com* herunterladen.) Bevor Sie anfangen, müssen Sie sich entscheiden, wie viel Zeit Sie dafür aufwenden wollen. Zehn bis zwanzig Minuten sind ideal, aber Sie können auch jeden anderen Zeitraum wählen. Im Allgemeinen ist es eine gute Idee, einen Timer zu verwenden. Denken Sie daran, dass in einigen wenigen Fällen bei der Konzentration auf den Atem unangenehme Reaktionen auftreten, zum Beispiel Schwindelgefühle, Kribbeln oder Beklemmung; wenn das bei Ihnen der Fall sein sollte, hören Sie bitte mit der Übung auf.

Achtsamkeit auf den Atem

Suchen Sie sich einen ruhigen Ort, wo Sie nicht von Haustieren, Kindern, Telefonanrufen und anderem abgelenkt werden können, und nehmen Sie eine angenehme Körperhaltung ein. Am besten ist es, aufrecht auf einem Stuhl oder einem Kissen zu sitzen. Man kann sich zwar auch hinlegen, aber dann schläft man leicht ein. Sobald Sie sich hingesetzt haben, richten Sie den Rücken auf und lassen die Schultern sinken. Schließen Sie dann die Augen oder heften Sie den Blick auf einen Punkt. Es ist leichter, wach zu bleiben, wenn die Augen geöffnet sind.

Konzentrieren Sie sich während der ersten paar Atemzüge darauf, behutsam die Lunge zu leeren; atmen Sie ganz langsam aus, bis die Lunge vollständig leer ist. Halten Sie dann eine Sekunde inne, bevor sich die Lunge von selbst wieder füllt, von unten nach oben.

Lassen Sie den Atem nach fünf oder sechs Atemzügen sein eigenes Tempo und seinen natürlichen Rhythmus finden; es ist nicht nötig, ihn zu kontrollieren.

Während der restlichen Übung besteht Ihre Aufgabe darin, die Aufmerksamkeit kontinuierlich auf den Atem zu richten und ihn zu beobachten wie ein neugieriges Kind, das sich noch nie mit so etwas beschäftigt hat. Nehmen Sie, während die Luft ein- und ausströmt, die unterschiedlichen Empfindungen wahr, die Sie im Körper spüren.

Beobachten Sie, was in den Nasenlöchern geschieht.

Beobachten Sie, was in den Schultern geschieht.

Beobachten Sie, was in der Brust geschieht.

Beobachten Sie, was im Bauch geschieht.

Verfolgen Sie mit Offenheit und Neugier die Bewegung des Atems, während er durch Ihren Körper strömt; folgen Sie der Spur der Empfindungen von der Nase über die Schultern und die Brust bis in den Bauch.

Lassen Sie den Kopf währenddessen vor sich hin plappern wie ein im Hintergrund spielendes Radio. Versuchen Sie nicht, ihn zum Schweigen zu bringen, sonst wird er nur lauter. Lassen Sie ihn einfach plappern und richten Sie die Aufmerksamkeit unverwandt auf den Atem.

Von Zeit zu Zeit wird Ihr Kopf Sie mit Gedanken und Gefühlen an den Haken nehmen und aus der Übung herausziehen. Das ist völlig normal und wird immer wieder geschehen. Sie machen die Sache bereits sehr gut, wenn Sie zehn Sekunden durchhalten, bevor es dazu kommt!

Sobald Sie merken, dass Sie eingefangen worden sind, bestätigen Sie sich das behutsam. Sagen Sie stumm zu sich »Eingefangen!«

oder »Am Haken!« oder nicken Sie leicht mit dem Kopf, bevor Sie sich wieder auf den Atem konzentrieren.

Dieser Prozess wird sich ständig wiederholen, und jedes Mal, wenn Sie sich von dem Gedanken oder dem Gefühl lösen und die Aufmerksamkeit zurück auf den Atem richten, schulen Sie Ihre Fähigkeit, sich zu konzentrieren. Falls Ihr Kopf Sie also tausendmal einfängt, dann registrieren Sie das tausendmal und konzentrieren sich wieder auf den Atem.

Im Verlauf der Übung werden sich die Gefühle und Empfindungen in Ihrem Körper verändern. Sie werden Angenehmes spüren, zum Beispiel Entspannung, Ruhe und Frieden, und Unangenehmes wie Rückenschmerzen, Frustration und Nervosität. Ziel ist es, die Gefühle so sein zu lassen, wie sie sind, egal, ob sie schmerzhaft oder angenehm sind.

Vergessen Sie nicht, dass es sich *nicht* um eine Entspannungstechnik handelt. Das heißt, Sie versuchen nicht, sich zu entspannen. Es ist völlig in Ordnung, wenn Sie sich gestresst, nervös, gelangweilt oder ungeduldig fühlen. Ihr Ziel ist es einfach, Ihre Gefühle so sein zu lassen, wie sie sind, ohne sich dagegen zu wehren.

Wenn also ein schwieriges Gefühl vorhanden ist, benennen Sie es stumm. Sagen Sie zu sich: »Da ist Langeweile«, »Da ist Frustration« oder »Da ist Nervosität«. Lassen Sie dann los und richten Sie die Aufmerksamkeit auf den Atem.

Fahren Sie auf diese Weise fort, den Atem zu beobachten, unangenehme Gefühle zu registrieren und sich von Gedanken und Gefühlen zu lösen, bis die vorgesehene Zeit zu Ende ist.

Dehnen und strecken Sie sich dann genüsslich, nehmen Sie Kontakt zu Ihrer Umgebung auf und gratulieren Sie sich dafür, dass Sie sich Zeit genommen haben, diese Fertigkeit zu üben, die fürs Leben so wertvoll ist.

Anhang C
Ziele setzen

Effizient Ziele setzen zu können, ist eine ziemlich anspruchsvolle Fertigkeit, die man ein wenig üben muss, um sie zu beherrschen. Die folgende Methode stammt ursprünglich aus *The Weight Escape,* einem Buch, das ich gemeinsam mit Ann Bailey und Joe Ciarrochi geschrieben haben. Das Arbeitsblatt unten findet sich auch in dem kostenlosen E-Book *The Reality Slap: Extra Bits,* das Sie auf meiner Website herunterladen können.

Fünf Schritte zum Setzen von Zielen und zum engagierten Handeln

Schritt eins: Identifizieren Sie Ihre Leitwerte

Identifizieren Sie den Wert oder die Werte, die Ihrem Handeln zugrunde liegen sollen.

____

____

____

____

____

Schritt zwei:
Setzen Sie sich ein SMART-Ziel

Es ist nicht effizient, sich irgendein Ziel zu setzen, das einem gerade in den Sinn kommt. Im Idealfall sollten Sie sich ein SMART-Ziel setzen. Diese Abkürzung bedeutet:

S = spezifisch: Setzen Sie sich kein vages, verschwommenes oder schlecht umgrenztes Ziel wie »Ich werde liebevoller sein«. Formulieren Sie stattdessen spezifisch: »Wenn ich von der Arbeit nach Hause komme, werde ich meinen Partner, meine Partnerin lange und fest umarmen.« Präzisieren Sie also, was Sie tun werden.

M = motiviert durch Werte: Vergewissern Sie sich, dass das Ziel mit Ihren Werten übereinstimmt.

A = anwendbar: Ist es klug, dieses Ziel zu verfolgen? Wird es Ihr Leben wahrscheinlich verbessern?

R = realistisch: Vergewissern Sie sich, dass das Ziel angesichts der Ihnen verfügbaren Ressourcen realistisch ist. Zu den nötigen Ressourcen können gehören: Zeit, Geld, körperliche Gesundheit, Unterstützung durch andere, Wissen und Fertigkeiten. Falls bestimmte Ressourcen nötig, aber nicht verfügbar sind, müssen Sie Ihr Ziel so ändern, dass es realistischer wird. Das neue Ziel könnte zum Beispiel darin bestehen, sich die fehlenden Ressourcen zu beschaffen: das nötige Geld anzusparen, die erforderlichen Fertigkeiten zu erlernen, ein soziales Netzwerk aufzubauen, die Gesundheit zu verbessern und so weiter.

T = terminiert: Setzen Sie eine klare Terminvorgabe für das Ziel. Legen Sie so genau wie möglich (Wochentag, Datum und Zeit) fest, wann Sie die geplanten Schritte ausführen werden.

Notieren Sie Ihr SMART-Ziel hier:

____

____

____

____

____

Schritt drei:
Identifizieren Sie den Nutzen

Klären Sie für sich, was das positivste Ergebnis wäre, wenn Sie Ihr Ziel erreichen. Fantasieren Sie aber nicht, wie wunderbar Ihr Leben dann sein wird; in wissenschaftlichen Studien hat sich erwiesen, dass Fantasien über zukünftige Entwicklungen die Chancen, einen Plan durchzuziehen, vermindern. Notieren Sie den Nutzen hier:

____

____

____

____

____

____

Schritt vier:
Identifizieren Sie Hindernisse

Stellen Sie sich vor, welche potenziellen Schwierigkeiten und Hindernisse Ihnen im Weg stehen könnten, wenn Sie Ihr Ziel erreichen wollen, und wie Sie gegebenenfalls damit umgehen werden. Überlegen Sie:

- Was sind mögliche *innere* Schwierigkeiten (schwierige Gedanken und Gefühle, wie geringe Motivation, Selbstzweifel, Niedergeschlagenheit, Wut, Hoffnungslosigkeit, Unsicherheit, Nervosität und so weiter)?
- Was sind mögliche *äußere* Schwierigkeiten (alles außer Gedanken und Gefühlen, was Sie aufhalten könnte, zum Beispiel ein Mangel an Geld, Zeit oder Fertigkeiten sowie persönliche Konflikte mit anderen Menschen, die beteiligt sind)?

Falls innere Schwierigkeiten in Form von Gedanken und Gefühlen auftauchen, wie beispielsweise:

____

____

____

dann werde ich die folgenden Achtsamkeitsfertigkeiten einsetzen, um mich davon zu lösen, Raum zu schaffen und präsent zu werden:

____

____

____

Falls äußere Schwierigkeiten auftauchen, wie beispielsweise:

a) ____________________

b) ____________________

c) ____________________

dann werde ich die folgenden Schritte tun, um damit umzugehen:

a) ____________________

b) ____________________

c) ____________________

Schritt fünf:
Gehen Sie eine Verpflichtung ein

Wissenschaftliche Studien zeigen: Wenn man sich öffentlich zu einem Ziel bekennt, das heißt, wenn man dieses Ziel mindestens einer anderen Person mitteilt, zieht man den Plan mit wesentlich größerer Wahrscheinlichkeit auch tatsächlich durch. Falls Sie nicht dazu bereit sind, können Sie diese Verpflichtung wenigstens sich selbst gegenüber eingehen. Aber wenn Sie wirklich das beste Ergebnis erzielen wollen, sollten Sie unbedingt einer anderen Person, der Sie vertrauen, davon erzählen.

Ich verpflichte mich *(notieren Sie hier Ihr im Einklang mit Ihren Werten stehendes SMART-Ziel)*:

Sprechen Sie Ihre Verpflichtung nun laut aus – idealerweise in Anwesenheit einer anderen Person, aber zumindest sich selbst gegenüber.

Weitere hilfreiche Tipps zum Setzen von Zielen

Stellen Sie einen Schritt-für-Schritt-Plan auf, indem Sie Ihr Ziel in konkrete, messbare und zeitlich terminierte Unterziele zerlegen.

Erzählen Sie anderen Leuten von Ihrem Ziel und den Fortschritten, die Sie machen. Eine öffentliche Erklärung fördert die innere Verpflichtung.

Belohnen Sie sich für Fortschritte, denn kleine Belohnungen werden Sie darin bestärken, auf einen großen Erfolg hinzuarbeiten. Eine solche Belohnung kann etwas ganz Einfaches sein, zum Beispiel, wenn Sie zu sich sagen: »Gut gemacht! Du hast angefangen!«

Dokumentieren Sie Ihren Fortschritt in einem Tagebuch oder mit einer Grafik oder Zeichnung.

Weiterführende Hinweise und Materialien

E-Book

The Reality Slap: Extra Bits
Ein kostenloses E-Book (als PDF-Datei) mit zusätzlichem englischsprachigem Material zu dem Buch, das Sie in den Händen halten. Unter anderem bietet es Links zu vielen Audioaufnahmen. Heruntergeladen werden kann es auf www.thehappinesstrap.com unter »Free Resources«.

Weitere Bücher von Russ Harris

Wer dem Glück hinterherrennt, läuft daran vorbei. Ein Umdenkbuch
Übersetzt von Maike und Stephan Schuhmacher, München: Goldmann 2013
Viele geläufige Vorstellungen vom Glück sind irreführend oder regelrecht falsch; wenn man an sie glaubt, macht das nur unglücklich. Dieses Selbsthilfebuch für alle zeigt auf, wie man das Leben reicher, erfüllter und sinnvoller gestalten kann, während man zugleich vermeidet, in häufig vorkommende »Glücksfallen« zu tappen. Auf der Basis der Acceptance and Commitment Therapy (ACT) entwickelt, ist es auf viele Situationen anwendbar, darunter beruflicher Stress, Suchtprobleme, Ängste, Depression, Erziehungsschwierigkeiten und der Umgang mit einer unheilbaren Krankheit. Von vielen ACT-Therapierenden und ihren Klientinnen und Klienten weltweit verwendet, hat das Buch eine Gesamtauflage von über einer Million und ist in mehr als dreißig Sprachen übersetzt worden.

ACT der Liebe. Mit Hilfe der Akzeptanz- und Commitment-Therapie unnötige Kämpfe beenden, Differenzen klären und die Beziehung stärken
Übersetzt von Christine Sadler, Freiburg: Arbor 2015
Dieses Selbsthilfebuch vermittelt, wie man die Prinzipien von ACT auf häufig auftretende Beziehungsprobleme anwenden kann. Es zeigt einen Weg auf, der von Konflikten, Kämpfen und innerer Distanz zu Vergebung, Akzeptanz, Nähe und echter Liebe führt.

Der Weg zu echtem Selbstvertrauen. Von der Angst zur Freiheit
Übersetzt von Christine Sadler, Freiburg: Arbor 2014
Besteht eine Kluft zwischen dem Punkt, an dem Sie sich gerade befinden, und dem, wo Sie sein wollen? Hält ein Mangel an Selbstvertrauen Sie zurück? Wir waren alle schon einmal in der Situation, dass wir eine bessere Arbeit finden, einen Kurs machen, unser Unternehmen oder unsere Praxis ausbauen oder unsere größten Träume wahrmachen wollten, aber von Angst, Zweifel oder Unsicher-

heit davon abgehalten wurden. Mit den Methoden von ACT hat Russ Harris vielen Menschen geholfen, Ängste zu überwinden und echtes Selbstvertrauen zu entwickeln. Den Weg dazu vermittelt dieses Buch mit Mitgefühl, praxisnah und inspirierend. Es unterstützt Sie dabei herauszufinden, was Ihnen wirklich wichtig ist, Herausforderungen zu bewältigen und ein wahrhaft erfülltes Leben zu führen.

ACT leicht gemacht. Der Leitfaden für die Praxis der Akzeptanz- und Commitment-Therapie
Übersetzt von Cornelia Eder und Peter Brandenburg, Neuausgabe, Freiburg: Arbor 2020
Ein praktisches und zugleich unterhaltsames Lehrbuch für alle, die psychologisch, beratend, therapeutisch oder als Coach tätig sind. Für erfahrende ACT-Therapeutinnen und -Therapeuten ebenso geeignet wie für Neulinge. Das Buch bietet eine übersichtliche Darstellung der zentralen ACT-Methoden sowie Lösungen, diese rasch und effizient in der Coaching- und Therapiepraxis einzusetzen.

Audio-Dateien von Russ Harris

Mindfulness Skills, Band 1 und 2
Die beiden Bände, die als MP3-Dateien heruntergeladen werden können, enthalten ein breites Spektrum an Achtsamkeitsübungen für den persönlichen Gebrauch. Erwerben kann man sie im Online-Store von *www.actmindfully.com.au*.

Weitere hilfreiche Quellen

Aus- und Weiterbildung in ACT für Profis
Für in Therapie, Beratung, Coaching, Medizin, Krankenpflege, Sozialarbeit, Psychologie, Psychiatrie, Jugendarbeit und Rehabilitation tätige Personen bietet Russ Harris Workshops und Kurse, sowohl im Präsenzformat wie online.
Online-Kurse: *www.ImLearningACT.com*
Workshops in Australien:
www.actmindfully.com.au

The Happiness Trap: Ein Online-Selbsthilfeprogramm
So mancher hat angestrengt versucht, glücklicher zu werden, und festgestellt, dass das nicht so leicht war – was kaum überraschend ist. Die geläufigen Vorstellungen von Glück sind irreführend und machen tatsächlich oft unglücklich. In diesem Programm geht es darum, sich unaufgeregt mit dem Thema zu beschäftigen. Es vermittelt, wie man der »Glücksfalle« entkommt und zu wahrem Wohlbefinden und echter Erfüllung findet. Das ebenso unterhaltsame wie wirkungsvolle Programm basiert auf dem »Umdenkbuch« *Wer dem Glück hinterherrennt, läuft daran vorbei*. Nähere Informationen auf www.thehappinesstrap.com.

Facebook-Gruppen
Für beruflich im therapeutischen, medizinischen und beratenden Bereich tätige Menschen ist die Facebook-Gruppe »ACT Made Simple« gedacht. Hier stellen Kolleginnen und Kollegen aus der ganzen Welt Fragen, geben Antworten und teilen Materialien zur professionellen Anwendung von ACT.
Für alle, die ACT zur Selbsthilfe oder zum Zweck des persönlichen Wachstums verwenden, dient die Facebook-Gruppe »Happiness Trap Online«. Hier kann man sich über persönliche Erfahrungen im Umgang mit ACT austauschen.

Danksagung

Mein größter Dank gilt meiner Partnerin Natasha für ihre Liebe und Unterstützung bei der Arbeit an diesem Buch (und für ihre Liebe und Unterstützung dann, wenn ich gerade nicht daran gearbeitet habe).

Zutiefst zu Dank verpflichtet bin ich zudem Steven Hayes, dem Begründer von ACT, nicht nur, weil er so ein großartiges Modell entwickelt hat, sondern auch für die Hilfe und den Zuspruch, die er meinen Büchern und meiner Laufbahn zuteilwerden lässt. Diese Dankbarkeit gilt auch für die große ACT-Gemeinschaft auf der ganzen Welt, die sich immer sehr unterstützend, hilfreich und fürsorglich verhält.

Großen Dank verdient ferner meine Agentin Sammie Justesen für ihren Einsatz.

Joe Ciarrochi und Ann Bailey danke ich für die Erlaubnis, den Fragebogen zu verwenden, den wir gemeinsam für *The Weight Escape* entwickelt haben.

Und schließlich danke ich dem gesamten Team von Exisle Publishing – besonders Gareth Thomas, Anouska Jones und Karen Gee – für die Sorgfalt und Aufmerksamkeit, die sie diesem Buch gewidmet haben.

Verzeichnis der Übungen

Adressen

In der nachfolgenden Liste finden Sie, nach Postleitzahlen geordnet, ACT-Therapeut*innen bzw. Therapeut*innen, die sich in ihrer Arbeit an ACT orientieren:

Dipl.-Psych. Hajo Hamplewski
Psychologischer Psychotherapeut
Verhaltenstherapeut
Gohliser Str. 34
04155 Leipzig
Tel.: 03 41 / 583 16 54
info@psychotherapie-hamplewski.de
http://psychotherapie-hamplewski.de

Dipl.-Psych. Gideon Franck
Psychologischer Psychotherapeut
Spezielle Schmerzpsychotherapie
Landwehrstr. 11
36100 Petersberg
Tel.: 06 61 / 500 69 68
info@psychotherapie-franck.de
www.psychotherapie-franck.de

Dipl.-Psych. Matthias Wengenroth
Psychologischer Psychotherapeut
Mankhauser Str. 1
42699 Solingen
Tel.: 02 12 / 383 38 99
praxis.wengenroth@t-online.de
www.daslebenannehmen.de

Dipl.-Psych. Rüdiger Gaub
Psychologischer Psychotherapeut
Lüneburger Str. 40
45145 Essen
Tel.: 02 01 / 437 47 40
mail@gaub-therapie.de
www.gaub-therapie.de

Dr. med. Rainer F. Sonntag
Facharzt für Psychiatrie und Psychotherapie
Facharzt für Psychotherapeutische Medizin
ACT-Trainer in der Aus-, Weiter- und Fortbildung
In der Wüste 18
57462 Olpe
Tel.: 0 27 61 / 966 70
info-praxis@dr-rainer-sonntag.de
www.dr-rainer-sonntag.de

Dipl.-Psych. Petra Häger
Psychologische Psychotherapeutin (VT)
Rathenaustr. 19
63067 Offenbach
Tel.: 0 69 / 82 36 71 49

Dipl.-Psych. Beate Ebert
Psychologische Psychotherapeutin (VT)
Heinsestr. 8
63739 Aschaffenburg
Tel.: 0 60 21 / 583 48 35
be@beate-ebert.de
www.beate-ebert.de

Dipl.-Psych. Stephan Hoyndorf
Arminstr. 13
70178 Stuttgart
Tel.: 07 11 / 93 30 90 57
praxis@hoyndorf.de
www.verhaltenstherapie-hoyndorf.de

Michael Waadt
Privatpraxis für Psychotherapie und strategisches Coaching
Nymphenburger Straße 4
80335 München
Tel.: 0 89 / 45 22 99 88
mail@michael-waadt.de
www.michael-waadt.de

Stefanie Dzierzon M.A.
Bahnhofstr. 9
83730 Fischbachau
Tel.: 0 80 28 / 41 83 00
praxis@herz-kopf-und-hand.de
www.herz-kopf-und-hand.de

Dipl.-Psych. Claus Rüegg
Psychologischer Psychotherapeut
Maximilianstraße 17
87700 Memmingen
Tel.: 0 82 61 / 606 77 05
impressum@achtsame-psychotherapie.de
www.achtsame-psychotherapie.de

Dipl.-Psych. Norbert Schneider
Psychologischer Psychotherapeut
Marktplatz 6
90762 Fürth
Tel.: 09 11 / 130 51 54
nore.schneider@gmx.de

Dr. med. Herbert Assaloni
Zum Beherzten Leben
Praxis für Psychiatrie und Psychotherapie
Bildungswerkstatt ACT
Lindstr. 39
CH-8400 Winterthur
Tel.: 0041 (0) 78 / 878 44 83
herbertassaloni@hin.ch
www.zumbeherztenleben.ch

Dr. med. Jan Martz
Zum Beherzten Leben
Praxis für Psychiatrie und Psychotherapie
Bildungswerkstatt ACT
Lindstr. 39
CH-8400 Winterthur
Tel.: 0041 (0) 79 / 271 23 08
jan.martz@zumbeherztenleben.ch
www.zumbeherztenleben.ch

Dipl.-Psych. Jan Kossack
14 Rue Charles Bernhoeft
L-1240 Luxembourg
Mobil: 0 03 52 / 621– 28 80 84
jankossack@pm.me

Die Originalausgabe erschien unter dem Titel »The Reality Slap. How to Survive and Thrive When Life Hits Hard« bei Exisle Publishing Pty Ltd, Chatswood, New South Wales/Australien.

MIX
Papier | Fördert gute Waldnutzung
FSC® C014496

Penguin Random House Verlagsgruppe FSC® N001967

3. Auflage (2026) der komplett überarbeiteten und aktualisierten Neuausgabe von 2021

Neumarkter Straße 28, 81673 München
produktsicherheit@penguinrandomhouse.de
(Vorstehende Angaben sind zugleich
Pflichtinformationen nach GPSR.)

Umschlag: Weiss Werkstatt München
Umschlagmotiv: eamesBot/Shutterstock.com
Redaktion: Dr. Diane Zilliges, Bietigheim-Bissingen
Druck und Bindung: GGP Media GmbH, Pößneck
Printed in Germany
ISBN 978-3-466-34773-5
www.koesel.de